职业教育与就业指导

（第4版）

范晓莹　于红梅　主　编
刘东杰　吴健斌　副主编

清华大学出版社
北　京

内 容 简 介

本书为帮助大学生提高就业能力、职业发展能力和创业能力而编写，内容包括职业意识、职业规划、职业道德、就业心理、就业信息的使用、简历写作技巧、求职面试持巧、就业政策法规、依法保护各项就业权益等大学生就业必备知识，并通过实践训练，提高就业问题应对处理能力。

本书知识系统、案例丰富、贴近实际、操作性强，体现了实用性的特点，既可以作为高等职业院校学生进行毕业教育、提高就业创业能力的教材，也可以作为广大社会待岗人员求职就业的参考指导手册。

图书在版编目（CIP）数据

职业教育与就业指导/范晓莹，于红梅主编. —4 版. —北京：清华大学出版社，2021.3
ISBN 978-7-302-56016-6

Ⅰ. ①职… Ⅱ. ①范… ②于… Ⅲ. ①大学生－就业－高等职业教育－教材 Ⅳ. ①G647.38

中国版本图书馆 CIP 数据核字（2020）第 121736 号

责任编辑：王剑乔
封面设计：傅瑞学
责任校对：李 梅
责任印制：杨 艳

出版发行：清华大学出版社
网 址：http://www.tup.com.cn，http://www.wqbook.com
地 址：北京清华大学学研大厦 A 座 邮 编：100084
社 总 机：010-62770175 邮 购：010-62786544
投稿与读者服务：010-62776969，c-service@tup.tsinghua.edu.cn
质量反馈：010-62772015，zhiliang@tup.tsinghua.edu.cn
课件下载：http://www.tup.com.cn，010-83470410
印 装 者：三河市科茂嘉荣印务有限公司
经 销：全国新华书店
开 本：185mm×260mm 印 张：14.25 字 数：341 千字
版 次：2006 年 8 月第 1 版 2021 年 3 月第 4 版 印 次：2021 年 3 月第1次印刷
定 价：49.00 元

产品编号：088727-01

编审委员会

前 言

随着高等教育的快速发展，在今后相当长的一段时期内，大学毕业生数量将持续增加。据人力资源和社会保障部就业促进司副司长宋鑫表示，2020年高校毕业生达到874万人，数量创历史新高；随着我国城镇化的快速发展，每年将有300万农民工进城工作；随着我国改革开放政策落地，每年还有来自世界各国的众多从业者，因此就业形势异常严峻。

当前，高校毕业生就业难已经成为学生困惑、家长着急、学校重视、全社会广泛关注的焦点问题。解决大学生就业问题，在促进就业、拉动内需、发展经济、社会稳定、构建和谐社会等方面具有极其重大的作用，因此已成为各高校工作的重中之重。虽然从中央到地方，我国各级政府高度重视大学生的就业问题，下发了多个文件、会同多部门组织了线上线下专场招聘，采取了强有力的紧急解决措施，而且先后出台了多项鼓励大学生自主创业等优惠政策，但是大学生就业难的问题仍旧日益突出，就业形势依然紧迫而严峻。

本书第3版因写作质量高、内容实用、指导性强，所以深受全国各高职院校师生及广大社会读者的好评。此次再版，作者根据近年来高校毕业生面临就业难的严峻形势，结合国家和教育部新出台的一系列就业创业政策，审慎地对教材进行了压缩篇幅、更新案例、补充新知识等相应修改，使其更贴近社会发展、更符合就业实际、更好地为大学生创业就业服务。

本书作为大学生就业教育的特色教材，坚持科学发展观，严格按照教育部关于“加强国民素质教育”的要求，以教育部《大学生职业发展与就业指导课程教学要求》为指导，在国家大力推进“大众创业、万众创新”的时代背景下，本着对大学毕业生和社会高度的责任感与使命感，结合大学生实际特点，加强大学生就业教育，强化大学生创新创业素质培养，提高大学生就业与履职竞争力，尽快顺利走上就业岗位，更好地为我国经济建设服务，这既是应届大学生就业创业立足人生发展的战略选择，也是本书出版的真正目的和意义。

全书共10章，以学习者就业发展、能力培养为主线，为配合国家实施的大学生就业工程，为帮助大学生提高就业能力、职业发展与创业能力而编写。内容包括职业意识、职业规划、职业道德、就业心理、就业信息的使用、简历写作技巧、求职面试技巧、择业与就业权益保障、劳务派遣、就业协议签订、掌握就业政策法规、依法保护各项就业权益等大学生就业必备知识，并通过实践训练，提高大学生对就业问题的应对能力。

由于本书融入了大学生就业教育最新的实践教学理念，力求严谨，注重与时俱进，具有知识系统、案例丰富、贴近实际、操作性强，体现了实用性的特点，因此本书既可以作为高职高专院校大学生进行毕业教育、提高就业创业能力的教材，也可以作为广大待岗人员的一本求职就业不可或缺的参考指导手册。

本书由李大军策划并组织编写，由范晓莹和于红梅担任主编，刘东杰、吴健斌担任副主编，由范晓莹统稿，由大学生就业教育专家林玲玲教授主审。作者编写分工如下：汪永芝编写第一章；于红梅编写第二章、第五章；刘东杰编写第三章、第十章；范晓莹编写第四章、第八章、第九章；刘九龙编写第六章；吴健斌编写第七章和附录；李晓新进行了文字修改、版式调整、制作教学课件等工作。

在本书再版过程中，我们参阅了大量有关大学生创业、就业教育的最新书刊、网站资料以及教育部、人力资源和社会保障部历年颁布实施的大学生就业相关政策法规、管理规定，并得到北京市教育委员会高校毕业生就业指导中心有关领导和编委会专家教授的具体指导，在此一并致谢。为配合教学，本书还配有电子课件，读者可以从清华大学出版社网站（www.tup.com.cn）免费下载使用。

因作者水平有限，书中难免存在疏漏和不足，恳请专家、同行和读者批评指正。

编　者

2020年10月

目　录

第一章　职业与职业选择 …… 1

第一节　职业概述 …… 2

一、职业的含义 …… 2

二、职业的特征 …… 4

三、职业的功能 …… 6

第二节　职业分类和职业资格证书 …… 8

一、职业分类 …… 8

二、职业资格和职业资格证书 …… 10

第三节　职业选择 …… 13

一、职业选择的原则 …… 13

二、职业选择的依据 …… 16

三、了解职业,做好就业准备 …… 18

第二章　自我职业认知 …… 21

第一节　个性心理 …… 22

一、气质 …… 22

二、性格 …… 24

三、兴趣 …… 25

四、能力 …… 26

第二节　人职匹配理论 …… 28

一、霍兰德职业人格理论 …… 28

二、职业人格对职业发展的影响 …… 30

第三节　职业能力测试 …… 31

一、当前主要的职业测试软件 …… 31

二、正确认识职业测评 …… 33

三、个性心理测试 …… 34

第三章　职业生涯规划 …… 41

第一节　职业生涯规划基础知识 …… 42

一、职业生涯规划概述 …… 42
二、职业生涯发展阶段 …… 43
第二节 影响职业生涯规划的因素 …… 45
一、环境因素 …… 45
二、教育因素 …… 45
三、家庭因素 …… 46
四、自我因素 …… 47
第三节 职业生涯规划实务 …… 49
一、职业生涯规划步骤 …… 49
二、制订职业生涯计划执行方案 …… 52
三、职业生涯规划方案的实施 …… 53
四、高职大学生在职业生涯规划中存在的困扰 …… 54
五、高职大学生在职业发展中要防止的现象 …… 55

第四章 职业基本素质的养成 …… 59
第一节 职业道德 …… 60
一、职业道德的内涵 …… 60
二、职业道德的基本规范 …… 61
第二节 身心健康 …… 63
一、心理健康的内涵 …… 63
二、构建和谐的人际关系 …… 64
三、提高抗挫折能力、乐观面对生活 …… 67
四、拥有积极乐观的生活态度 …… 69
五、保持身体健康，为成功的事业奠定基础 …… 72
第三节 团队精神的培养 …… 73
一、团队的重要性 …… 73
二、团队精神 …… 74
三、团队精神培养途径 …… 75

第五章 就业信息的使用 …… 79
第一节 就业信息 …… 80
一、就业信息的概念 …… 80
二、就业信息的特点 …… 80
三、就业信息的作用 …… 81
四、就业信息的内容 …… 81
第二节 就业信息的获取 …… 82
一、获取渠道 …… 82
二、获取方法 …… 86

三、获取原则 …… 87
第三节 就业信息的应用 …… 88
一、就业信息的具体内容 …… 88
二、就业信息的筛选 …… 89
第四节 就业陷阱及其应对策略 …… 89
一、就业陷阱 …… 89
二、防范策略 …… 94

第六章 求职材料准备 …… 97
第一节 个人简历 …… 98
一、个人简历的类型 …… 98
二、电子简历 …… 103
三、简历写作注意事项 …… 104
第二节 其他求职材料 …… 105
一、求职信 …… 105
二、自荐信 …… 108
三、推荐信 …… 111
第三节 英文求职材料 …… 113
一、英文求职信 …… 113
二、英文简历 …… 116

第七章 求职应聘技巧 …… 119
第一节 面试 …… 120
一、面试综述 …… 120
二、面试准备 …… 122
三、面试注意事项 …… 124
四、面试问题分析及答题思路 …… 126
第二节 笔试 …… 129
一、笔试的作用与种类 …… 130
二、笔试准备 …… 132
三、笔试的注意事项 …… 133
第三节 网络应聘 …… 134
一、网络应聘的优势 …… 134
二、网络应聘前的准备工作 …… 135
三、网络应聘成功六要素 …… 135
四、网络应聘注意事项 …… 136

第八章　择业与就业权益保障 …… **141**

第一节　应聘择业中的权益保障 …… 142

一、毕业生就业权利概述 …… 142

二、毕业生如何正确行使就业权利 …… 144

三、毕业生如何保障权利 …… 146

第二节　就业后的权益保障 …… 151

一、劳动合同概述 …… 151

二、如何签订劳动合同 …… 153

三、签订劳动合同的注意事项 …… 157

四、劳务派遣简介 …… 158

第三节　试用期内的权益保障 …… 160

一、试用期概述 …… 160

二、试用期内劳动合同双方的权利和义务 …… 161

三、与试用期容易混淆的几个概念 …… 161

第四节　劳动合同的解除与终止 …… 162

一、劳动合同的解除 …… 162

二、劳动合同的终止 …… 164

三、终止合同与解除合同的区别 …… 164

第五节　劳动争议中的权益保障 …… 165

一、劳动争议的范围 …… 165

二、劳动争议的处理方法 …… 165

三、劳动争议的举证责任 …… 165

第九章　适应职业、发展职业 …… **168**

第一节　认真把握实习期 …… 169

一、树立良好的第一印象 …… 169

二、建立和谐的人际关系 …… 171

三、用心考察实习单位 …… 172

第二节　从基层做起、夯实工作第一块基石 …… 173

一、基层工作是成就事业的重要基础 …… 173

二、基层工作是发展事业的必经阶段 …… 174

三、基层工作是阶段性就业的基本要求 …… 176

第三节　调整角色、适应职场 …… 177

一、高职毕业生在角色转变中常见的不良心理 …… 177

二、高职毕业生职场不适应的几种表现 …… 177

三、高职毕业生不适应职场的原因分析 …… 179

四、如何适应职业角色 …… 180

第十章　创业，让梦想飞翔 …… 185
第一节　创业概述 …… 186
一、创业的概念与形式 …… 186
二、创业的条件 …… 188
三、创业者应有的心理特征 …… 189
四、创业者应具备的创业能力 …… 190
五、创业者应具备的创业观 …… 191
六、我国支持大学生自主创业的优惠政策 …… 191
第二节　创业项目的选择与创业计划的制订 …… 194
一、创业项目的选择 …… 194
二、创业计划的制订 …… 196
第三节　创业企业的创立与管理 …… 198
一、创业企业的创立 …… 198
二、创业企业的管理 …… 204

参考文献 …… 209
附录A　大学生就业有关法律法规和文件 …… 210
附录B　新增职业信息 …… 212

第一章 职业与职业选择

【学习要点】

(1) 职业的特点、功能。
(2) 职业资格证书对高职学生求职就业的作用。
(3) 高职学生应该考取哪些职业资格证书。
(4) 应该如何了解和选择职业。

【技能要求】

(1) 我国现阶段职业调查分析。
(2) 收集职业资格证书信息。

引导案例

新冠肺炎危机对就业有何影响?

在2020年2月11日上午举行的国务院联防联控机制新闻发布会上,人力资源和社会保障部就业促进司司长张莹表示,新冠肺炎疫情发生后,劳动力市场出现了一些变化:企业的开复工时间在推迟,劳动者返岗时间有所错后。

与此同时,与疫情相关的行业企业缺工明显,部分招聘活动暂时性推迟。相信随着疫情的缓解和最终战胜,企业将加快复工复产,前期积累的消费和投资将会继续释放,劳动力市场的需求也会同步扩张,中国经济长期向好的基本面没有改变,就业局势总体稳定的基本面也没有改变。

相关部门为了进一步做好疫情防控期间的就业工作,提出了一系列的举措。

一是充分挖掘现有的就业机会,全力确保医护用品等疫情防控涉及的重点企业用工。用足、用好现有的就业岗位,对重点企业指定专人对接,优先发布用工信息,通过本地挖潜等方式满足企业阶段性的用工需求。对于当地难以满足需要的,协助企业跨区域定向招聘,对一些成规模的用工制订了运送方案,有条件的组织集中运送,同时对春节期间生产配送防疫物资的企业、提供职业介绍的人力资源服务机构,按规定给予补贴和补助。

二是支持中小微企业稳定就业。30人以下的参保企业裁员率不超过总体职工总数

20%的企业，可以申请失业保险稳岗返还的政策。企业在目前的停工期间、疫情的恢复期间组织职工参加各类线上线下培训的，可以纳入现有的补贴类培训范围。对已发放个人创业担保贷款，借款人患新冠肺炎的，可以申请最长不超过一年的暂息还款，近期有关部门和地方聚焦中小微企业的发展，给予税费减免、房租补贴，相信这些政策最终能够帮助小微企业克服疫情期间的困难。

三是家乡重点企业的帮扶。目前，重点关注高校毕业生、农民工以及疫区的劳动者。首先引导农民工有序返岗复工，对暂时难以外出又有就业意愿的农民工，开发一批临时就地就近岗位，确有困难的通过公益性岗位托底安置。对高校毕业生优化服务，扩大在线办理的事项，网上面试、网上签约，适当延长招聘时间，推迟体检，推迟签约录取，同时调整事业单位、国有企业基层服务项目招聘招录的笔试面试时间。湖北疫情严重地区可按照不高于当地失业保险金标准，向受疫情影响的失业参保人员发放失业补助金。

四是加大线上招聘的力度。目前，已经推出了线上的"春风行动"，努力实现就业服务不打烊，同时还将全力以赴、多措并举，积极帮扶有意愿的劳动者就业创业，努力保持就业局势的总体稳定。

（资料来源：人民网）

第一节　职业概述

2020年高校毕业生数量达到874万人，预测2021年将突破900万，就业任务很重。受新型冠状病毒疫情的影响，毕业生求职面临不少困难和不便，一些尚未落实工作的毕业生更是焦虑重重。为此，熟悉就业技巧，掌握相关就业信息就显得尤为重要。

一、职业的含义

俗话说："三百六十行，行行出状元"。这里所说的"行"，一是指行业，二是指职业。行业产生出职业，职业存在于行业。那么，什么是职业？从理论上说，职业是人们从事的相对稳定的、有经济收入的、分专门类别的社会劳动，是人们所承担的社会责任与义务、所拥有的社会权利的重要体现。

职业和每个人都有密切的联系，每个具有劳动能力的人都会在其一生中从事一种或几种职业，都会经历自己的职业生涯，并通过职业生涯实现自己在社会中的发展，实现自己的理想和价值，为家庭、组织和社会做出贡献。了解职业、认识职业，对我们选择职业、寻求职业发展是很重要的。

怎样理解职业的定义？可以从以下几个方面进行分析。

1. 职业的经济性

职业的经济性也可以称为职业的目的性，是指人们从事职业活动的主观动机，即可以从中取得一定的经济收入，这既是人们从事职业活动的基本动机，也是从事职业活动的结果。职业与人们的生存直接相关，直到现阶段，劳动还是人们谋生的需要，人们必须通过从事一定的职业活动获取自己生存的经济基础。

对于学生来说，学校毕业就意味着已经具备了独立生存的基本能力，而选择职业，从事

职业活动会为我们新的生活奠定必需的基础，这个基础就是经济收入。

职业的经济性使得职业活动和个人出于爱好和兴趣或出于某种责任感而从事的活动，如收集活动（集邮等）、社会公益活动（经常参加义务劳动等），区别开了。

2. 职业的价值性

职业活动既是个人生存的需要，也是有利于他人的活动，两者是不能分开的。对他人有利进而对组织、对社会有利，就是职业的价值性。在现代社会中，职业的价值性可以表现为直接对所服务的顾客有利，比如通过销售工作为客户服务；还可以表现为对组织中各部门和各个成员相互合作协调地开展工作有利，比如企业仓库保管工作或办公室文秘工作就是有利于其所服务的部门和成员的工作。

职业活动的价值性要求我们必须尽早建立服务意识，真正理解利己首先要利他，收获一定是在耕耘和付出之后的道理。尽管任何一个人从事职业活动都是为了取得一定的经济收入、获得个人生存的经济基础，但这一定是服务的结果。若认识不到这一点，我们就不能很好地开始自己的职业生涯，就可能在职场中走弯路。

3. 职业的社会性

职业是个人与社会相结合的具体方式之一。个人与社会可以通过家庭、非正式群体和网络等许多方式相结合，但个人通过职业与社会相结合，是一种正式的并且稳定的方式，是除家庭之外最重要的一种与社会结合的方式。

职业的社会性，一方面表现为一个人从事职业活动必然要与其同事、领导、下级、客户、供应商、关系群体成员等相联系；另一方面表现为一个人工作的好坏对他人有直接或间接的影响，他人工作的好坏也会对该职业人有直接或间接的影响。这就要求我们必须建立合作意识、团体意识、组织意识，个人必须融入群体。以自我为中心和个人至上是行不通的。

职业的社会性还有另一层含义，就是某一职业的从业者应该达到一定的数量，能够构成一个群体。按照我国现在确定新职业的标准，其从业人数规模要达到5000人以上。

4. 职业的专门性

职业是社会分工的必然结果，是社会分工的具体体现。职业是依据劳动对象、劳动条件、劳动方式而相互区分的，每一职业都有其特定的活动内容、活动方式，如纺织劳动和服装制作的区别、商品批发和商品零售的区别等。

职业的专门性，一方面形成了不同职业的专门技术和技艺即职业技能，需要学习和掌握；另一方面形成了不同职业的道德规范和行为规范即职业规范，要求人们必须遵守。

另外，职业的专门性也是设置专业的重要依据，学习专业在很大程度上就是学习职业的相关知识和技能。所以，必须重视专业学习。

高等职业教育是就业前的准备性教育，大学生在学习期间既要学习相关职业技能，也要了解相关职业规范，既要锻炼能力，也要培养良好的个人素质，以便为毕业后的求职就业奠定良好的基础。

5. 职业的稳定性

职业产生于社会分工，它以一定的生产经营管理技术为基础，满足一定的社会需要。职业一旦形成，便会在或长或短的时期内存在和发展。有些职业存在的历史久远，比如一些手工制作活动、农业种植活动等；有些职业存在的历史比较短暂；有些职业是新近刚刚形成的，如计算机行业的某些职业。

职业的稳定性使人们学习掌握职业知识和技能成为可能，也使人们的职业生涯发展和规划成为可能。我们应该利用职业的稳定性，充分学习掌握职业知识和技能，很好地规划个人职业生涯。

二、职业的特征

从社会总体的角度看，职业具有以下主要特征。

（一）时代性特征

不同时代、不同经济和社会发展阶段，职业表现出以下几方面的区别。

1. 数量上的特征

在工业社会的不同发展阶段，职业在总体数量上有着明显的区别。随着社会的进步，职业总的数量是不断增加的。过去人们常说“三百六十行”，而现今社会中的职业远远不是三百六十行所能概括的，而是以千计，甚至以万计。职业数量的增加反映了社会分工的不断细化，也反映了人们从事劳动的多样化。

2. 结构上的特征

在不同经济和社会发展阶段，职业的结构有很大区别。通常按产业结构来划分职业结构，即第一、二、三产业中的职业结构。农业社会中主要以种植、采集、畜牧、渔猎等职业为主；工业社会以各种制造业中的职业为主。1973年，丹尼尔·贝尔提出后工业社会理论，认为现代社会正在从产品经济转向服务经济，大多数劳动力不再从事农业和制造业，而是从事各种服务业活动，如保健、娱乐、研究、教育和管理等。

事实上，自20世纪下半叶以来，第三产业发展迅速，GDP产值不断上升，从业人口不断增加，在美国等发达国家和地区，第三产业创造的产值已经超过国民经济总产值的50%，达到70%甚至更多，吸引的从业人口也在2/3以上。我国自改革开放以来，经济发展迅速，社会变化快，经济结构已经发生了很大的改变，相应地带动了职业结构的变化，其中尤以沿海地区及大中城市显著。

应该说，职业结构的变化对大学生求职就业有着更为直接的影响，关注职业结构的改变应该是大学生个人职业生涯规划中的一个重要方面。

3. 活动内容和方式上的特征

同一职业在不同时代或经济社会发展的不同阶段，其内容和方式也会部分改变。比如，办公室文秘，过去做办公室事务主要是抄写工作，现在就要利用各种办公自动化设备和手段；计划经济时期的产品销售就是坐等顾客上门，今天做产品销售业务则必须制订产品推销计划、开发市场、寻找客户、交流沟通、提供售后服务，业务内容是过去所不能相比的。

你能描述出在你所感兴趣的职业中人们是如何工作的吗？

（二）多样性特征

多样性指的是职业的数量和种类的特征。按照国际职业分类，职业共分为8个大类、83个小类、284个细类、1881个职业；加拿大《职业岗位分类词典》把职业分为23个主类、81个子类、489个细类、7200多个职业；2019年，由人力资源和社会保障部、国家质检总局和国家统计局牵头成立的国家职业分类大典修订工作委员会召开了全体会议。会议审议、表决通过并颁布了新修订的2019年版《中华人民共和国职业分类大典》。

从总体修订的情况来看，2019年版《中华人民共和国职业分类大典》主要从以下四个方面进行了修改、调整和补充。一是对职业分类体系的修订；二是对职业信息描述内容的修订；三是对职业信息描述项目的调整；四是增加绿色职业标识。

随着经济社会发展、科技进步和产业结构的调整升级，我国社会职业构成和内涵发生了很大变化。一是一些传统职业开始衰落甚至消失，如“餐具清洗保管员”“唱片工”“拷贝字幕员”等。二是一些新的职业不断涌现并迅速发展，如“信息通信信息化系统管理员”“基金发行员”“光伏组件制造工”等。三是还有一些职业为适应形势开始调整和转化，如“光盘复制工”“市话测量员”“话务员”等职业由于社会发展和科技进步等原因，相应调整和转化为“音像制品复制工”“信息通信网络测量员”“呼叫中心服务员”。

我国自职业分类大典颁布至今，又有超过一百个新的工作陆续产生，被列入职业范畴。职业的多样性，职业种类的增加，反映了经济与社会的发展变化，也为求职者提供了越来越广阔的就业选择空间。

（三）层次性特征

1. 不同职业的社会地位和社会声望有区别

不同职业在人们心目中具有不同的社会地位和社会声望，这主要由三方面因素造成。

(1) 职业环境，指的是职业的自然环境和社会环境，前者如井下作业、室外作业、高空作业等；后者如工作的技术条件、劳动报酬、福利待遇、晋升机会等。

(2) 职业的责任和功能，指的是一个职业能够对社会发展承担什么样的责任、做出多大的贡献，比如科学基础研究和工程技术应用是有区别的，承担一个组织的管理决策和在一线从事执行性、操作性工作是有区别的。一个职业承担的社会责任越大、贡献越大，人们对它的评价就越高。

(3) 职业对从业者的素质要求，显然，对从业者素质要求越高，人们就会认为该职业具有更高的社会地位和社会声望。

2. 同一职业内部不同层级之间的社会地位和社会声望有差别

根据职业所要求的能力和责任，它可以分为以下六个层次。

(1) 非技能性工作，不要求具备独立决策和创造能力。

(2) 半技能性工作，在有限的工作范围内要求具备最低限度的技能和知识，具备一定的操作能力。

(3) 技能性工作，要求具备熟练的技术、专业的知识和基本判断力。

(4) 半专业性和管理工作，要求具备一定的专业知识和判断力，对他人承担最低限度的责任。

(5) 专业性工作，要求具备大量的专业知识和较强的判断力，具有相当的责任和自主权。

（6）高级专业性和管理性工作，要求高水平的知识、智力，拥有较大的自主权力，承担更多的决策和监督责任。

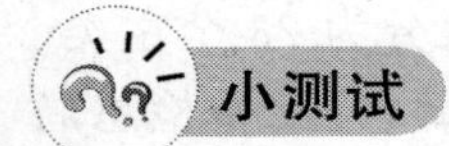

你认为你的就业应该定位在以上哪个或哪些层次上？

（四）地域性特征

职业在地域分布方面也具有一定的特点，具有相对的地域集中性。比如：汽车制造业几大集团主要分布在东北、上海、广州、湖北、重庆、北京、南京等地，相应地，也就集中了相关职业和职业群体。职业分布的地域性反映了地区或地域之间经济与社会发展的不同特征，一般地，经济与社会发展水平越高、速度越快的地方，就越能够吸引和聚集相关的职业和从业人员。

三、职业的功能

（一）职业对个人的功能

1. 职业是维持个人和家庭生存的基础

高职毕业生在职业生涯的开始阶段，主要是寻求适合自己发展的职业方向，积累社会经验，锻炼职业能力，获取一定的经济收入，为自身的职业发展奠定一个较好的基础。作为刚毕业的高职学生应该明确，虽然获得一定的经济收入是我们开始社会生活的基本保障，也是我们的一项基本权益，但在职业生涯初期，经济收入并不是我们选择职业的主要标准，也不是我们从事某一职业的主要目的。

石化行业一家大型企业的人力资源部门负责人说，高收入不见得就是适合自己发展的工作，适合发展的工作刚起步时的收入也不一定高。毕业生如果在两者的选择上游移不定，很可能会损害一生的事业前景。在取得收入和选择事业的平台之间，建议要更看重适合自己发展的事业。

2. 职业可以促进个人多方面的发展

实际表明，能够与个人兴趣相结合的职业会更持久、更深入、更有效。人的个性也会在职业活动中、与他人的相互联系与合作中不断完善。职场是锻炼人的特长和能力的最佳场合，也是实现个人理想和价值的最佳途径。职业不仅能提供给每个人经济报酬，更能满足每个人发展自我和完善自我的需要。

3. 职业可以满足个人成就感

市场经济社会中，个人的成就往往体现在职业生涯中，职业的成功会给个人带来地位、名誉、权力的满足感。职业成功的途径很多，大体上可以分为两类：一类是技术或业务的途径，沿着这条途径通过不断提升自己的专业能力取得进步，比如从技术员到工程师、从一般销售人员到主管销售人员；另一类是管理的途径，沿着这条途径通过管理梯次不断提升自己，比如从班组长到店铺经理、再到公司经理。

另外还有第三类途径，就是沿着自主创业的道路不断发展。目前，毕业生自主创业的情况越来越多，自主创业也越来越多地受到国家政策的鼓励和支持。

4. 职业是提升和实现个人价值的重要途径

个人的价值在于对他人有利、对组织有利、对社会有利。为社会做贡献有很多种方式，从事职业活动是最重要、最稳定的一种，也是将个人利益和社会利益完美结合的一种。为社会做的贡献多，个人的价值增值就多。

5. 职业体现了个人对社会的责任和权利

选择并从事职业活动是每个具有劳动能力的人的基本权利，要珍视这个权利，因为它是我们生存和发展的基本条件之一。为此，每个即将走上社会的高职毕业生，应该主动地承担起对自己的责任、对家庭的责任，进而承担起对组织和对社会的责任，自觉地成为一名合格的社会公民。

（二）职业对组织的功能

（1）组织是相关职业的组合体，组织活动与职业活动是一个问题的两个方面。所以，职业及职业活动构成了组织及组织活动，也可以说，组织活动体现为职业活动，职业活动实现着组织的存在和运转。

（2）职业活动创造出组织的效率和效益，组织成员越是"职业化"，组织就越稳定，其活动就越富有成效。

（3）职业活动创造出组织的社会价值，组织对社会的贡献是由每个组织成员富有成效的职业活动做出的。

（三）职业对社会的功能

（1）职业是社会分工劳动的具体体现，是人们相互结合起来形成生产力，推动经济与社会进步的具体方式、途径和手段。

（2）职业活动创造社会财富，这和劳动创造财富是一个问题的两种说法。

（3）职业也是维持社会稳定的重要条件。

案例

期望值过高

2008届毕业生小王来自云南罗平，直到当年3月份他还未落实工作单位。笔者去参加国家医药管理局的供需见面协调会，顺便将他的应聘材料带去帮他落实单位。刚好罗平有一家制药厂要他，专业对口，又是家乡，然而他本人的择业意向却是：单位地点必须在昆明市，至于到昆明的什么单位、具体做什么工作都无关紧要，除此以外，什么单位都不考虑。在这种心态下，结果自然难以如愿。

分析：小王的思想在当前毕业生的择业过程中具有一定的代表性。不少毕业生过于向往经济发达地区，尤其是沿海地区的中心城市，最低的期望也是回自己家乡所在地的中心城市。他们只注重经济文化发达、工作环境优越的一面，而忽视了人才相对过剩的一面，择业期望值居高不下，甚至还有逐年上升的趋势，从而导致主观愿望与现实需求之间的巨大落差。

（资料来源：https://wenku.baidu.com/view/986a8f4a85254b35eefdc8d376eeaeaad0f31651.html?from=search&isVipfree=1.2019-10-28.）

第二节 职业分类和职业资格证书

不同的职业有各自不同的知识和技能，对从业人员的素质有不同的要求。职业资格证书就是这种要求的具体体现。取得职业资格证书是达到了职业基本要求的有效证明。高等职业教育不同于研究型教育的一个重要方面，就是学生不仅要取得学历证书，还要取得相关的职业资格证书，也就是常说的"双证书"。

"双证书"是高职学生求职就业的有力"武器"，这里就需要了解一下有关职业分类和职业资格证书的问题。

一、职业分类

目前，随着社会的发展，衍生出多种多样的新职业，如物流配送员、网络主播等，为了更好地区分不同职业，我国颁布的《中华人民共和国职业分类大典》将职业进行分类。职业分类是以工作性质的同一性为基本原则，对社会职业进行的系统划分与归类。

可见，"工作性质相同"是职业分类的基本标准。采用这个标准有利于政府部门的宏观管理。下面介绍的职业分类的国际标准和我国颁布的《中华人民共和国职业分类大典》，都是依据这个标准。

所谓工作性质就是一种职业区别于另一种职业的根本属性，一般表现为职业活动的对象和方式的区别。比如说，教师以学生为服务对象，导游以游客为服务对象，这就是教师工作和导游工作的区别；营业员是在店铺里为顾客提供销售服务，推销员一般是通过登门走访为顾客提供销售服务，这就是营业员工作和推销员工作的区别。

不同国家和地区，在经济和社会发展的不同阶段，职业分类不尽相同。

（一）职业分类的国际标准

1968 年，联合国颁布《国际标准职业分类》修订本，将职业分为四个层次、八个大类、83 个小类、284 个细类、1506 个职业。其中，八个大类分别如下。

（1）专家、技术人员及有关工作者。

（2）政府官员和企业经理。

（3）事务工作者和有关工作者。

（4）销售工作者。

（5）服务工作者。

（6）农业、牧业、林业工作者和渔民、猎人。

（7）生产和有关工作者、运输设备操作者和劳动者。

（8）不能按职业分类的劳动者。

联合国的职业分类为各个国家进行职业分类提供了重要的依据。

（二）我国的职业分类

2015 年 7 月 29 日，国家职业分类大典修订工作委员会全体会议在京召开，会议审议通过并颁布了 2015 版《中华人民共和国职业分类大典》，将我国职业归为八个大类、75 个中类、434个小类、1481个职业。与1999版相比，维持八个大类、增加九个中类和21个小类，减少547个职业。其中，八个大类分别如下。

(1) 国家机关、党群组织、企业事业单位负责人，含五个中类、16个小类、25个职业。

(2) 专业技术人员，含14个中类、115个小类、379个职业。

(3) 办事人员和有关人员，含四个中类、12个小类、45个职业。

(4) 商业、服务业人员，含八个中类、43个小类、147个职业。

(5) 农、林、牧、渔、水利生产人员，含六个中类、30个小类、121个职业。

(6) 生产、运输设备操作人员及有关人员，含七个中类、195个小类、1119个职业。

(7) 军人，含一个中类、一个小类、一个职业。

(8) 不便分类的其他人员，含一个中类、一个小类、一个职业。

2020年2月25日，人力资源和社会保障部、国家市场监管管理总局、国家统计局正式向社会发布了新职业信息。经专家严格评审，报人力资源和社会保障部、国家市场监管管理总局、国家统计局批准，最终发布16个新职业信息，分别如下。

(1) 智能制造工程技术人员。

(2) 工业互联网工程技术人员。

(3) 虚拟现实工程技术人员。

(4) 连锁经营管理师。

(5) 供应链管理师。

(6) 网约配送员。

(7) 人工智能训练师。

(8) 电气电子产品环保检测员。

(9) 全媒体运营师。

(10) 健康照护师。

(11) 呼吸治疗师。

(12) 出生缺陷防控咨询师。

(13) 康复辅助技术咨询师。

(14) 无人机装调检修工。

(15) 铁路综合维修工。

(16) 装配式建筑施工员。

新职业是在向社会公开征集的基础上，经专家评审、公示征求意见后，按程序遴选确定的。

(三) 职业分类的其他标准

在国外，按照脑力劳动和体力劳动的性质和层次分类是一个通行的做法，也就是常说的白领和蓝领。白领工作人员包括专业性和技术性工作人员(会计师、建筑师、工程师、医生、教师等)、农场以外的经理和行政管理人员、销售人员、办公室工作人员等。蓝领工作人员包括手工艺及类似的工人、农场以外的工人、服务行业的工人等。现在又出现了金领、灰领的职业划分。

通常人们认为，我国现阶段高等职业教育培养的是"灰领"人才。这种划分可以反映劳动的性质区别和社会地位的不同，是人们在日常生活中常用的分法。

在国外，还有按照人的心理个性差异划分的职业类别。这种分类方法是根据美国职业指导专家霍兰德创立的“人格—职业”类型匹配理论，把人格类型分为六种，相应地也就有六种职业类型。它们分别是现实型、研究型、艺术型、社会型、企业型、常规型。这种分类对求职者按照个性特点寻找适合的职业，以及用人单位根据岗位对从业者的个性要求选用人才有比较直接的指导作用。对于高职学生来讲，了解自己的个性特点，也是选择适合职业的前提条件之一。

应该指出的是，职业分类是一个动态的过程，它会根据经济和社会的发展阶段、国家经济与社会管理的需要适时做出调整。

职业分类从不同的角度对各个职业做出了规定和界定，每种职业都有其特定的内涵。例如，我国颁布的职业分类大典依据的是人们所从事工作性质的统一性，也就是每类职业在工作性质上具有共同的特征；而美国学者霍兰德的分类方法依据的是人的个性以及职业对人的个性的要求。不同职业对从业人员提出了不同的素质要求。

了解职业的分类，有利于认识和把握不同职业的特性，有利于在高职学习阶段有意识、有针对性地做好职业准备，为毕业时求职就业奠定基础。

二、职业资格和职业资格证书

（一）职业资格

通常所说的职业资格是对准备从事某一职业的劳动者必备的学识、技术和能力的基本要求。职业资格包括从业资格和执业资格。

从业资格是指从事某一专业应具备的学识、技术和能力的起点标准；执业资格是指政府对某些责任较大、社会通用性强、关系社会公共利益的专业实行准入制度，是依法独立开业或从事某一特定专业应具备的学识、技术和能力的必备标准。我们高职学生通常可以考取和获得的是从业资格。

目前我国共对一百多个职业制定了从业资格标准，颁布了相应的职业标准。共有几十个职业有了各自的执业资格标准。

（二）职业资格证书

我们所关心的职业资格证书是对达到职业资格规定的必备学识、技术和能力的劳动者颁发的证明。职业资格证书包括从业资格证书和执业资格证书。

劳动者取得从业资格证书必须以从业资格认定为基础。从业资格的认定由政府的劳动、人事及其他相关主管部门组织实施，由政府批准的考核鉴定机构通过学历认定、资格审查或考试、专家评定、职业技能鉴定等方式进行。经认定和考核合格者，可取得证书。

目前常见的从业资格证书包括营业员、推销员、调酒师、美容师、美发师、前厅服务员、餐厅服务员、导游、出版物发行员、客房服务员、摄影师、汽车驾驶员等共有一百多种。劳动者取得执业资格必须参加执业资格考试，合格者可取得证书。取得证书并经过注册登记者，可依法独立执业。

目前我国已有几十个专业建立了执业资格制度并对考核合格者颁发证书，其中只实行考试制度的包括医师、药师、中药师、教师、统计员、法律顾问、价格鉴定师、珠宝玉石质量检验师等；需要持证者注册的包括注册会计师、注册建筑师、注册律师、注册资产评估师、注册

地产评估师、注册拍卖师、注册税务师、监理工程师等。

（三）职业技能和职业技能鉴定

我国人力资源和社会保障部制定并颁布的《国家职业标准》对从业者资格做出限定，并规定职业等级。

我国的职业标准一般根据具体的职业不同，把职业等级划分为三至五个等级。例如，物业管理员职业划分为物业管理员、助理物业管理师、物业管理师三个等级；企业人力资源管理师职业划分为四级至一级企业人力资源管理师四个等级；营销师职业划分为营销员、高级营销员、助理营销师、营销师、高级营销师五个等级。

在对同一职业从业者提出基本一致的职业道德和基础知识要求的基础上，还对该职业不同等级的从业者从工作内容、能力要求和相关知识等方面提出不同要求。

劳动者参加的从业资格考试称为职业技能鉴定，职业技能鉴定由政府批准成立的职业技能鉴定机构负责组织实施。高等职业院校与政府劳动主管部门和职业技能鉴定机构不断加强紧密联系，在高等职业教育中引入职业技能鉴定，使越来越多的高职学生参加职业技能鉴定，取得职业资格证书。

职业技能鉴定的内容包括职业知识、操作技能、职业道德三部分。鉴定形式一般包括知识考试、技能考核两部分。

（四）其他证书

目前，除了政府劳动、人事和其他主管部门颁发的从业资格证书和执业资格证书外，还有行业协会组织颁发的证书以及国外机构经我国主管部门批准在我国境内颁发的证书，包括职业资格证书和技术等级证书等，如微软工程师、IBM工程师、C&G证书等。

它们在不同的领域和程度上得到用人单位的认可，取得这类证书要通过这些机构组织的考试和考核。

（五）证书的作用

1. 有助于学习和掌握职业知识与技能

通过参加职业技能培训，可以初步掌握相关职业知识和技能，建立职业意识，养成职业行为规范，为毕业阶段求职就业打下坚实的基础。这也是高等职业教育的本质所在，是高等职业教育区别于普通教育的关键。

2. 有助于个人职业生涯规划与发展

通过参加职业技能培训，可以发现和稳定个人的职业兴趣，修炼和完善个人性格，使个性发展与职业生涯尽早结合起来，为自己职业生涯的长期稳定发展奠定良好的基础。很多情况表明，高职学生越早发现和养成个人的职业兴趣，就越有利于完善个人的性格，越有利于早做职业规划，从而使学习的方向更明确、学习的动力更充足。

3. 有助于提升个人就业竞争能力

通过参加职业技能培训，可以拓展个人能力领域，提升个人在未来职场的竞争能力。为了更好且及时地就业，高职学生有必要在自己和家庭力所能及的范围内掌握多方面技能，取得多个证书。对于高职毕业生来说，就业可以在专业范围内，也可以在专业范围外跨专业就业，如果利用在校学习期间尽可能多的取得证书，对就业和未来职业发展非常有益。

（六）证书的分类

从证书与专业的关系和对就业的作用角度，可以把各种证书分为以下三类。

（1）核心证书。这类证书与专业有着直接的联系，对求职就业有直接的作用。例如，保险代理人证书之于保险专业的学习和就业，导游证书之于导游专业的学习和就业，会计证书之于会计专业的学习和就业。如果是师范专业的学生并且打算从事教师职业，那么，必须首先要通过普通话考试，再参加教师资格考试取得教师资格证书。

（2）能力拓展性证书。这类证书与专业可能有间接的关系或者没有什么关系，但对于拓展个人能力范围、增强就业竞争能力有重要影响。例如，金融专业的学生不妨考取会计证，计算机专业的学生考取秘书证书，取得这类证书对求职就业有很大的帮助。

（3）通用性证书。这类证书是现在从事几乎任何职业都需要的，它们反映了现代职业活动对人们基础能力的共同要求，如英语等级证书、计算机等级证书、汽车驾驶证执照等。

核心证书和通用性证书应该是必拿的，能力拓展性证书应该在力所能及的前提下尽量取得。在大学生的职业生涯规划中，应该把参加职业技能培训和考试，取得职业资格证书和技术等级证书列为重要内容。

案例

员工学历作假，劳动关系被解除

2009年3月，张某凭借河南某大学企业管理专业毕业生的身份，到上海某催化剂公司应聘行政助理职务，经面试考核等程序，张某成功被招聘为该公司职工。同月，张某被公司通知到生产技术部操作岗位锻炼。公司对张某在公司的表现基本满意。到了这个阶段，张某认为自己已经达到了成为该公司员工的目的。

张某所提供的"个人简历·受教育情况"内注明2002—2006年在"河南某大学"读企业管理专业，获本科毕业证、学位证、英语六级。但是，公司根据该简历在教育部指定的查询网站上没有找到张某所称的"河南某大学"。张某提供的学历有问题！公司马上和张某联系，张某辩称其简历写错了，应该是另一所院校。

经过查询，张某重新提供的毕业院校是存在的，但是公司去该校查询张某情况时，却发现该校并没有张某所称的企业管理专业，也没有张某所提供的毕业证书编号，核对该校毕业生查无此人。由此，张某以假学历进行应聘已被证明是事实。尽管张某声称可以胜任现在的工作岗位，但是公司还是毫不犹豫地解除了和张某之间的劳动关系。

近年来，随着大学的扩招，大学生的数量逐年增长。相应地，大学毕业生数量也快速增长，使得大学生的就业形势越来越严峻。又因为社会和家长对大学生往往寄予比较高的期望，所以现在的大学生面临的就业压力是巨大的。尽管如此，诚信仍是做人之本。

如果采用一些不正当、不诚实的手段去试图获取工作机会，比如虚构自己并不具备的高学历去满足用人单位的一些必备要求，就违背了基本的诚信原则，不仅不能实现自己的就业愿望，发生纠纷时也难以得到法律的保护。

（资料来源：https://wenku.baidu.com/view/986a8f4a85254b35eefdc8d376eeaeaad0f31651.html?from=search&isVipfree=1.2019-10-28.）

对照自己所学专业以及个人志向和兴趣，列出你打算考取的证书，为此你应该做哪些准备？

第三节 职业选择

选择职业既要了解自己，也要了解职业，这样才能避免求职过程中的盲目性，才能有针对性地做出准备。此外，我们还要明确自己的求职目标，了解毕业生就业形势，以便将主观和客观相结合，迈好个人职业生涯的第一步。

一、职业选择的原则

（一）立足现实、着眼发展的原则

1. 立足现实

立足现实主要有四个方面的含义。

1）立足于现阶段学生就业的基本形势

根据人力资源和社会保障部网站2020年2月28日发布的《中华人民共和国2019年国民经济和社会发展统计公报》显示，至2019年年末全国就业人员77471万人，其中城镇就业人员44247万人，占全国就业人员比例为57.1%，比2018年年末上升1.1个百分点。全年城镇新增就业1352万人，比上年少增9万人。年末全国城镇调查失业率为5.2%，城镇登记失业率为3.6%。全国农民工总量29077万人，比上年增长0.8%。其中，外出农民工17425万人，增长0.9%；本地农民工11652万人，增长0.7%。

当前，我国国内经济趋稳的基础还不够稳固，2020年新型冠状病毒疫情的突发，使得全社会宏观就业压力增大。2020年2月12日下午，国务院联防联控机制新闻发布会再次召开，专门介绍了教育系统疫情防控等相关工作情况。

根据《2019年中国大学生就业报告》（蓝皮书），中国2018届大学毕业生的就业率仅为91.5%。其中，本科毕业生的就业率为91%，相比2014届（92.6%）下降了1.6个百分点。而高职高专毕业生的就业率则持续上扬，达到92.0%，相比2014届（91.5%）上升了0.5个百分点。也就是说，在此次疫情发生前，中国每年就有70多万大学生找不到工作，形势已十分严峻。2020年高校毕业生数量创历史新高，达到874万，同比增加40万。

从2011年到2020年，我国高校毕业生人数由660万人增加到874万人，增加了206万。就业人数的增加，与就业岗位需求量之间的矛盾，会导致就业越来越难。2020年考研人数创新高，突破330万人，这从一个侧面反映了就业难度之大、就业竞争激烈程度之高。

在这种情况下，教育部采取相应措施，组织实施大学生村官、三支一扶、大学生志愿服务西部计划、特岗教师计划、选调生等基层项目。鼓励大学生参军入伍、自主创业。推动大学生在重点区域（大湾区、雄安新区等）、重大工程（东北振兴、中部崛起等）、重大项目（港珠澳大桥等）中寻找机会，实现就业。此外，深度挖掘人工智能、大数据、互联网和实体经济融合创造的新就业机会，帮助毕业生在传统渠道外多方位就业。

高校毕业生就业形势复杂严峻，促进就业的工作任务更加艰巨繁重。尽管政府各级主管部门和各个高校近几年加大了就业工作力度，但就业形势严峻是一个不争的事实。在这样的形势下，高职毕业生求职就业必须从现实出发，降低期望值，抱着积极而平和的心态寻找适合自己的岗位。

从实际情况可以看到，近几年高职毕业生就业是以中小型企业、民营企业、私营企业为主要去向，这些企业吸引了超过2/3的应届毕业生。这些企业具有机制灵活、用人不拘一格的特点，看能力不看学历，学生在这些企业就业可以得到很好的锻炼，不少学生进步很快，两三年的时间内就可以成为单位的业务骨干。所以，作为高职毕业生，不能仅仅盯着大机关、大单位、国有经济，更应看到上述这些企业才是发挥自己才干的主要领域。

2）立足于现阶段用人单位对毕业生的需求

进入21世纪后，我国高等教育不再是精英教育，而是日益走向大众教育。毕业生到各类用人单位都要从基层的一线做起。作为高职毕业生，应该合理地规划自己的职业生涯，至少在自己职业生涯的起步阶段要面向基层，做好充当一名合格的、出色的一线员工的心理准备。

3）立足于个人知识和能力的实际

高等职业教育是面向实际的教育，它的教学与培训体系、内容和方式以培养一线应用型技术人才为中心。所以，高职学生的知识和能力结构不同于本科以上的大学生。了解自己的知识结构，了解自己的能力基础，合理规划自己的职业生涯，特别是规划好自己的起步阶段，是每个高职学生应该做好的功课。但这恰恰也是目前高职学生普遍还没有做好的功课，我们开设职业指导课程的目的之一就是帮助大家解决好这个问题。

4）立足于个人的个性特点

每个人都有自己的个性特点，包括兴趣、性格、理想、价值观等，彼此不同。另外，不同的职业和工作对从业人员的个性和素质要求也不相同。理想的状况是每个人都能根据自己的个性特点找到适合的岗位和工作，每个岗位和每份工作都能配备最适合的人，即所谓"人—职匹配"。

为了最大限度地实现学有所用、人尽其才，高职毕业生如果能够根据自己的个性特点选择职业，既有利于个人职业生涯的发展，也有利于满足用人单位对人才的需求。这样做还可以避免在求职就业过程中的盲目性和攀比性。

2. 着眼发展

着眼发展对于高职毕业生来说，就是要把毕业阶段的求职就业当作职业生涯的起点（实际上也是如此），而不是职业生涯的全部。在起点阶段寻找到适合的职业固然是个良好的开端，如果没有找到，也不要消极对待，仍然要积极、主动地寻找就业机会，及时开始自己的职业生涯，在工作中寻求发展和突破的机会。

我国现阶段劳动力供大于求的局面，必然导致部分毕业生一时找不到适合的岗位和工作。在这种情况下，我们主张同学们先就业，在工作中积累经验，在工作中寻找、发现、培养自己新的志趣。在很多情况下，志趣是培养出来的，特别是对于刚刚进入社会的学生来讲，个性发展尚未完善，自己认为擅长的也许并不真的擅长，自己认为感兴趣的也许只是表面现象。

从学校到社会、从学生到“职业人”是一个真正的“蜕变”过程，这个过程会完全改变一个人。所以，我们不必执着于自己在学生阶段形成的一些观念和思想，而要勇敢地放弃，清空自己，从零做起。将自己归零，并不会损失什么，反而会有新的收获。

（二）主动选择、及时就业的原则

我国现阶段高职生就业实行“市场导向、政府调控、学校推荐、学生与用人单位双向选择”的制度。这一制度赋予了高职生就业充分的自主权，大学毕业生应该建立主动就业和及时就业的意识。

1. 主动就业就是不等、不靠、不依赖

现在，仍然有部分同学在就业问题上等学校、等家长，依赖心理很重，这是很不适应现代社会对人的基本要求的。现代社会是竞争的社会，是凭借个人能力求生存、求发展的社会。学校也好、家庭也好，可以提供帮助，但是代替不了每个人的自我选择和自我发展。

没有这种意识，不自觉地锻炼自己这方面的能力，即使依靠学校或家庭的帮助找到自认为合适的工作，也很难在工作中适应。

2. 主动就业就是要自主判断、自主选择

同学们应该培养自己收集就业信息、分析就业信息的能力，培养自己寻找就业机会、把握就业机会的能力，培养自己适应环境变化、融入环境的能力。

在这个前提下，同学们可以利用家庭关系、同学关系、师生关系，利用学校提供的各种机会，广开渠道，多方争取。有了主动就业的意识和心态，同学们就能够在各种机会中得到锻炼；没有这种意识和心态，只不过是在“守株待兔”、随波逐流，完全被命运所操控，是不可能得到理想结果的。

3. 主动就业就是及时就业

有些同学因为目前就业形势比较严峻，有等一等、拖一拖的想法，部分家长也觉得家里不指望孩子挣钱，不就业也没关系，待一段时间再说。其实，这对学生个人的职业生涯发展是非常不利的。因为，虽然每个人在自己的一生中会有几十年的从业经历，但是对个人发展有重大影响的时间阶段只是有限的几个，这几个关键步骤直接影响着个人发展的方向和成就。其中，从学校到社会，从学生到“职业人”这个步骤具有决定作用。迈出这一步时间的早晚，会导致不同学生形成明显的差异。

很多事例告诉我们，早就业的学生在职业意识的树立、职业行为的形成等方面要明显优于晚就业和没有就业的学生，当他们已经进入职业角色，担当起业务责任和社会责任时，后一类学生仍然徘徊在学生状态，双方距离由此就加大了。所以，作为高职毕业生，在就业阶段要尽早完成就业任务，以便及时地开始自己的职业生涯。

二、职业选择的依据

影响毕业生职业选择的因素很多，这些因素构成了高职生职业选择的依据。主要包括以下几项。

（一）所属行业

选择什么样的行业作为自己事业发展的领域对一个人来讲十分重要。不同行业在国民经济和社会生活中处在不同的地位，具有不同的社会作用。比如，采掘业、冶金业被认为是基础行业；汽车、房地产业被认为是国民经济支柱产业；而互联网、IT 业则被视作新经济的代表。不同行业具有不同的发展前景，因而对新生劳动力具有不同的吸引力。

更为直接的是，不同行业的人才需求类别、规格彼此不同，对人才思维品质、行为规范有不同的要求。比如，制造业的人才需求多集中在生产制造方面，对应聘人员的专业有特定要求，并且需要应聘人员具备踏实、沉稳、精细的品质；商业服务业是直接服务于顾客的行业，要求应聘人员具备与人交流沟通的能力，要有为顾客热情服务的意识；IT 业产品更新速度快，员工年龄结构年轻化，要求从业者具备较强的创新意识和能力，以及良好的团队协作精神。

选择行业即选择自己的事业领域。一个人在自己一生的职业生涯中，可能会变换若干个工作单位，发生几次职业流动。一般来讲，变换工作单位是可以的，一生只服务于一个单位的情况今后会越来越少，但一定要注意，不要轻易变换自己的事业领域。如果在事业领域方面不稳定，频于跳槽，每跳一次都意味着从头开始，重建基础，对个人而言这将要付出巨大的时间代价，甚至可以说，这样的跳槽越多，距离成功的目标越远。

（二）单位性质和特点

在我国，用人单位大体上可以分为企业单位、事业单位、政府机关。不同单位在用人方面具有不同的特点。以企业单位来说，可以按照投资者性质分为国有企业、民营/私营企业、外资/合资企业；按照规模不同可以分为大型企业、中型企业、小型企业。

一般来讲，外资企业特别是其中的大型、知名企业，历史比较长，经营管理规范化程度高，企业文化成熟，对人才规格要求高。这类企业通常建立了完备的人力资源体系，招聘程序严谨，培养模式清晰，聘用政策稳定。对毕业生来说，进入这类企业后，重要的是尽快适应企业文化，融入企业群体。

现阶段的国有企业多已建立了市场化的经营管理机制，逐步走上市场经济轨道，再加上历史比较长，有一定的基础，规章制度比较健全。但是由于传统惯性，在人才使用上仍然存在着论资排辈现象和重使用轻培养的问题。高职毕业生进入这类企业，既要耐得住寂寞也要锻炼自我发展的能力。

民营/私营企业自 20 世纪 90 年代以来发展很快，已经成为国民经济的重要力量和吸收新生劳动力的最大领域。民营/私营企业机制灵活，发展速度快，其中有些企业已经成为行业中有影响力的成员。民营/私营企业用人不拘一格，不唯学历，有能力者上，无能力者下，再加上民营/私营企业多在竞争十分激烈的行业，高职生进入企业后能得到很好的锻炼。但是，民营/私营企业具有成熟的用人模式的还比较少，人力资源体系不够完善，人才流动性大也是它们的一个特点。

大型企业生产经营规模大，管理比较严谨规范，内部分工细致，责任明确，也就是人们常说的“一个萝卜一个坑”，有利于毕业生在某个专业岗位上锻炼成长；中小型企业经营管理机制灵活，和大型企业相比内部分工比较粗化，常常“一个萝卜几个坑”，有利于高职生培养自己多方面的能力。

总之，不同企业的性质、特点不同，对高职生素质、能力和个性的要求不同，了解这些有利于毕业生更好地选择自己的职业方向。

（三）整体薪酬待遇

取得比较理想或可以接受的收入，是每个毕业生在求职就业中必然要考虑的问题，不同企业的薪酬待遇的区别，是影响高职生职业选择的一个重要而现实的因素，相当多的毕业生把这一因素放在了首要位置。在这个问题上我们有以下几个建议。

（1）看眼前更要看长远。第一份薪酬固然重要，但和一个企业能够提供给我们的成长空间相比，它就变成次要的了。关键是要看这个企业是不是有一个完善或比较完善的薪酬体系，它是不是按照人们的能力和贡献支付劳动报酬。如果有这样一个薪酬体系，可以认为该企业人才成长的空间比较大，成长的途径是通畅的，将来获得一份理想的收入是可以预期的。

（2）看工资收入更要看整体报酬。一个人在一个组织内可以得到的报酬不仅仅表现在货币收入上。除去工资收入外，劳动报酬还可能表现为各种非工资性、非货币性收入，比如良好的工作环境、各种培训、企业的知名品牌效应给员工个人带来的社会声誉和社会地位等。在有些情况下，这样的报酬比工资收入还重要，更值得我们去珍惜。

所以，应该建立整体薪酬待遇的意识，从这个角度去看待我们的第一份收入。

（四）个性特征

每个人都有自己的个性特征，个性特征由生理和心理素质所决定，表现在思维方式、行为方式的不同。因此，每个人都有自己最适合从事的职业活动；职业选择的一个重要方面就是依据个性特征选择适合的职业。

为此，同学们一方面要在学习期间借助职业指导和咨询，借助心理学的测量工具了解自己的个性特征，另一方面则要通过多种途径，如收集报刊和互联网上的资料、勤工俭学、到企业考察实习等，尽可能多地了解感兴趣的行业和企业，尽可能多地接触准备选择的职业活动。这样可以比较好地避免求职就业中的盲目性，也可以避免就业以后不必要的流动性，从而为自己的职业发展节约宝贵的时间资源。

（五）国家政策

为鼓励大学生就业，国家每年都会出台适合国情的就业政策。为鼓励高校毕业生到基层和艰苦地区工作。各级政府会为高校毕业生创造工作条件，主要充实城市社区和农村乡镇基层单位，从事教育、卫生、公安、农技、扶贫和其他社会公益事业。在艰苦地区工作两年或两年以上者，报考研究生的，可优先予以推荐、录取；报考党政机关和应聘国有企事业单位的，同等条件下可优先录用。每年常见的就业政策都会包括大学生村官、大学生征兵、考研等。

1. 大学生村官

大学生村官工作是“十七”大以来党中央做出的一项重大战略决策，主要目的是培养一大批社会主义新农村建设骨干人才、党政干部队伍后备人才、各行各业优秀人才。2014 年 5 月 30 日，中央组织部召开全国大学生村官工作座谈会，进一步明确了大学生村官工作的定位。

每年全国各地都会出台相应的大学生村官政策。如 2020 年 3 月上海市人民政府发布文件，为做好 2020 年上海高校毕业生就业，2020 年上海大学生村官计划招募岗位 400 个，目前上海市人民政府发布了《上海市人民政府办公厅印发关于做好 2020 年上海高校毕业生就业工作若干意见的通知》，计划扩大高校毕业生在大学生村官等基层就业项目规模。

2. 大学生征兵

大学生征兵是指部队每年从应届大学毕业生中招收义务兵，经国务院、中央军委批准，自 2020 年起，将义务兵征集由一年一次征兵一次退役，调整为一年两次征兵两次退役。

2019 年 10 月国家发布 2020 年度全国征兵命令，2020 年度全国征兵工作将分为两次，在政策上做了重大调整，是 2020 年 3 月一次和 2020 年 9 月一次。征集对象以大学生为重点，优先批准高学历青年入伍，优先批准大学毕业生和理工类大学生入伍。省会城市和高校集中地区全部征集高中毕业以上文化程度青年，其他地区减少并逐步取消初中生的征集。已被普通高等学校录取及正在高校就读的学生以及机关、团体、企业事业单位具有大专以上文化程度的青年，也应当征集。

征集的女青年为普通高中应届毕业生和普通高等学校全日制应届毕业生及在校生，2019 年普通高等学校全日制应届毕业生可以报名参加 2020 年上半年女兵征集。

3. 考研

全国硕士研究生统一招生考试简称“考研”，是指教育主管部门和招生机构为选拔研究生而组织的相关考试的总称，由国家考试主管部门和招生单位组织的初试和复试组成。

2020 年，因疫情影响，国务院总理李克强 2 月 25 日主持召开国务院常务会议，推出鼓励吸纳高校毕业生和农民工就业的措施。其中就包括“扩大今年硕士研究生招生和专升本规模”。会议指出，当前要更加注重稳就业，特别是高校毕业生、农民工等重点群体就业。

一要扩大硕士研究生招生和专升本规模，增加基层医疗、社会服务等岗位招募。

二要对延迟离校毕业生的报到、落户等时限。对离校未就业毕业生提供两年户口和档案托管，2 年内按应届毕业生办理就业手续。

三要扩大农民工就业，加大稳岗和就业补助，促进就地就近就业。

2020 年 2 月 22 日，湖南省人力资源和社会保障厅、湖南省教育厅、湖南省财政厅、湖南省卫生健康委员会四部门联合印发《关于印发〔应对新冠肺炎疫情做好高校毕业生就业创业工作十条措施〕的通知》（湘人社规〔2020〕4 号），提出：“积极向教育部争取支持，扩大研究生招生规模，2020 年全省增加 5%研究生招生计划，将专升本录取比例扩大一倍以上。适当提高应届大学毕业生士兵退伍后专升本录取比例。”

三、了解职业，做好就业准备

（一）了解职业的基本途径

了解职业才能够选择职业。对于高职学生来说，了解职业的主要途径包括以下几条。

（1）课堂教学，通过教师的讲课了解相关职业。

(2) 校内实习,不少高职院校建立了校内实习实训基地,模仿企业环境和生产经营管理,可以使受训学生间接地接触生产经营管理活动。

(3) 学校组织的校外实习实训,通常各院校都和相关企业建有学生实习实训合作关系,这种实习实训很接近真实职业活动。

(4) 学校组织的企业人士讲座和座谈。

(5) 学生个人联系的勤工俭学、打工、实习实践活动。

(6) 学生通过报刊、杂志、互联网收集的有关信息资料。

(7) 学生通过个人社会关系间接了解到的相关信息。

(二) 了解职业的基本方面

1. 工作内容

这个职业是做什么的? 比如推销员的工作职责和工作内容是什么? 推销生活用品和推销工业用品是一样的吗? 同样被人们称为“柜员”,证券公司柜员和银行柜员从事的工作一样吗? 银行柜员(正式的名称是“银行储蓄员”)的工作职责和工作内容是什么?

2. 工作方式

这个职业是怎样做的? 比如推销员可以分为电话推销员和户外推销员,他们的工作方式方法是一样的吗? 现在的办公室文秘是如何开展工作的?

3. 工作条件

这个职业是在怎样的工作环境中进行的? 是户外作业还是室内作业? 是机械操作还是手工制作? 技术条件如何?

4. 工作要求

这个职业对从业人员有哪些要求? 比如在大饭店工作对身高和个人形象的要求,从事外贸业务对英语水平的要求,从事零售业可能会经常加班加点,做导游需要具备较强的独立工作能力等。

5. 工作回报

这个职业的薪酬水平如何? 除工资收入外有没有其他的福利待遇? 用人单位对个人的发展提供哪些条件? 是否有业务培训? 这个职业的社会地位和社会声望如何?

针对上述问题,建议同学们从入学时起,建立一个职业调查档案,选择两三个自己感兴趣的职业,按照上述几个方面,随时收集、记录、整理相关信息资料,到毕业时,看看自己到底会对它(们)了解多少,这对于确立自己的职业方向和求职就业将有很大的帮助。

拓展阅读

扩大今年硕士研究生、普通高校专升本招生规模

2020年3月4日,教育部印发《关于应对新冠肺炎疫情做好2020届全国普通高等学校毕业生就业创业工作的通知》(以下简称《通知》),就进一步指导推动各地各高校积极应对新冠肺炎疫情,开展网上就业服务、拓宽就业和升学渠道、强化就业困难帮扶等工作,作出部署安排。

《通知》指出，要创新推进网上就业服务。利用部、省、校就业网络以及社会招聘网站，联合举办“2020届高校毕业生全国网络联合招聘——24365校园招聘服务”活动（24小时365天招聘活动），严格信息审核，确保招聘单位及岗位信息真实、准确。推出一批线上就业创业精品课程、就业网站信息和就业政策汇编，鼓励通过网络实现人岗信息精准推送、网上面试、网上签约。

《通知》要求，要拓宽毕业生就业和升学渠道。教育系统要会同有关部门组织好“特岗计划”等基层项目，引导毕业生到基层、到现代农业、社会公共服务等领域就业创业。开展精准宣传动员和重点征集，引导高校毕业生参军入伍。招录更多高校毕业生到急需教师的高中和幼儿园任教。扩大今年硕士研究生招生规模，主要向国家战略和民生领域急需的相关学科和专业学位类别倾斜，向中西部和东北地区高校倾斜。扩大今年普通高等学校专升本规模，主要由职业教育本科和应用型本科高校安排面向产业升级和改善民生急需的专业招生。

《通知》强调，要关爱和帮扶就业重点群体。针对当前就业形势和疫情影响，加强对毕业生的思想教育和就业心理辅导，对建档立卡贫困家庭、身体残疾等毕业生实行“一人一策”分类帮扶。强化湖北等重点地区和重点群体就业帮扶，扩大“特岗计划”在湖北高校招募规模，更大力度扩大湖北省普通高校专升本招生计划，举办湖北省高校和湖北籍毕业生专场网上招聘活动。

《通知》要求，要提升就业管理服务水平。坚决反对任何形式的就业歧视，严密防范招聘陷阱等不法行为，维护毕业生就业权益。各高校要严格遵守就业签约工作“四不准”要求，确保数据真实、准确。适当延长毕业生择业时间，毕业生可按规定将户口、档案在学校保留两年，学校要为离校未就业毕业生持续提供就业服务。

《通知》最后强调，各地各高校要强化担当，加强组织领导。各省级教育部门要加强工作部署和对高校的督导检查，会同有关部门制定稳定高校毕业生就业的政策措施。各高校要认真落实“一把手”工程，精心组织就业指导和就业服务活动，全力促进高校毕业生就业。

（资料来源：https://www.moe.gor.cn/A15/s3265/202003/t20200306_428194.html.2020-03-05.）

实践课堂

请你去人才市场做一个人才需求调研，了解自己所学的专业对应的岗位或岗位群有哪些？根据本专业所对应的职业或岗位，确定应该考取的职业资格证书，做出在校期间的学习和考证计划。

要求：目标明确，进度合理，可操作性强。

课后练习

1. 职业有哪些功能？
2. 职业选择的立足现实原则主要有哪四个方面的含义？
3. 职业选择有哪些依据？

第二章 自我职业认知

【知识要点】

(1) 了解自我的气质、性格、能力和兴趣特点。
(2) 通过人格测试及个性判断了解自己的职业人格。
(3) 结合专业及对职业的认知选择自己的职业目标。

【技能要求】

(1) 能够进行较为客观的个性分析。
(2) 能够进行自我职业人格测量与分析。
(3) 能够通过社会环境分析与自我分析,明确自己的职业方向。

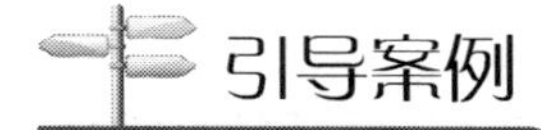

引导案例

面对就业难的局势,毕业生应该知道这几点

2019 年就业局势已经非常严峻,很多知名企业倒闭,大公司开始大量裁员,企业资金受限,因此不会再招新的员工,这就导致 2020 年就业情况更加恶化。今年的疫情使得国家经济受挫,随着春季招聘的推迟,有些学校干脆取消了招聘会。而今年的毕业生该何去何从,这一点你应该有所考虑。

1. 了解自我、了解用人单位的需求

"酒香不怕巷子深"已是过去式,大学生要学会推销自己,人才的市场化,能力和机遇并存,只有凭借自身出色的技能才能征服用人单位。近年来的人才市场需求供给情况反映出技能型人才的短缺,致使部分工科类大学生在校期间到劳动部门开设的技工培训学校学习,以期获得相应技能的等级证书。文凭和专业知识固然重要,但是找工作需要技巧,要主动向用人单位展示自己,让用人单位更多地了解自己。

2. 正确的就业意识

今年的毕业生要正确认识到就业形势的严峻程度,社会发展越完善、越成熟,就业机会和创业机会越会面临锐减的可能,因为新事务很难带动更多的就业和创业机遇。毕业就要进大公司,工资低不考虑,就业就是给人打工,这些思想都是错误的。政府也在鼓励大学生创业，在多方面为大学生创业提供良好的环境，然而，大部分创业的大学生由于多方面准备不够，造成了面对困难时没有一定的经验和人生阅历，创业也就逐渐失败。

3. 保持乐观积极的心态

企业减少就业机会，不代表你没有机会就业，还有很多平台可以供你发挥，企业想要发展，必然会吸收新鲜血液，只要你具备一定的能力，在哪里都能够得到收获，对此，毕业生也要乐观、积极地对待就业，找到自己想要的，一步一步稳扎稳打。

就业每年都很难，随着社会的不断发展，就不断有新的机遇出现，你只要不断完善自己，有了能力就不怕失业，毕业生要有积极乐观的心态，2020 年不是寒冬，相信春天会很快来临。

（资料来源：https://baijiahao. baidu. com/s? id＝1659588442701196174&wfr＝spider&for＝pc. 2020-02-26.）

择业是学生学有所成、走向社会的一个抉择点，也是人生道路上的一个转折点，职业选择得正确与否，直接关系到我们人生事业的成败。

在越来越重视自我发展的今天，职业选择要充分考虑人的个性。个性与职业之间的适应性是职业选择的基础，职业要求和个性特征要相互匹配。正处于职业生涯规划发展准备阶段的大学生，需要做的一项非常重要的事情是采取多种认知方式积极进行自我探索，对自己的长处、短处、优点、缺点要有一个清醒的认识，做出正确的职业选择，为将来的职业成功奠定基础。

第一节　个性心理

个性心理是个体在社会关系中所形成的各种心理现象的总和。它包括个性倾向、个性心理特征和自我调节等。在现实中，我们常发现一些人始终兴趣盎然地做着那些在另一些人看来很无聊无趣的事情，并取得了骄人的成绩；一些人却成为“职业跳蚤”，总是不停地跳来跳去换工作，到头来一事无成。这实际上是个性心理尤其是个性心理特征对职业选择与发展的影响，正确认识自己的人格特征，对今后的职业发展影响越来越重要。本节主要介绍气质、性格、兴趣、能力等与职业相关的个性心理及其对职业的影响。

一、气质

气质是指人的情感和活动发生的速度、快慢、强弱以及动作的敏捷或迟钝等方面的心理特征。气质特点一般通过人的相互交往显示出来，气质使人的个性充满色彩。有的人感情产生得很快，转变得也很快；有的人平静沉着，不易动感情；而有的人勇猛；有的人亲和；有的人沉稳；有的人抑郁等。

（一）气质的类型

不同气质特征构成不同的气质类型。最早研究气质现象的古希腊著名医生希波克利特，他根据日常观察和人体内四种体液中血液、黏液、黄胆汁、黑胆汁，各人多寡不同的假设，把气质分为四种类型，即胆汁质、多血质、黏液质和抑郁质。这四种基本气质对应类型的人在行为方式上的典型特征表现如下。

1. 胆汁质

胆汁质的人属于战斗型。直率热情，精力旺盛，情绪冲动，行动敏捷，心境变化剧烈，具有外倾性，称之为热情而急躁的人，气质上叫作胆汁质。

2. 多血质

多血质的人属于敏捷好动型。活泼好动，敏感，反应迅速，极易适应环境、与人交往，但兴趣易变，缺乏恒心，称之为活泼而易变的人，气质上叫作多血质。

3. 黏液质

黏液质的人属于缄默沉静型。安静稳重，反应缓慢，沉默寡言，情绪不易外露，注意力集中不易转移，善忍耐，具有内向性，称之为沉着而稳定的人。气质上叫作黏液质。

4. 抑郁质

抑郁质的人属于呆板羞涩型。情绪体验深刻，柔弱易倦、孤僻、行动迟缓，注意细节，机智敏感，多疑多虑，具有严重内倾，因而情绪体验强烈而深沉，易受挫折，称之为情感深厚而沉默的人。气质上叫作抑郁质。

气质本身并无好坏之分，也不能决定一个人活动的社会价值和成就高低。每种气质都存在某种往积极或消极方向发展的可能性。胆汁质可以发展到爽朗勇敢，有进取心，但也可能出现粗心暴躁。多血质可以是活泼机敏，但也可能发展到轻浮不踏实。黏液质可以养成稳重、坚毅的个性，但也可能变得冷漠、固执。抑郁质可以表现出工作细心、守纪律、情感深刻，但也可能发展成缺乏自信、遇事优柔寡断的性格。

（二）气质与职业

气质体现了个体差异，不同气质对事业的成功有相当大的影响。理解不同气质的长处与短处，对选择职业、修炼性格、提高学习与工作效率、处理人际关系、了解对方、了解自己都有重要影响。表2-1列出了不同气质特点与职业选择的关系，供同学们参考。

表 2-1 气质类型与适合职业表

类别	多血质	胆汁质	黏液质	抑郁质
特征	活泼好动、敏感	热情、直率、外露、急躁	稳重、自制、内向	安静，情绪不易外露，办事认真
优点	举止敏捷、姿态活泼；情绪色彩鲜明，有较大的可塑性和外向性；语言表达和感染能力强，善于交际	积极热情、精力旺盛，坚韧不拔；语言明确，富于表情。性情直率，处理问题迅速而果断	心平气和、不易激动；遇事谨慎，善于克制忍让；工作认真，有耐久力，注意力不易转移	感受性强，易相处，人缘好；工作细心谨慎、稳妥可靠
缺点	粗心浮躁，办事多凭兴趣，缺乏耐力和毅力	易急躁，热情忽高忽低，办事粗心，有时刚愎自用、傲慢不恭	不够灵活，容易固执拘谨，一旦激动会变得强烈稳固而深刻	遇事缺乏果断与信心，适应能力差，容易产生悲观情绪
适合的职业	政府及企业管理人员、外事人员、公关人员、驾驶员、医生、律师、运动员、公安、服务员等	导游、推销员、勘探工、作者、节目主持人、外事接待人员、演员等	外科医生、法官、财务人员、统计员、播音员	机要员、秘书、人事、编辑、档案管理员、化验员、保管员

二、性格

受后天生活环境的影响，在行为方式上，个体可能选择进取、平淡、变化、刺激等不同的生活方式，这些选择大多与性格有关。性格表现出一定的习惯性，对职业选择和发展都会产生直接影响。

1. 性格概述

性格是人们对现实的一种相对稳定的态度以及与之相适应的习惯行为方式。性格是后天形成的，影响性格的因素主要有后天的生活环境、所受教育和先天的气质。性格不仅表现在对人、对自己的态度上，同时也表现在对职业的选择和态度上。

请同学们放下手中的物品，进行一个简单有趣的测试：把双手放在胸前，将十指交叉握在一起。观察左拇指在上方还是右拇指在上方。

如果左拇指在上方，则属于“感性”或“艺术型”的性格，大脑右半球功能比较占优势，富于情感，想象力丰富，多愁善感，具有文学家、艺术家气质。你会发现这类人说话非常感性，思维具有发散性，适合做一些具有创意性的工作。

如果右拇指在上方，则属于“理性”或“思维型”性格，大脑左半球功能占优势，富于理智，善于思考，逻辑性强，这种人具有思想家、政治家、科学家的气质。他说话严谨，适合做一些研发性的工作。

关注性格差异对职业选择的影响能帮助你选择自己的职业发展方向。目前，一些企业开始引入性格测试，把性格测试作为选择某些岗位员工的必备程序，今后采用性格测试招聘新员工的做法在企业招聘中会越来越普遍。

2. 性格与职业

近年来，国外用人单位在选人时认为性格比能力重要。其原因是，如果一个人能力不足，可通过培训提高；但如果一个人的性格与职业不匹配，要改变起来就相当困难了。所以在招聘时将性格的测试放在首位，当性格与职业相匹配时，才对其能力进行测试。

由于人们从事的职业具有不同的特点，因而对从业人员的性格特点也有不同的要求。一般来说，开朗、活泼、热情、温和的性格，比较适合从事外贸、涉外、文体、教育、服务以及其他同人群交往多的职业；多疑、好问、倔强的性格，比较适合从事科研、治学方面的工作；深沉、严谨、认真的性格，比较适合做人事、行政、党务工作；而勇敢、沉着、果断与坚定是新型企业家和管理者不可缺少的性格。

有人说：“性格决定命运”，性格对人的职业生涯成败起着举足轻重的影响。如果你从事的职业与你的性格相适应，你的工作就会得心应手、心情舒畅，也容易取得成就。如果你的性格特点与你从事的职业不相适应，这种性格就会阻碍工作任务的完成，使你感到被动，缺乏兴趣并难以胜任，即使能够完成工作任务，常常也会感到疲倦或力不从心、精神紧张。

案例

自负而失败

毕业生小 D 口才不错，在与用人单位代表面谈时自我感觉良好。一番海阔天空的高谈

阔论以后，当对方问他的个人爱好是什么时，他竟得意扬扬地宣称是“游山玩水”，结果被用人单位毫不犹豫地拒之门外。

小D的失败是典型的自负心理造成的。自负在心理学上指过高地估计个人的能力，从而失去自知之明。在这种心理的支配下，不少毕业生在求职择业过程中，总是自以为是；自负自傲，自以为自己什么都懂，什么都会，夸夸其谈，胡吹乱侃，结果留给用人单位的是浮躁、不踏实的印象。试想，有哪家单位肯要一个不知天高地厚、自命不凡、眼高手低的毕业生呢？

（资料来源：https://wenku.baidu.com/view/986a8f4a85254b35eefdc8d376eeaead0f31651.html?from=search&isVipfree=1.2019-10-28.）

三、兴趣

在不经意间，我们发现做有些事时并没有刻意投入很大的精力，效果却出奇的好，或许是所做的事契合了本人的兴趣，是兴趣在其中发挥了意想不到的作用。

（一）兴趣概述

兴趣是指以特定活动、特定事物为对象，个人在积极选择的爱好倾向上产生的情绪紧张状态，它是个人积极探索某种事物或进行某种活动的倾向，它标志着个人在某方面的积极性。兴趣是一种无形的力量，可以培养，也可以改变。

1. 兴趣的分类及作用

1）物质的兴趣、精神的兴趣和社会的兴趣

物质的兴趣与个人的需要相关联，表现为对物质的迷恋和追求，如收藏的兴趣。精神的兴趣主要是指对文化、科学、艺术的痴迷和追求，如写作、绘画、书法、摄影、发明创造等兴趣。社会的兴趣主要是指对社会工作和组织活动等方面的兴趣。

2）直接兴趣和间接兴趣

你喜欢跳舞、打球，可能是因为这些活动本身对你有吸引力，通过这些活动你会获得愉快和满足，这种对活动本身的兴趣是直接兴趣。你可能感到学习外语是一件枯燥的事情，但对学习外语的结果，如可以继续攻读学位、可以直接了解国外最新专业信息、可以找到称心的工作等深感兴趣，这种对活动结果的兴趣是间接兴趣。直接兴趣和间接兴趣可以互相转化，也可以相互结合，从而可以更有效地调动你的积极性。

3）兴趣的作用

获得诺贝尔物理奖的华人科学家丁肇中说过：“兴趣比天才重要。”名人及成功人士的经历告诉我们，兴趣在职业选择及将来的事业发展中发挥着关键作用。兴趣是成功的重要推动力，它能将你的潜能最大限度地调动起来，使你长期专注于某一方向，做出艰苦的努力，取得令人瞩目的成绩。你对某种职业感兴趣，就会对该种职业活动表现出肯定的态度，并积极思考、探索和追求。

2. 兴趣的发展阶段

从时间纵轴上看，兴趣的发生和发展一般要经历有趣—乐趣—志趣这样一个过程。

有趣是兴趣过程的第一个阶段，也是兴趣发展的低级阶段，它往往短暂易逝，非常不稳定。处于这一阶段的兴趣常常与你对某一事物的新奇感有关，随着这种新奇感的消失，兴趣也会自然地逝去。

乐趣是兴趣过程的第二个阶段，它是在有趣定向发展的基础上形成的，是兴趣发展的中级阶段。就是在这一阶段，兴趣变得专一、深入，如喜爱文学的学生很可能会每天沉溺于文学作品中。

志趣是兴趣发展过程的第三个阶段，当乐趣同你的社会责任感、理想、奋斗目标结合起来时，乐趣便成了志趣。志趣是你取得成就的根本动力，是成功的重要保证。

（二）兴趣与职业

兴趣是职业选择的一个基本方面，可以为职业选择提供有效的信息。兴趣可以用来预测人的工作满意感和工作稳定性，工作满意是职业适应的一大标志。

兴趣不代表能力，你对某一特定职业有兴趣并不意味着你能干好这个职业；同样，如果你具有从事某项工作的能力但缺乏兴趣，那么你在该职业生涯上成功的可能性也非常小。只有你对某一种职业感兴趣，并且具有该职业所要求的能力，才能做好这项工作。

具体来说，兴趣对你的职业影响主要表现在以下三个方面。

1. 兴趣是职业选择的重要依据

正像你在日常生活中喜欢从事自己感兴趣的活动一样，具有一定兴趣类型的你更倾向于寻找与此有关的职业（类型），特别是在外界环境限制较小时，你更倾向于选择自己感兴趣的职业。因而，对你的兴趣或兴趣类型有了正确的评估后，就可以预测或帮助你进行职业选择了。

2. 兴趣可以增强职业适应性

曾有人进行过研究，如果你从事自己感兴趣的职业，则能发挥你全部才能的80%～90%，而且长时间保持高效率而不感到疲劳；如果你对所从事的工作没有兴趣，只能发挥你全部才能的20%～30%。

3. 兴趣影响工作稳定性

一般来说，从事自己不感兴趣的职业很难让你感到满意，并由此导致工作的不稳定。高职生在选择职业时，不仅需要知道自己在哪些方面有能力，也需要知道自己对哪类工作感兴趣，并能满足自己的职业愿望。只有将能力和兴趣结合起来考虑，才更有可能取得职业生涯的成功。

四、能力

（一）能力概述

能力是指人们顺利完成某种活动所必须具备的心理特征。能力又可分为一般能力和特殊能力。一般能力是指在很多种基本活动中表现出来的共同能力，如观察力、记忆力、抽象概括能力等。通常意义上的一般能力主要是指人的智力能力。特殊能力是指出现在某些专业活动中所必需的多种能力有机结合的能力，如数学能力、音乐能力等。

心理学家在对人的心理特征进行研究的过程中，试图通过量化的方法把抽象化的意识表示出来。美国心理学家桑代克通过因素分析发现了语文、数学、空间、知觉速度、字词流畅性、记忆、推理这七种主要的心理能力，之后他以此为基础综合出言语意义理解、数字敏锐度、知觉速度、推理和空间关系识别五类能力倾向，形成了基本心理能力测验量表。

能力倾向测验种类繁多，都可用于职业指导，但与兴趣测验结合起来使用最多的还是多项能力倾向测验，对兴趣测验与能力倾向测验表结合起来应用于职业指导中起到了很好的推动作用。

（二）高职生能力特点

高等职业教育的培养目标是培养面向基层、面向生产和服务一线的应用型、技能型人才。高等职业教育在专业设置上是按社会职业或技术岗位需要培养技术应用型人才，强调技术应用教育，突出学生技术应用和操作能力培养。在高职教学课程设置上，其理论课程与实操课程课时各占1/2，通过实训加强高职生的动手能力，增强学生的职业适应能力。根据高等职业教育自身的特性，高职生应具有以下能力特点。

1. 动手能力强

高等职业教育重在培养技术型人才，在高职教育模式下培养出的学生能够掌握相关的职业新知识、新工艺、新设备、新技术，并具备较强的动手能力和分析、处理、指导、解决一线生产实际问题的能力，学生在校期间基本完成了岗前知识和能力的各种准备。

2. 岗位适应能力强

高等职业教育采用定单式培养模式，根据社会需求确定人才培养目标，针对相应的职业岗位培养人才，高职生能很快适应职业岗位。

3. 社会能力强

社会能力是指从事职业活动和社会活动所需的行为能力，包括人际关系、职业道德、语言与文字能力等，是在开放的社会生活中每个人必备的基本素质。高等职业教育是以职业能力为核心的教育，职业院校重视学生社会能力的培养，通过参与社会活动或第二课堂活动注重培养学生的社会能力。一般而言，高职生进入社会后，处理问题表现得比较冷静、沉着，应对环境变化的能力较强。

4. 职业意识强

高等职业教育是以就业为导向的教育，专业设置与社会职业岗位相对应，职业定位清晰，学生明确职业定向。学习的目的性、针对性强，学生就业意识强。

（三）能力培养与职业

职业教育也是就业教育。高等职业教育在课程设置上重视职业能力的培养，高职生的职业能力是靠学习过程中不懈的努力换来的。环境为你创造了客观条件，最终是否能具备较强的职业能力，要靠个人坚持不懈的奋斗，要始终把学习目标放在职业能力的提高和发展上。

此外，高职生还要注重综合能力的培养，即始终注重行为养成习惯的培养，形成健全的职业人格；始终重视专业知识和技能的学习，用扎实的专业能力叩开职业之门；始终重视培养自己的团队合作精神，通过完成职业活动目标实现人生价值；始终重视责任感培养，不承担自己不能胜任的工作。

案例

不要放弃任何一次机会

某毕业生赶到杭州某人才市场时，已是下午三点多钟，此时，许多单位已录满人员撤摊而去，剩下的单位也在整理材料考虑收场，他抱着试试看的心态向自己感兴趣的某单位递出了最后一份材料，并诚恳地说明了自己晚来的原因。谁知刚过两天他就收到了该单位的面试通知，一周之后便签订了正式协议，真是山重水复疑无路，柳暗花明又一村。

外出参加人才招聘，一般来说应宜早不宜迟，但有些客观因素是无法预测的，在这种情况下要随机应变，要沉着、有耐心。有时，耐心等到最后，好戏就在后头。总之，要么赶早，给对方留下深刻的第一印象，要么耐心等到最后压轴，同样也会给用人单位以深刻的印象。

（资料来源：https://wenku.baidu.com/view/986a8f4a85254b35eefdc8d376eeaead0f31651.html?from=search&isVipfree=1.2019-10-28.）

第二节　人职匹配理论

现代职业环境特性对从业者的个性要求更加细致，分析研究从业者的职业人格有利于企业合理配置人力资源，也有利于员工发挥个体潜能和创造力。

一、霍兰德职业人格理论

通过人格分析，把不同人群从事的职业进行分类，使职业与性格之间建立起联系，并根据人格特点指导求职者寻找适合的职业类型，让适合的人做适合的事，顺应了人的天性，发挥了人的潜质。霍兰德职业人格理论就是要揭示人的个性与职业选择的关系。

（一）个性与职业匹配

美国著名职业指导专家霍兰德教授通过长期从事职业咨询工作实践，对不同人员的职业生涯过程进行了深入研究，发现了人格与职业的匹配关系，提出了“人职互择理论”。

霍兰德认为，某类职业通常会吸引具有相同人格特质的人，而具有相同人格特质的人对许多生活事件的反应模式相似。他们创造了具有某一特色的生活环境，包括工作环境。在同等条件下，人和环境的一致性将增加个体的工作满意度、职业稳定性和职业成就感。

人职匹配理论将人格与职业均划分为不同的大类，当属于某一类型的人选择了相应类型的职业时，即达到了匹配。社会对个人的指导，也就是达到人格类型与职业类型的匹配。人格与职业的匹配可以是多方面的，如气质与职业匹配、兴趣与职业匹配、能力与职业匹配、价值观与职业匹配等。

（二）霍兰德职业理论

霍兰德提出的人格与职业匹配理论，一直被公认为职业指导方法中有效的重要理论和方法。霍兰德从心理学价值观理论出发，经过大量职业咨询指导的实例积累，提出了职业活动意义上的人格分类，包括现实型、研究型、艺术型、社会型、企业型、传统型六种基本类型，并把社会职业划分成相应的六种类型。

以现实型为例，现实型是一种人格类型，其个性特点是害羞、真诚、持久、稳定、顺从、实际。现实型职业指的是偏好需要技能、力量、协调性的体力活动。现实型人格和现实型职业相对应，就做到了人格与职业相匹配。

1. 霍兰德人格—职业匹配论内容

表 2-2 列出了六种职业人格类型的个性特点和每种个性特点所适合的职业。

表 2-2　霍兰德的个性类型与职业列表

类　型	个性特点	适合的职业
现实型(R)——偏好需要技能、力量、协调性的体力活动	害羞、真诚、持久、稳定、顺从、实际	机械师、操作工、厨师、农技师
研究型(I)——偏好需要思考、组织和理解的活动	分析、创造、好奇、独立	生物学家、经济学家、数学家、新闻记者
社会型(S)——偏好能够帮助和提高别人的活动	社会、友好、合作、理解	社会工作者、教师、议员、临床心理学家
传统型(C)——偏好规范、有序、清楚的活动	顺从、高效、实际、缺乏想象力、缺乏灵活性	会计、业务经理、银行出纳员、档案管理员
企业型(E)——偏好那些能够影响他人和获得权力的活动	自信、进取、精力充沛、盛气凌人	法官、房地产经纪人、公共关系专家、小企业主
艺术型(A)——偏好需要创造性表达的模糊，且无规则可循的活动	富于想象力、无序、杂乱、理想、情绪化、不实际	画家、音乐家、作家、室内装潢家

在六种人格类型中，每种类型的人都有自己的特点和长处，也有一定的不足，无所谓哪一种好些，哪一种差些，而只有与职业类型是否协调、匹配的问题。然而社会中的人是复杂的，往往不能用一种类型来简单概括，而是兼有多种性格特征，需要从中选择最为突出的人格特征。

2. 六种人格类型之间的关系

霍兰德教授设计了一个平面六边形来解释各种职业人格类型之间的相互关系。其中用六个角代表现实型、传统型、企业型、社会型、艺术型和研究型六类人格类型，各类型的关系如图 2-1 所示。其中，每种人格类型与其他五种类型都有连线，连线距离越短，两种类型的相关性越大；连线距离越长，两种类型的相关性越小。

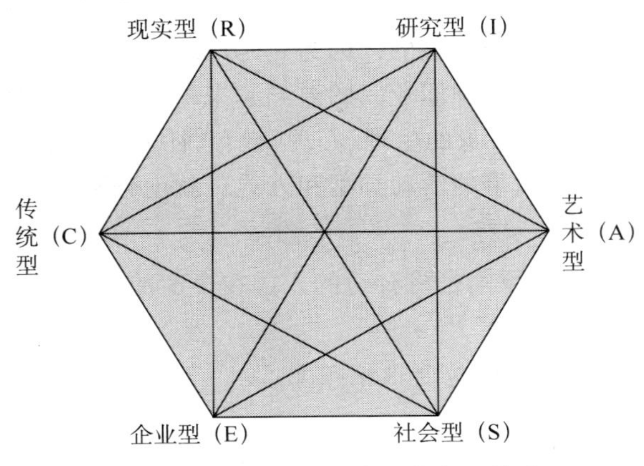

图 2-1　霍兰德人格类型的相互关系

具体来说每种人格类型与其他五种人格类型关系可以分为三类。

（1）相近关系。比如现实型与研究型的人都不太偏好人际交往，这两种职业环境中也都较少有机会与他人接触。

（2）中性关系。比如现实型与企业型的人的共同点就比现实型与研究型的人共同点少，现实型与企业型相关程度较低。

（3）相斥关系。在六边形上处于对角线两端的职业人格类型就是此类关系，如现实型与社会型的相关程度最低、传统型与艺术型的共同点最少、企业型与研究型为相斥关系。

3. 霍兰德职业选择原则

（1）适宜原则。即每种职业人格类型的人适宜从事同种类型的职业，如现实型的人最适宜从事现实型的职业、社会型的人最适宜从事社会型的职业等。

（2）相近原则。即每种职业人格类型的人选择从事与人格类型相近关系的职业，比较容易适应，如现实型的人选择从事传统型职业或研究型职业比较容易适应。

（3）中性原则。即人们选择从事与人格类型成中性关系的职业，经过艰苦努力，也可以适应，如现实型的人选择从事企业型职业或艺术型职业，就需要付出艰苦努力才能比较容易适应。

（4）相斥原则。即人们选择从事与人格类型成相斥关系的职业，则很难适应，如现实型的人选择从事社会型职业就很难适应。

霍兰德职业人格测试可以帮助你快速发现和了解自己的职业人格类型，帮助你确定自己的职业兴趣和能力特长，有助于你进行职业决策。

二、职业人格对职业发展的影响

在霍兰德的理论中，人格被看作兴趣、价值、需求、技巧、信仰、态度和学习个性的综合体。就职业选择而言，兴趣是个体和职业匹配过程中最重要的因素，直至目前，霍兰德职业兴趣理论是最具影响力的职业发展理论和职业分类体系。

1. 个性差异越来越明显

职业兴趣作为一种特殊的心理特点，由职业的多样性和复杂性反映出来。职业兴趣上的个体差异是相当大的，也是十分明显的。因为，一方面，现代社会职业划分越来越细，社会活动的要求和规范越来越复杂，各种职业间的差异越来越明显，所以对个体的吸引力和要求也就迥然不同；另一方面，个体自身的生理、心理、教育、社会经济地位、环境背景不同，所乐于选择的职业类型、所倾向于从事的活动类型和方式也就十分不同。

2. 兴趣对职业的影响力增强

现代人力资源管理的基本原则是将合适的人放在合适的岗位上。人与职位的匹配应该包括两个方面的内容。

（1）人的知识、能力、技能与岗位要求相匹配。

（2）人的性格、兴趣与岗位相适应。

因此，企业在招募新员工时，如果能够坚持以霍兰德的职业兴趣理论为指导，不仅可以招募到适合本企业的人才，还可以在招聘工作中减少盲目性，通过职业兴趣的测试，企业还可以给予新员工最适合的工作环境，以期最大限度地在工作中发挥他们的聪明才干。

3. 职业价值观多元化

职业价值观就是对职业好坏持有不同的评价和取向。职业价值观决定了人们的职业期望,影响着人们对职业方向和职业目标的选择,影响着人们就业后的工作态度和劳动绩效水平,从而影响了人们的职业发展情况。

按照中国社会传统的价值观,人们选择职业时,更倾向于寻求社会声望高的职业而不是最适合自己个性特点的职业。但社会经济的快速发展使得人们的职业价值观趋于多元化,寻找与个性匹配的职业正在成为一种趋势。

 案例

认清自己的职业能力

张静是某名牌师范大学中文系本科毕业生,性格文静内向,有较强的中文写作能力,但口语表达能力欠缺,不善于人际交往,现就职于一所中学,担任语文教师。

在近两年的教学实践中,她发现自己并不适合做教师,虽具备相应的学历,但不具备教师应有的管理能力,课堂教学不能充分调动学生的积极性,课堂效果欠佳,所带班级成绩不理想,学校领导对其工作业绩不是很满意,她本人也非常苦恼。因此,她想转行从事其他能够发挥自己文字特长的工作,具体转到哪行,还要慎重考虑。

虽然师范类毕业生从事教学工作,成为一名教师似乎是理所当然的事情,但张静的实例告诉我们一个事实:一个师范类毕业生并不一定就是一个称职的教师。根据职业生涯发展理论,要想职业成功必须具备专业知识、学历资质和良好的综合素质。根据这个标准,张静在自己的岗位上很难成功。所以,张静必须做出果断选择,重新择业,找一份真正适合自己发展的职业。

(资料来源:《职业生涯规划与实践》,清华大学出版社,2017-09-01)

第三节　职业能力测试

职业能力测试目前已成为人才选拔中一项重要的测量工具,特别是企业高级人才的引进,如每年的公务员选拔与录用考试。了解当今主流的测量工具,帮助自己了解个体的职业倾向,有利于今后的职业定向和职业发展。

一、当前主要的职业测试软件

目前社会上流行的职业测试软件较多,有国外引进的,也有国内心理学界自主开发的。下面介绍几种职业测试软件,供同学们参考。

(一)北森朗途职业规划测评系统

1. 系统介绍

北森联合国内权威机构主持开发的国内第一套直接面向高职生就业、职业规划的人才测评系统,此系统整合了职业咨询师、测评顾问、人力资源专家多年的职业指导经验,实现了

国际上最权威的动力理论与应用最广泛人格理论的有效结合，力求在最短时间内捕捉被测者的职业素质及心态，是进行职业咨询、职业生涯规划的得力助手。

该测评系统实现了国际上权威的动力理论与广泛人格理论的有效结合，可以在短时间内捕捉被测者的职业素质及心态，具备引导学生进行职业规划的功能，更具备统计、查询功能，可用于就业指导、分析研究，是高校就业教师对学生进行就业指导的专业测评工具，也是高职生了解自身，进行职业规划的得力帮手。

2. 北森朗途职业规划测评系统主要测评内容

职业规划系统从人格和动力两个方面来对测试者做出评估。

人格因素是指一个人独特的思维方式与行为模式，它在人们适应环境的过程中形成，并在一个人对待现实的态度、行为方式中表现出来，是一种较为稳定的有核心意义的个性心理特征。这种心理特征的差异导致每个人认识问题的方式不同，在行为上风格各异，并且在不同的环境和情境下，直接影响每个人能力特长的发挥和表现。

职业规划系统中的人格测验部分基于瑞士心理学家容格提出的心理类型学理论，它在临床、咨询、企业培训、团队沟通等方面的实践中都被证明是有效的。

动力是引起、维持和指引人们从事某种活动的内在引擎，是人类行为动力中调控机制的重要组成部分，是人类行为的原动力。职业规划系统中的动力测验部分由四个分量表构成，即影响愿望、成功愿望、挫折承受、人际交往。这些方面分别用于帮助测试者了解自己在以下方面的特点。

影响愿望：在组织行为过程中，力图获得巩固和利用权力的内在需要，试图以自己的思想、意图影响和控制他人，控制环境和牵引对自己有影响的作用力的愿望。

成功愿望：在面对任务情境时，朝向高标准，设置具有挑战性的工作目标，并为实现这一目标付出艰苦努力，希望获得优异成绩的欲望。

挫折承受：在现在或将来可能遇到的挫折、困难和失败面前的心态、情绪反应以及特定的行为方式。

人际交往：在生活和工作中对人际关系的关注与重视程度、与他人建立并保持良好关系的愿望和技巧，以及能够获得的人际支持的程度。

3. 北森朗途职业规划测评系统对高职生提供的帮助

1）更好地理解自己

通过对自己的性格类型、动力特点的深入理解，了解自己的性格特质、适合的岗位特质、心态等。

2）扩宽思路

通过对自己的性格、心态的了解，对适合自己的岗位特质、工作特质的理解，认识到更多的可能性，从而拓宽自己的就业思路和择业范围。

3）规划职业生涯

根据报告提出的优劣势、适合的工作、适合的职业、适合的工作环境、发展建议，可以更清晰地规划自己的职业生涯。

（二）安人高职生职业测评系统

该系统由北京安人测评技术有限公司开发。该公司是中国首家具备国际化视野与本土化经验的专业测评服务提供商。该公司以心理测量科学为基础，致力于为个人与组织机构提供优秀的测评软件与测评服务。

作为高职生职业生涯规划的服务性工具，“高职生职业生涯规划系统”具有许多实用的功能，主要表现在以下方面。

1）了解自己的职业个性特征

通过职业兴趣测验，高职生将了解到自己最感兴趣的职业是什么；通过职业能力测验，高职生将了解到自己最适合的职业是什么，职业人格类型测验将协助他们了解自己的个性特征对自己的职业生涯发展有什么影响。了解学生的职业个性特征有助于学校就业指导工作的有效开展，同时提高心理辅导、职业指导等特色教育的水平。

2）进行职业生涯发展自我诊断

“高职生职业生涯规划系统”是动态的规划系统，不仅包含对现实状况的评估，同时还将通过独特的“职业生涯阻碍测验”，让测试者了解到哪些因素影响自己的职业生涯发展，从而有意识地在这些方面予以提高。

3）了解用人单位的测评手段

目前国内大部分招聘单位已经在人才招聘环节采用了测评手段。大学在校生可以利用“高职生职业生涯规划系统”为参加应聘提供实战前的预演，对职业心理测评的流程和用途有所了解。

4）建立高职生职业发展档案

“高职生职业生涯规划系统”根据受试者个性、兴趣、能力及环境因素做出综合的科学预测。学校可以通过本系统获取全面、真实的原始数据，可以建立起高职生职业发展档案。

二、正确认识职业测评

面对人力资源市场众多的测评工具，需要进行理性选择。一些同学进行某种测评指导后，对测评结果存在一些局限性的理解，对测评结果过于迷信或简单的怀疑。对于目前职业测评工具的市场化运作，同学们需要有一个更客观、更理性的认识。

1. 客观看待职业测评的指导作用

职业测评可以帮助我们清楚地认识自我，了解自己的性格特征和职业倾向，帮助我们准确地进行职业定位，找到职业生涯发展的有效起点，扬长避短，在职业道路上事半功倍，走得更远。但是，职业测评并不是万能的，它不能解决所有人的所有问题。而对于测评结果，更是需要正确对待。

首先，对于要毕业的年轻人来说，对各种专业的人才素质要求还没有很全面、深入的了解，即使测评结果显示你适合某种工作，那只是从性格、能力或未来能力、兴趣等几个方面提供的参考，而你能否适应职业本身的压力、节奏、竞争力及职业对经验、学历等的要求，则往往是测评之外的事。所以，在不知所措时，先就业，等自己对职业有了一定的理解后再择业，不失为明智之举。

其次，有的职业测评显示一些职业较适合性格外向的人，但实践中一些性格内向的人也会做得很好，这是因为一种职业对人才的需求是多样性的。所以，个人的职业测评最好和单位用人的测评结合起来，即用人者可能比你更了解你是否适合某种职业。

职业选择决策是一个复杂的、动态的过程，要考虑很多因素。在做具体决策时，除了将测评结果作为参考依据外，还要考虑以下一些因素，如职业的发展前景、职业的工作环境、职业给自己带来的经济及非经济的回报、自己的个性特征与职业要求的匹配性、个人的能力特长与职业要求的一致性以及父母亲人和朋友对自己的期望等。这些信息可以自己去获取，也可以向有关的专家或专业机构咨询。

2. 职业测评工具的局限性

高职生职业规划和求职就业使职业测评工具在学校流行起来，从理论层面看，职业测评有一定的科学性和实用性，它的原理是对职业和人的个性进行分类，然后进行匹配，一个粗心大意的人让他去从事条理型、事务型的工作显然是不适合的。然而，所有的心理测评都有其局限性。拿职业测评来说，其原理基于统计学意义，个性化相对缺乏，其结论的可靠性和适用性就要打个问号。

首先，西方心理测验的文化背景难以完全适合中国人。目前许多测试题都是从西方引进的，有研究表明，中国人不适合做西方人编制的心理测验。因此，如何针对中国人特有的心理特性和能力素质，建立适合中国人的评价体系势在必行。

其次，利益驱使下的商业化运作的弊端问题。有的测评机构以节约为本，加上从业人员缺乏专业知识，引进了一些粗制滥造的测评软件，这对参加测试的人会有误导。心理学测试只能提供给被测者一个建议、一个参考性意见，不能作为评判性的标准。适合不适合还有待于个人的努力。但很多商家在利益驱动下兴风作浪，严重破坏了人才测评的良性发展。

最后，世界上没有一种职业是完全根据某个人的性格特点来设定的。职业规划无非是在自己的个性特点与社会现实之间寻求一个平衡点，这种平衡势必要求我们做出一定的妥协。要想取得成功，固然需要选择一条最适合自己的职业发展道路，但是，很多时候我们必须做一些自己不喜欢的事情。职业选择不同于孩提时的梦想，它是现实的甚至是残酷的。

三、个性心理测试

心理测试为人们了解个性心理特征提供了数量化的测量工具，企业招聘活动也在通过心理测试选拔适合的员工。这里提供了气质、性格和霍兰德职业人格三套测试题，希望同学们通过测试，发现自己的个性特征，帮助你根据自己的个性特征选择职业。

（一）气质测量及职业分析

测评目的：心理学家通过大量的观察、分析、研究，总结出通过量化方式对人的气质进行测量的方法。下面就是一套气质测试试题，可以测一测你的气质属于哪种类型。

提示：60 道题，可帮助你大致确定自己的气质类型。在回答这些问题时，认为很符合自己情况的，记 2 分；比较符合的，记 1 分；介于符合与不符合之间的，记 0 分；比较不符合的，记 −1 分；完全不符合的，记 −2 分。

测试题

1. 做事力求稳妥，不做无把握之事
2. 遇到可气的事就怒不可遏，想把心里话全说出来才痛快
3. 宁肯一个人做事，不愿很多人在一起

4. 到一个陌生环境很快就能适应
5. 厌恶那些强烈的刺激，如尖叫、噪声、危险镜头等
6. 和人争吵时，总是先发制人，喜欢挑衅
7. 喜欢安静的环境
8. 喜欢和人交往
9. 羡慕那种善于克制自己感情的人
10. 生活有规律，很少违反作息制度
11. 在多数情况下情绪是乐观的
12. 碰到陌生人感觉很拘束
13. 遇到令人气愤的事，能很好地自我克制
14. 做事总有旺盛的精力
15. 遇到问题常常举棋不定、优柔寡断
16. 在人群中不觉得过分拘束
17. 情绪高昂时，觉得干什么都有趣；情绪低落时，又觉得干什么都没有意思
18. 当注意力集中于一事物时，别的事很难使我分心
19. 理解问题总比别人快
20. 碰到危险情景，常有一种极度恐怖感
21. 对学习、工作、事业怀有很高的热情
22. 能够长时间做枯燥、单调的工作
23. 符合兴趣的事情，干起来劲头十足；否则就不想干
24. 一点小事就能引起情绪波动
25. 讨厌做那种需要耐心、细致的工作
26. 与人交往不卑不亢
27. 喜欢参加热烈的活动
28. 爱看感情细腻、描写人物内心活动的文学作品
29. 工作学习时间长了，常感到厌倦
30. 不喜欢长时间谈论一个问题，愿意实际动手干
31. 宁愿侃侃而谈，不愿窃窃私语
32. 别人说我总是闷闷不乐
33. 理解问题常比别人慢
34. 疲倦时只要短暂的休息就能精神抖擞，重新投入工作
35. 心里有话宁愿自己想，不愿说出来
36. 认准一个目标就希望尽快实现，不达目的誓不罢休
37. 学习、工作同样一段时间后，常比别人更疲倦
38. 做事有些莽撞，常常不考虑后果
39. 老师或师傅讲授新知识、新技术时，总希望他讲慢些，多重复几遍
40. 能够很快地忘记那些不愉快的事情
41. 做作业或完成一件工作总比别人花的时间多
42. 喜欢运动量大的剧烈体育活动，或参加各种文艺活动

43. 不能很快地把注意力从一件事转移到另一件事上去
44. 接受一个任务后，就希望迅速完成它
45. 认为墨守成规比冒险强些
46. 能够同时注意几件事物
47. 当我烦闷的时候，别人很难使我高兴起来
48. 爱看情节起伏跌宕、激动人心的小说
49. 对工作抱认真严谨、始终如一的态度
50. 和周围人们的关系总是相处不好
51. 喜欢复习学过的东西（知识），重复做已经掌握的工作
52. 希望做变化大、花样多的工作
53. 小时候会背的诗歌，我几乎比别人记得清楚
54. 别人说我出语伤人，可我并不觉得这样
55. 在体育活动中，常因反应慢而落后
56. 反应敏捷，头脑机智
57. 喜欢有条理而不麻烦的工作
58. 兴奋的事常使我失眠
59. 教师讲新概念，常常听不懂，但是弄懂以后就很难忘记
60. 假如工作枯燥无味，马上就会情绪低落

1. 分数统计方法

计算总分：把每题得分按表 2-3 所示的题号相加，并算出各栏的总分。

表 2-3 气质类型分类统计表

胆汁质		多血质		黏液质		抑郁质	
题号	得分	题号	得分	题号	得分	题号	得分
2		4		1		3	
6		8		7		5	
9		11		10		12	
14		16		13		15	
17		19		18		20	
21		23		22		24	
27		25		26		28	
31		29		30		32	
36		34		33		35	
38		40		39		37	
42		44		43		41	
48		46		45		47	
50		52		49		51	
54		56		55		53	
58		60		57		59	
总分		总分		总分		总分	

2. 所属类别判断

如果多血质一栏得分超过 20 分，其他三分得分较低，则为典型多血质；如这一栏在 20 分以下 10 分以上，其他三栏得分较低，则为一般多血质；如果有两栏的得分显著超过另两栏得分，而且分数比较接近，则为混合型气质，如胆汁质多血质混合型、多血质黏液质混合型、黏液质抑郁质混合型等。

如果一栏的得分很低，其他三栏都不高，但相接近，则为三种气质的混合型，如多血质黏液质胆汁质混合型或黏液质多血质抑郁质混合型。

3. 气质类别分析

多数人的气质是一般型气质或两种气质的混合型，典型气质和三种气质混合型的人较少。气质在职业活动中虽然不影响工作的内容和方向，但却影响效率与工作安排的恰当性。不同的职业劳动，对从业者心理素质的要求也是不同的。

同学们在参加企业招聘中，应尽可能创造条件，使个人的气质与从事的工作相适应，因势利导，充分利用气质特点发挥自己的优势。

（二）职业性格测试

测试目的：通过测试，了解自己的职业性格特点，根据这一特点为今后选择职业提供参考。

对于性格来说，它作为人的一种心理特性，具有一定的稳定性，但又不是一成不变的。客观环境的变化和个人的主观调节都会使性格发生变化，所以性格与职业的顺应也并非绝对，而是具有一定弹性。

现在你是否想测试一下自己的个性，看看自己属于哪种个性？适合做哪种类型的工作？这里提供了一个小小的职业个性测试。下面 50 个问题，凡是符合你的情况就写 A，不符合的写 B，模棱两可的写 C。

测试题

1. 遇到高兴的事，我总是很爱笑（　　）
2. 能立即适应新环境（　　）
3. 喜欢兴奋而紧张地劳动（　　）
4. 能与观点不同的人和睦相处（　　）
5. 经常与朋友借出、借入东西（　　）
6. 喜欢别出心裁地做一些别人未做到或不愿做的事（　　）
7. 我认为人的幸福应自然流露出来，不应拘泥小节（　　）
8. 大庭广众之下工作显得更富生气（　　）
9. 宁愿把问题挑明，而不愿一个人生闷气（　　）
10. 我不经常分析自己的思想和动机（　　）
11. 我期盼生活有变化，不要死水一潭（　　）
12. 与其先考虑是否能成功，倒不如先干干试试（　　）
13. 马上可以领会新工作的要领（　　）

14. 发生事故不惊慌，能想办法摆脱困境 （ ）
15. 对社会上发生的事情很关心 （ ）
16. 对实际生活无用的知识不感兴趣 （ ）
17. 一旦知道行不通，立刻改变主意 （ ）
18. 看到别人做错事，马上提醒他 （ ）
19. 认为处事要先发制人 （ ）
20. 有许多要做的事情，不知从何下手 （ ）
21. 任何说话的场所都愿参与 （ ）
22. 喜欢研究别人而不喜欢研究自己 （ ）
23. 做事粗糙 （ ）
24. 不愿别人提示，而愿独出心裁 （ ）
25. 不愿回想自己的过去 （ ）
26. 对别人十分信任 （ ）
27. 走路、穿衣、说话不喜欢磨磨蹭蹭的 （ ）
28. 交的朋友很广泛，各种各样的 （ ）
29. 尽量注意不伤别人的感情 （ ）
30. 今日事情今日做，能做的事情马上做，用不着左思右想的 （ ）
31. 别人说三道四，并不介意 （ ）
32. 人生应当充满冒险，这是很有意思的 （ ）
33. 不论理由如何，我认为自杀的人都是很傻的 （ ）
34. 我喜欢体育运动，也爱看电视中的体育节目 （ ）
35. 写信不打草稿 （ ）
36. 愿意帮助别人 （ ）
37. 心里有事存不住 （ ）
38. 过十字路口时，红灯亮但没来车就穿过马路 （ ）
39. 听别人说话，脑子里会不断涌出新主意 （ ）
40. 与朋友聊天时，不顾忌别人在场 （ ）
41. 常常与别人商量 （ ）
42. 不管谁和我说话，都坦然自如 （ ）
43. 只要是我信服的人，愿意听从调遣 （ ）
44. 好读书，而不求其解 （ ）
45. 不怕失败 （ ）
46. 很受孩子们的喜欢 （ ）
47. 空闲时不知如何打发时间 （ ）
48. 有什么想法，常愿意告诉别人 （ ）
49. 对什么问题都发表议论 （ ）
50. 听到别人的意见就很快改变自己的看法 （ ）

1. 分值统计方法

写A的记2分，B记0分，C记1分，最后相加即得出总分。

2. 性格评价

根据目前世界上广泛应用的、由瑞士著名心理学家荣格提出的性格倾向说，把性格分成外向型和内向型两大类。总分在70分以上属外向型；41～69分属平衡型(性格的倾向不明显)；40分以下的，视为内向型。

具有外向型性格的人，经常对外部事物表示关心，开朗、活泼、感情外露，自由奔放，做事当机立断，不拘小节，具有独立性、活动性、协调性、现实性、开放性、灵活性强的特点。在学习和工作上，反应较快，但往往从兴趣、情感出发，缺乏计划性和持久性。具有内向型性格的人，重视主观世界，内心世界丰富，常沉浸在自我欣赏和幻想之中，沉着、安静、处世谨慎。

拓展阅读

减负、稳岗、扩就业多措并举"稳就业"

人力资源和社会保障部相关负责人在新闻发布会上表示，当前重点工作要坚持把扩大就业摆在经济社会发展的优先位置，各方面的政策要围绕促进就业来综合发力。强化财政金融等经济政策与就业政策的协同、联动，支持和发展吸纳就业能力强的服务业、中小微企业、劳动密集型产业。鼓励创业创新，促进新就业形态的发展，支持多渠道的灵活就业。

就业是民生之本、财富之源。经济增长源于有效需求增加，而有效的内需增长有赖于居民可支配收入的稳定增长。当前，劳动收入依然是我国居民收入的最主要来源，保障和扩大就业的重要性不言而喻。疫情打乱了正常的经济社会秩序，对企业发展造成冲击，必然也会对就业问题造成影响。习近平总书记在统筹推进新冠肺炎疫情防控和经济社会发展工作部署会议上强调，要实施好就业优先政策，根据就业形势变化调整政策力度。坚持减负、稳岗、扩就业并举，是我们全面强化稳就业的关键，也是统筹做好经济社会发展各项工作的"牛鼻子"。

解决就业问题，要从企业需求侧和劳动者供给侧入手。企业需求侧一是稳岗，二是扩就业。稳岗方面，首先要减负。在当前所处的关键时期，有关部门要抓好社会保险费的阶段性减免、失业保险稳岗返还、就业补贴等已出台政策的落地，尤其要帮助中小微企业渡过难关，稳企业、稳岗位。

阶段性减免企业社保费和缓交住房公积金是最为直接的减负手段。数据显示，一些中小微企业社保和公积金可占到月经营固定成本的20%左右。针对现在企业现金流紧张的问题，及时降低企业用工成本可以有效将企业拉出生存泥潭。失业保险稳岗返还政策也在多地相继落地实施，申办手续也不断简化，将对企业实现快速精准帮扶。

服务业本是稳就业的大头，但这次所受冲击也较严重。鼓励服务业发展成为扩就业的主要力量，或将是今后一段时间稳就业的重点之一。针对服务业的相关支持政策应尽早出台，让更多企业享受到政策红利。

此外，新业态就业是近几年以来稳就业的重要增长点和亮点，此次疫情更是让我们看到了数字化对于稳就业的重要作用。特别是要发挥好大型平台型企业对扩就业的引擎作用。如美团向社会公布了六大举措助复工稳就业，其中就包括以长期就业和灵活就业相结合向全国提供逾20万个工作岗位。

当前，在各级各地政策指导下，复工复产有序推进。不过需要指出的是，复工复产不是一个企业的问题，而是全行业的问题，只有保证供应链条的完整有序运行才能实现真正意义上的复工复产。不少省份在鼓励返工方面走在了前列，有的由省政府牵头、各地市出台相应的帮助企业复工复产政策，统筹安排直达高铁、航班或巴士，并对交通费用进行不同程度的减免，效果日益显现。在疫情防控好消息频传之下，我们有更强劲的信心在经济发展这个战场取得胜利。

（资料来源：http://news.gmw.cn/2020-02/28/content_33600384.htm. 2020-02-28.）

实践课堂

通过本章个性特征的测量，分析自己的个性特点，并列出至少三个适合自己的职业。

课后练习

1. 何谓个性心理？它对职业选择有哪些影响？
2. 学生如何才能做到全面了解自我，为职业选择奠定基础？

第三章 职业生涯规划

【学习要点】

（1）理解什么是职业生涯，职业生涯规划有何意义。

（2）掌握哪些因素影响职业生涯，如何设计职业生涯的方案。

【技能要求】

（1）会进行职业生涯环境分析。

（2）能制订职业生涯规划设计方案。

（3）具有职业生涯规划的改进策略。

引导案例

将职业生涯规划进行到底

在西安市的一次大型招聘会上，毕业于某名牌高校的李辉（化名）向浙江一家汽车公司申请机械工程师的岗位。他学的是机械专业，在大学期间各门功课都优秀，毕业后的五六年时间里，从事过医药、空调、摩托车等产品的销售、品质主管，换了六七个工作，但是没有机械方面的工作经历。

招聘者看了他的简历后认为，小李有着丰富广泛的工作经历，如果他毕业后稳定从事过机械方面工作，则正是公司需要的人选，遗憾的是他没有这方面的工作经验，所以公司无法录用他。

李辉的例子展现出大学生盲目就业给自己带来的危害。由于缺乏长期规划，很多大学生年轻时只是随波逐流地换工作，到了 30 多岁还没有职业定位。这种情况下，继续下去出路不大，重新定位又要费很大力气，这使他们陷入一种尴尬的境地。

（资料来源：https://baijiahao.baidu.com/s?id=1659786576540942929&wfr=spider&for=pc. 2020-02-28.）

社会在高速发展，人们在倾尽所能挖掘自己的潜力，职业生涯规划彰显出越来越重要的作用。高职生也要在了解社会发展需求的基础上，正确认识自己的能力、兴趣、个性，对自己的职业生涯进行理性分析，规划符合自我的职业生涯，设计职业生涯的发展计划，为今后的职业生涯做素质、能力准备，并通过不懈的努力，实现人生价值。

上学阶段的职前生涯规划关系到就业后人生发展轨迹，早规划就会赢得主动权，正如人们常说的：机会总是留给有准备之人。

第一节 职业生涯规划基础知识

职业生涯是贯穿一个人一生的漫长过程，早规划就能占有适合自己的最优化发展的优势。高等职业教育是以就业为导向的教育，对于高职生来说，学习阶段是为职业生涯发展做知识和技能准备的阶段，增强职业意识对高职生来说尤为重要。

什么是生涯？什么是职业生涯？什么是职业生涯规划？一个人的职业生涯分为哪几个阶段？制定职业生涯规划有什么意义？这是当代高职生需要了解的基本常识。

一、职业生涯规划概述

要了解职业生涯规划，首先要了解生涯与职业生涯的概念。生涯是很宽泛的概念，它从本质上说是一个过程，是人生的发展道路，是一个人一生的经历。

职业生涯是生涯的重要组成部分，专指个体职业发展的历程，是指一个人终生经历的所有职位的整体历程，整个历程可以是间断的，也可以是连续的。它包含一个人所有的工作、职业、职位的外在变更和对工作态度、体验的内在变更，也包括个人对职业生涯发展的见解与期望。所以说，职业生涯是具有个人特色的发展历程，是个人独特的自我发展组合。

（一）职业生涯规划的概念与要点

1. 职业生涯规划的概念

职业生涯规划是指个人和组织相结合，在对一个人职业生涯的主、客观条件进行测定、分析、总结和研究的基础上，确定其最佳的职业奋斗目标，并为实现这一目标做出行之有效的安排。

在职业生涯规划中，个人要根据社会发展的客观需要，特别是社会职业的现实要求，结合个人的兴趣及特点，为自己确立职业目标，选择职业道路，确定教育、培训和发展计划，并为自己实现职业生涯目标而确定行动方向、行动时间和行动方案。

2. 职业生涯规划的要点

职业生涯规划不是社会或者学校强加在个人身上的实施方案，而是当事人在内心动力的驱使下，结合社会职业的要求，依据现实条件制订的个性化的实施方案。所以，从个人角度来看，职业生涯规划的要点包括以下几项。

(1) 自我认识。

(2) 确定职业方向与目标。

(3) 制订职业发展道路计划。

(4) 明确学习与行动计划。

(5) 反馈评估规划的可行性，及时进行修正完善。

（二）职业生涯规划的作用

职业生涯规划引导高职生积极进行人生价值的思考，树立正确的职业理想，了解自我，明确方向，并为之努力奋斗。职业生涯规划的作用有以下三方面。

1. 有助于引导高职生积极思考人生价值

我是谁？我从哪里来，要到哪里去？人为什么活着？我要怎样活着？我要追求一种什么样的生活方式？通过思考，高职生可以明白自己想用什么样的方式度过一生，想要获得什么样的生活内容。这样就可以评估个人目标和现状的差距，以自身现状为基础，确立人生的方向，提供奋斗的策略。

2. 有助于高职生了解自我、明确方向

认识自我，准确评价个人特点和强项，突破仅仅听从学校学业课程规划，塑造清新充实的自我。通过分析社会经济发展的状况，了解社会职业需求，准确定位自己的职业方向，重新认识自身的价值，并通过努力使其增值。

3. 有助于引导高职生完善自我，积极竞争

在实施职业生涯规划方案的同时，不断去探索最适合自己发展的规划，及时做出调整与完善。努力发掘职业机遇，增强自我的职业竞争力。

（三）职业生涯规划按时间维度划分的主要类型

1. 短期计划

短期计划即两年以内的计划，主要是确定近期目标，规划近期应完成的任务。

2. 中期计划

中期计划一般涉及2～5年内的职业目标和任务，是最常用的一种职业生涯计划。

3. 长期计划

长期计划即5～10年的计划，主要是设定较长远的目标，以及为实现此目标应采取的具体措施。

4. 人生计划（人生规划）

人生计划是对人生整个职业生涯的规划，时间长达40年左右，设定整个人生的发展目标和阶梯。

在现实中，跨度时间太长的规划由于环境和自身的变化难以把握，而时间跨度太短的规划意义又不大，所以，一般人们把个人职业生涯计划的重点放在2～5年内的中期规划，这样既便于根据实际情况设定可行目标，又便于随时根据现实的反馈进行修正或调整。

二、职业生涯发展阶段

根据美国职业指导专家萨帕的职业发展理论，按年龄层次划分，人生有五个职业发展阶段。

1. 成长阶段（0～14岁）

经历对职业的好奇、幻梦到兴趣，再到有意识培养职业能力的逐步成长过程。受家庭和环境的熏陶，通过游戏、学习等活动发展自我观念，开始形成初步的职业意识和职业梦想。

2. 探索阶段（15～24岁）

探索把职业梦想与现实环境相结合。主要通过文化基础知识和专业知识、专业技能的

学习，通过一些社会实践活动的磨砺，评估确定职业目标、职业期望，并进行初步的职业尝试。

3. 立业阶段(25～44 岁)

发展职业，追求成功。经过早期试探，逐步形成安定于某类职业的趋势，开始认同所选择的职业，经过经验积累，逐步建立起稳定、专业、能独当一面的地位，提高晋升能力。工作职位或工作项目可能有所变动，但不会轻易改变职业。

4. 维持阶段(45～65 岁)

心态趋于保守、稳定，维持、巩固已取得的职业成就。这一阶段是收获的季节，是事业上获得成功、大显身手的时期。由于知识更新很快，要注意及时充电，更新知识。

5. 衰退阶段(66 岁以上)

部分或全部退出职业角色，转换轻松、能维持生命活力的新角色。延缓衰退，保持健康是此阶段的主要心态。

学习上述职业发展理论，有助于同学们根据不同年龄阶段职业发展的不同任务和价值追求，制订职业生涯发展计划。

案例

做好职业生涯规划的四个步骤

自我认知——充分、客观的自我认知是选择职业的依据。对自己进行全面认识和剖析，主要包括对个人的需求、能力、兴趣、性格、气质等的分析，了解自己具备哪些能力，明晰自己有些什么优势、又有哪些不足和局限之处，还要了解自己现在是怎样的人、希望自己未来成为怎样的人，以便更准确地确定什么样的职业比较适合自己。自我分析要客观冷静，既要看到自己的优点，又要面对自己的缺点，重要的是结合自己的爱好和兴趣，只有这样才能避免规划中的盲目性，有效地促进职业发展。

职业认知和职业生涯机会的评估。这主要是对期望进入的行业和职业要有清晰的认识，分析期望进入行业的发展趋势和变化、期望从事职业对自己的要求、自己在这个环境中的地位以及环境对自己的有利条件与不利条件等。只有对这些环境因素充分了解，才能做到在复杂的环境中避害趋利，使你的生涯规划具有实际意义。

设定职业目标，明确差距。通过自我认知分析得出自己的优劣势，通过职业认知和职业生涯机会的评估，得出外部环境的机会和威胁，通过这样的分析，结合自我的需求和兴趣，确定一个长远目标以及近期目标，并分析对比目标，确定自己在知识、技能、经验方面的差距，为具体职业生涯规划的举措奠定基础。

职业生涯策略，制订行动计划。在确定生涯目标后，行动变成了关键环节。缺少达成目标的行动，就不能达成目标，也就谈不上事业的成功。这里所指的行动是指落实目标的具体措施，主要包括工作、训练、教育、轮岗等方面的措施。

（资料来源：北大纵横，张丽红，http://www.sohu.com/a/157517825_499208，2017-07-16.）

第二节 影响职业生涯规划的因素

影响人生职业生涯发展的因素是多方面的，其中有社会因素，也有家庭和个人因素；有教育因素，也有身心因素等。总的来看，影响职业生涯规划的因素包括以下几个方面。

一、环境因素

当今社会最大的特点就是发展变化快，因此，个人职业发展必须考虑职业环境需求和变化趋势。高职学生应当通过环境因素分析，弄清社会热点职业和职业环境发展趋势，认清所选职业在社会大环境中的发展状况、技术含量、社会地位和未来发展趋势等。

1. 社会环境

社会环境主要指社会的政治、经济体制、社会文化习俗、职业的社会评价、人才市场的管理体制等。社会环境因素不仅决定社会职业岗位的数量、结构、层次等方面，还决定人们对不同职业岗位的接受、赞誉或贬低的程度，因而决定了个人步入职业生涯的基本方式以及开始职业生涯后的基本态度以及由此引起的个人职业生涯的变化。

2. 组织环境

组织环境包括行业环境和企业环境。行业环境主要受市场需求和国家产业政策的影响，因此同学们在学习期间，要关注市场需求和国家产业政策的变化趋向，尽可能选择那些市场需求旺盛和国家积极支持且发展空间大的行业。

企业环境主要表现在企业文化、聘人用人育人留人机制、内部管理制度和对外经营战略等方面，个人在选择企业时有必要全面了解拟选企业的环境，以确定自己的职业生涯在该企业中有没有足够的发展空间，衡量自己的职业目标在该企业获得实现的可能性。

二、教育因素

一个人所受到的教育程度和水平直接影响他的职业选择方向和获取他喜欢的职业的概率。一个人通过接受教育与培训，形成了自己特有的知识结构、能力结构和职业素质结构，对个人的职业生涯会产生巨大的影响。

1. 所学专业对职业选择的影响

人们所接受教育的专业、学科门类对职业生涯起着决定性作用，人们在选择职业、转换职业时往往与所学专业有一定的关联，或以该专业的理论知识、技术能力为基础，流动到更高层次的职业岗位上。

高等职业教育是面向就业的教育，针对不同的社会职业岗位群，每位同学都有学习的专业领域，就业时总会选择与专业相关或相近的岗位。如果你上学期间学习的是制冷专业，毕业后再想从事医学护理的可能性便微乎其微了。

2. 受教育程度对职业选择的影响

一般来说，获得不同教育程度的人，在个人职业选择时具有不同的能量。接受过较高水平教育的人，在就业以后会有较大的发展，在职业不如意时，再次进行职业选择的能力和竞争力也较强。职业的进展深受正规教育或专业培训的影响，受教育程度是事业成功不可缺少的因素。

3. 不同层次教育对职业选择的影响

人们接受不同层次的教育，所学的不同学科门类内容，所在的不同院校及其不同的教育思想，都会对受教育者产生不同的影响，形成不同的思维模式，从而会采取不同的态度对待自己、对待社会、对待职业生涯的发展。

高等职业教育以培养社会职业需要的实用技能型人才为己任，高职毕业生定位明确，即要成为在生产、服务、管理一线的具有较高技术水平、能够解决一线实际问题的建设者。同学们不仅要特别重视职业技能的培养，在校期间珍惜专业学习机会，把专业技能学懂、学实、学透，同时还要注重一专多能的培养，以求得到更多的职业发展机会，争取在职业生涯发展中获得主动权，而且在制定职业生涯规划时还要切合实际，不能好高骛远。

例如，有同学觉得自己是学财务的，毕业就应该去做出纳，或者至少在企业从事财务文员工作，其实去银行做柜员、去商场或超市做收银员就是高职学生职业生涯规划的最现实的第一步。

三、家庭因素

家庭是个人成长的第一所学校，是造就个人素质、影响人生发展的重要因素之一。人从幼年起，就受到家庭潜移默化的影响，形成一定的价值观和一定的行为模式。有的人还从家庭中自觉或不自觉地学到某种职业知识和技能。此外，家庭成员在个人择业和就业后的流动中，往往产生一定的干预或影响，也会对人的职业生涯产生很大影响。

1. 对职业选择的影响

目前中国的职业歧视现象还比较严重，家长的不正确教育在某种程度上助长了职业歧视。很多家长不希望孩子从事艰苦的工作，他们在教育孩子时常常会说："你不好好学习，长大以后只能扫马路。"这样的教育引导会让孩子轻视保洁工作，长大后自然不会选择这个行业。

据报道，目前我国高级技工缺乏，高级技工的薪水已经超过白领。然而家长对这方面的关注太少。职业选择的观念需要转变，家长也应当意识到，对每个孩子来说适合他的职业才是最好的职业。

2. 对专业选择的影响

许多孩子深受父母或亲戚的影响，他们从亲人的教育或态度中形成对某些职业的看法和认识，从而影响到对专业的选择。

在选择专业时，有些父母强制、包办孩子选择专业，孩子一开始就厌烦被迫选择的专业，对所学的专业不感兴趣，这势必会影响孩子的学业和就业。高职生在选择专业时，要结合自己的兴趣、爱好，参考父母、老师等年长者丰富的社会经验，做出客观的选择。但是也不能一味追求爱好，不客观考虑就业形势和社会需求。

3. 对职业变动的影响

父母、亲人在孩子就业后的职业流动上往往扮演着重要角色，对子女择业施加影响或给予直接帮助，这种情况在中国表现得尤其突出。有些人变动工作可能不是对目前从事的职业不满意，而是为了家庭而选择收入较高、较为稳定的职业，这是家庭对个人职业变动产生影响的表现。在职业变动前,你要明确为什么而改变,避免因他人因素影响过大,限制了个人兴趣和自我能力的发展。

不能否认,一个人的职业生涯决策的决定因素中也有称为机遇的随机性成分,但完全听从命运摆布的人毕竟是少数,多数人对自己未来的发展能够从内外因素进行理性分析,从而有效地进行职业生涯的选择。

四、自我因素

影响职业生涯选择的自我因素,主要包括个性特征、健康、兴趣爱好、年龄、自信心等。

1. 个性特征

不同气质、性格、能力的人适合不同类别的工作。如多血质的人较适合做管理、记者、外交等,不适合做过细的、单调的机械工作。如果做与自己个性特征不符合的工作,容易觉得自己的活力被束缚、思想被禁锢。

2. 健康

健康包括身体健康与心理健康。如果没有一个好的身体,就不可能坚持工作,也就不可能有好的职位。为保持健康的体魄,工作、学习之余应当注重体育锻炼。同理,没有一个健康的心理,根本无法适应社会,更谈不上正常工作。为了拥有心理健康,要不断加强正确的人生观、世界观的学习,主动缓解工作、生活的压力,积极建立融洽的人际关系。

3. 兴趣爱好

与职业选择有关的兴趣称为职业兴趣。不同职业兴趣要求对应的职业不同。例如,喜欢具体工作的,相应的职业有室内装饰、园林、美容、机械维修等;而喜欢抽象和创造性工作的,相应的职业有经济分析师、新产品开发、社会调查及各类科研工作等。

4. 年龄

对工作的看法和态度,对机会尝试的勇气,对胜任任务的能力和经验,不同的年龄表现都有所不同。

5. 自信心

自信常常使自己的梦想成真。喜欢挑战、战胜失败、突破逆境是自信心强的人的特点。没有自信心的人会变得平庸、怯懦、顺从。顺利的环境为事业发展提供了广阔的空间,而逆境为开拓和创新提供了信心和勇气,有挑战才有成功。

6. 性别

虽然男女平等的观念已普遍被现代社会所接受,但性别因素在职业选择上仍然扮演着重要的角色。职业性别隔离严重存在,很少人能漠视性别问题。尽管有些工种确实需要男性从事,如矿下作业,然而事实是,更多的人是在意识形态上歧视女性。当然,如果你坚信男女两性在智慧和能力上基本相同,那么你的性别应该不会影响你的事业选择和事业成功。

用人单位普遍认为婚姻会导致女生业绩下降,男生在婚后业绩反而会上升。因此,每个人(尤其是女性)规划自己的职业理想时,不可忽视性别差异,以便充分发展自己的性别特色。

7. 朋友、同龄群体

朋友、同龄群体的工作价值观、工作态度、行为特点等不可避免地会影响到个人对职业的偏好、选择从事某一类职业的机会和变换职业的可能性等方面。

案例

怎样使你的职业生涯规划更明确

我们在求职过程中经常会感受到极大的压力，尤其是在求职初期，那么如何更好地克服压力，让自己的职业生涯规划更明确？以下七步能够帮助你。

第一步：明确职业目标——价值观和人生定位

自我的人生价值和角色定位、人生主要目标的设定等，简单来说就是：你准备做一个什么样的人，你的人生准备达成哪些目标。这些看似与具体的压力无关，但其实对我们的影响很大，对很多压力的反思最后往往都要归结到这个方面。

卡耐基说："我非常相信，这是获得心理平静的最大秘密之一——要有正确的价值观念。而我也相信，只要我们能定出一种个人的标准——就是和我们的生活比起来，什么样的事情更有价值，我们的忧虑有50%可以立刻消除。"

第二步：心态调整——以积极乐观的心态拥抱压力

法国作家雨果曾说过："思想可以使天堂变成地狱，也可以使地狱变成天堂。"我们要认识到危机即是转机，遇到困难，产生压力，一方面可能是自己的能力不足，因此整个问题处理过程，就成为增强自己能力、发展成长重要的机会。另一方面，可能是环境或他人的因素，则可以理性沟通解决，如果无法解决，也可宽恕一切，尽量以正向乐观的态度去面对每一件事。如同有人研究所谓乐观系数，也就是说一个人常保持正向乐观的心，处理问题时，他就会比一般人多出20%的机会得到满意的结果。因此，正向乐观的态度不仅会平息由压力带来的紊乱情绪，也能把问题导向正面结果。

第三步：理性反思——自我反省和压力日记

对于一个积极进取的人而言，面对压力时可以自问，"如果没做成又如何？"这样的想法并非找借口，而是一种有效疏解压力的方式。但如果本身个性较容易趋向于逃避，则应该要求自己以较积极的态度面对压力，告诉自己，适度的压力能够帮助自我成长。同时，记压力日记也是一种简单、有效的理性反思方法。它可以帮助你确定是什么刺激引起了压力，通过检查你的日记，你可以发现你是怎么应对压力的。

第四步：建立平衡——留出休整的空间，不要把工作上的压力带回家

我们要主动管理自己的情绪，注重业余生活，不要把工作上的压力带回家。留出休整的空间：与他人共享时光，交谈、倾诉、阅读、冥想、听音乐、处理家务、参与体力劳动都是获得内心安宁的绝好方式，选择适宜的运动，锻炼忍耐力、灵敏度或体力等，持之以恒地交替应用你喜爱的方式并建立理性的思维习惯，逐渐体会它对你身心的裨益。

第五步：时间管理——关键是不要让你的安排左右你，你要自己安排你的事

工作压力的产生往往与时间的紧张感相生相伴，总是觉得很多事情十分紧迫，时间不够用。解决这种紧迫感的有效方法是时间管理，关键是不要让你的安排左右你，你要自己安排你的事。在进行时间安排时，应权衡各种事情的优先顺序。对工作要有前瞻能力，把重要但不一定紧急的事放到首位，防患于未然，如果总是在忙于救火，那将使我们的工作永远处于

被动之中。

第六步：加强沟通——不要试图一个人把所有压力承担下来

平时要积极改善人际关系，特别是要加强与上级、同事及下属的沟通，要随时切记，压力过大时要寻求主管的协助，不要试图一个人把所有压力承担下来。同时在压力到来时，还可采取主动寻求心理援助，如与家人朋友倾诉交流、进行心理咨询等方式来积极应对。

第七步，提升能力——疏解压力最直接有效的方法是设法提升自身的能力

既然压力的来源是自身对事物的不熟悉、不确定感，或是对于目标的达成感到力不从心所致，那么，疏解压力最直接有效的方法便是去了解、掌握情况，并且设法提升自身的能力。通过自学、参加培训等途径，一旦"会了""熟了""清楚了"，压力自然就会减少，直至消除，可见压力并不可怕。逃避之所以不能疏解压力，是因为本身的能力并未提升，使得既有的压力依旧存在，强度也未减弱。

（资料来源：青青岛人才网，http://www.chinapaper.net/rcnews/show-6320.html，2017-12-25.）

案例

顾此失彼、得不偿失

某校经济学院毕业生在大四下学期因在某单位实习，竟然错过了该学期某课程的考试，由于缺考，这门课程没有成绩，只好重修。由于重修，毕业证、学位证还不能按期拿到，由此必须推迟到单位报到，少拿几个月工资不算，还有可能被单位退回学校。

分析：毕业生在大四下学期一定要正确处理好求职与求知的关系，求职固然重要，但切忌影响正常学习。上述案例中的学生显然没有处理好这对关系，以致顾此失彼、得不偿失。

（资料来源：https://wenku.baidu.com/view/986a8f4a85254b35eefdc8d376eeaeaad0f31651.html?from=search&isVipfree=1.2019-10-28.）

第三节 职业生涯规划实务

职业生涯规划的目的绝不只是协助个人按照自己的资历条件找一份工作，实现个人目标，更重要的是帮助个人真正了解自己，为自己制订事业发展计划，筹划未来，拟定一生的方向，通过详细估量内、外环境的优势和限制，设计出合理且可行的职业生涯发展方向。为此要按职业生涯规划步骤，运用科学的方法制订并实施职业生涯规划方案。

一、职业生涯规划步骤

一份完整的职业生涯规划应当包括自我认识与定位、职业环境分析、确定职业目标、制订计划实施方案和反馈调整五个步骤。

（一）自我认识与定位

1. 认识自我

要想认识自我，一是要客观地评价自己，既不可高估自己，也不能贬低自己；二是要认识自己的理想、价值观、兴趣爱好、能力、性格等心理特点；三是要认识自己的优势、劣势、自己与众不同的方面和发展潜力。

因此，认识自己要弄清楚三个方面的问题，即我是谁、我想干什么、我能干什么。要从兴趣、能力、个性、职业倾向四个方面回答上述三个问题，为职业生涯规划做好自我认识准备。

2. 职业生涯规划的自我定位

你到底能干什么？霍兰德通过"人职匹配理论"按照人格类型把职业划分为现实型、研究型、艺术型、社会型、企业型、传统型六大类。通过第二章的个性分析，可以帮助你确定自己的职业定位。也可以根据下面的理论帮助自己进行职业定位。

美国麻省理工学院人才教授对职业定位划分为技术型、管理型、创造型、自由独立型和安全型五类。

技术型的人出于自身个性与爱好考虑，往往并不愿意从事管理工作，而是愿意在自己所处的专业技术领域发展。

管理型的人有强烈的愿望去做管理人员，同时经验也告诉他们自己有能力达到高层领导职位，因此他们将职业目标定为要承担相当大责任的管理岗位。

创造型的人需要建立完全属于自己的东西，或是以自己名字命名的产品或工艺，或是自己的公司，或是能反映个人成就的私人财产。他们认为只有这些实实在在的事物才能体现自己的才干。

自由独立型的人喜欢独来独往，不愿像公司职员那样彼此依赖、相互协作。很多有这种职业定位的人不属于简单技术人员，他们具有相当高的职业技术能力。他们并不愿意在组织中发展，而是宁愿做一名咨询人员，或是独立从业，或是与他人合伙开业。

安全型的人最关心的是职业的长期稳定性与安全性，他们为了安定的工作、可观的收入、优越的福利与养老制度等付出努力。目前我国绝大多数的人都选择这种职业定位，很多情况下，这是由于社会发展水平决定的，而并不完全是本人的意愿。

（二）职业环境分析

每个人都处在一定的社会环境之中，无法避免受到内、外环境对成长的影响，在制订职业生涯计划时，要对社会、经济环境条件的特点，组织环境的发展变化情况，自己在整个环境中的优势与劣势，环境对自己提出的要求等要素进行综合分析。

只有对这些环境因素充分了解，才能做到在复杂的环境中趋利避害，使职业生涯设计更适合自己，具有实际意义。

（三）确立职业目标

志不立，天下无可成之事。综观古今，各行各业成就大事业者都有一个共同特点，就是志向远大。立志是人生的起跑线，反映出一个人的理想、情趣、胸怀和价值观，影响一个人的奋斗目标和成就。所以,在进行职业生涯设计时,要确定目标、确立志向,这是制订职业生涯规划的关键。

确定职业目标后要注意以下问题。

1. 选对职业找对路

慎重选择职业,是避免在职业生涯发展上走弯路。例如本章开头案例中的毕业生学的是机械专业,但毕业后的五六年时间里,换了六七个工作,却没有机械方面的工作经历,导致求职失败。

据统计,在选错职业的人群中,有80%以上的人在事业上是失败者。因此,职业选择得正确与否,直接关系到人生事业的成败。在选择职业的过程中要考虑性格、兴趣、特长与职业的匹配以及内外环境对职业的影响。良好的职业选择是以自己的最佳才能、最优性格、最大兴趣、最有利的环境等条件为依据进行的。适合自身特点是毕业生就业的出发点。

社会上的职业多种多样,不同的职业对从业人员的知识、技能、素质等要求不同,而毕业生的自身条件也不一样,不同的个体所具有的素质也是有差异的,所以,高职学生对职业的选择,一方面要从社会需要出发,同时也要考虑自身的实际情况,扬长避短,只有这样才能做到人尽其才、才尽其用。

2. 目标要付诸行动

成就理想需要付出艰辛的努力,目标的实现是一个不懈奋斗的过程。在进行职业生涯设计时,同学们要把职业目标分解为一个个可以实施的小目标,然后一步一个脚印地去实现。一件大事是由多件具体小事组成的,每个人都渴望成就一番大事业,但是不踏踏实实从小事做起,又如何成就大事业?

人生犹如爬楼梯,每一步都是为下一步打好基础,脚踏实地朝着既定的目标迈进,才能最终实现自己的大目标。远大目标的实现必须建立在每一个阶段目标实现的基础上,正如图3-1所示。

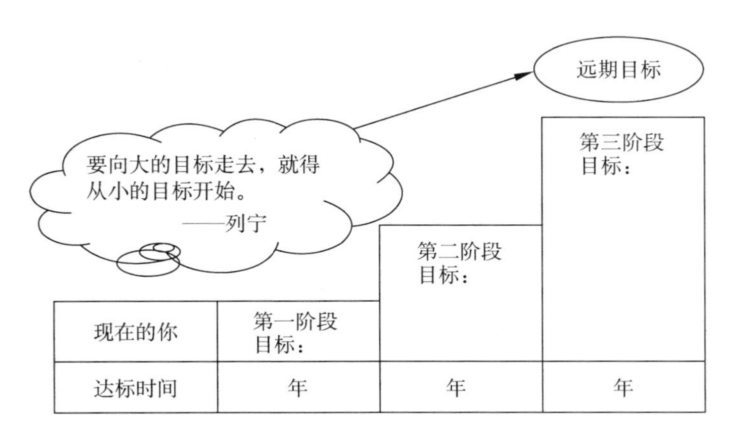

图3-1 阶段目标分解

(四)制订计划实施方案

确立了目标,我们还需要具体的措施作保证,并且在运作过程中根据外界环境的变化不断调整自己的措施,使之适应新的环境,这样目标才有实现的可能。职业生涯策略是指为实现职业生涯目标而设计的行动计划，一般都是具体的、可行性较强的。在确定了具体的职业目标后，行动成了关键环节。没有达成目标的行动，目标就难以实现，也就谈不上事业的成功。

这里所指的行动主要是指落实目标的具体措施，主要包括教育、培训、实践等方面的措施。例如，在职业证书方面，你计划学习哪些知识，掌握哪些技能，挖掘哪些潜能等。

（五）反馈调整

计划赶不上变化，尤其是在现代职业领域，变化是永恒的主题。影响职业生涯设计的因素众多，有的变化因素是可以预测的，而有些则难以预料。成功的职业生涯设计需要时时审视内、外环境的变化，不断对自己的设计进行评估和修订并调整自己的前进步伐，调整中应当注意以下几个问题。

（1）立志不如立长志，不要轻易改变你的目标。

（2）完美的计划靠汗水和智慧实现，做事离不了信念和勤奋。

（3）机会青睐有准备的人，抓住机会，促进成功。

（4）成功的环境需要自己营造，怎样的态度决定成就怎样的事业。

制订职业生涯计划的五个基本步骤如图 3-2 所示。

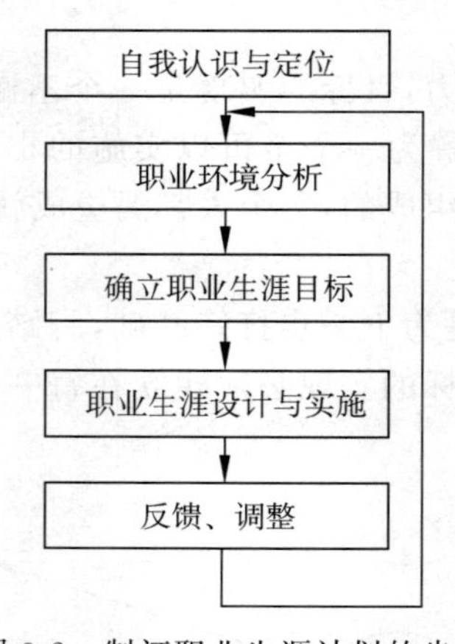

图 3-2 制订职业生涯计划的步骤

二、制订职业生涯计划执行方案

（一）制订职业生涯计划执行方案的注意事项

成功的人都有明确的职业目标，并按照计划逐步落实。高职生要成就自己的职业理想，就要制订切实的职业生涯计划执行方案。在制订职业目标的实施规划时，需要考虑以下内容。

（1）达到目标的途径。

（2）达到该目标所需的能力、训练及教育。

（3）达到该目标的积极力量。

（4）达到该目标的阻力。

好的职业生涯计划应该有具体的措施。比如达到目标的途径：是通过能力和业绩，还是通过社会关系，或是通过获得文凭达到；教育和培训如何获得，谁支付培训和教育的费用。在什么时间培训，到哪个机构和单位获得培训？获得培训的主要阻力是什么？如何克服？获得教育的优势是什么？都应该想清楚。

（二）阶段目标的特点

通常，长远的职业生涯目标比较粗、不具体，可能随着个人及组织内部形势的变化而变化，设计时宜以勾画轮廓为主。

中期目标为3～5年，相对于长远职业生涯目标要具体些，如获得更高的学历资质、参加一些旨在提高技术水平的培训并获得等级证书等。

近期目标是最清楚的，可以以年、月、周为规划单位，比较具体。

处理计划之间相互关系的原则是：短期计划服从于中期计划，中期计划服从于长期计划，这样一层一层地嵌套，形成一个完整的计划。

（三）制订具体实施计划的要求

具体制订行动计划时，也应根据前面提到的目标设计原则，予以科学安排和计划。

1. 逐个实现目标

具体实施计划时，则与计划的过程相反，先从具体的、短期的目标开始实施，等短期的目标逐个实现了，就开始实现中期目标，等中期目标实现了，再逐步实现长期目标。

2. 不断修订计划

一个好的计划应该是在修正中逐步完善的，因此，各种计划都有反馈机制，要根据环境和实施的结果及时评估并修正。

三、职业生涯规划方案的实施

有了一份好的计划，还要善于利用计划，督促自己始终按计划行动。由于种种原因，在许多情况下，可能出现紧急的工作，让人不能一一应对，这时就应该分清轻重缓急予以解决。不能只顾埋头干活，而忘记了努力的方向。职业发展计划就是努力的方向。

为了保证自己的行动能与努力的目标一致，就需要最大限度地根据个人的职业发展计划，及时调整自己的行为。下面提出几项能够帮助你实施职业生涯规划的措施。

（一）根据情况适当调整计划

1. 根据工作进度调整计划

至少每三个月检查一次你的工作进度。如果感到工作和生活过于舒适，那就意味着目标定低了，需要进行调整，适时适当地调高目标。如果不是职业目标太难，就应该加强紧迫感，使自己不要脱离职业规划的轨道，一旦长期偏离，个人就会放弃原来的计划，使计划成为一纸空文。

2. 动态管理计划

如果你的理想蓝图已经发生变化，你的构想和行动规划也要做出相应的变动，从而目标和策略也应随之改变。计划需要和现实结合起来，进行动态性地管理；否则，缺乏灵活性，也会导致计划落空。

（二）想方设法实现目标

1. 不断提醒自己

保证经常回顾你的构想和行动计划。为了避免自己忘记重要的工作及时间表，最好将这些内容放在自己经常能看见的地方，如写在日历上，时刻提醒自己。特别是随着年龄的增长，事情繁多，注意力容易发生转移，尤其要注意日程表。

2. 听取家人和朋友的建议

向家人和朋友公开自己的计划，是保证计划实施的重要方式。一方面可以凭借家人和朋友的智慧帮助设计最佳的策略和方案；另一方面家人和朋友也可对自己进行鼓励和监督，增强自己的责任心及行动力。

3. 注意抓住机遇

获得职业发展的渠道很多，除了自己创造的机会外，还应该注意抓住组织所提供的机会，为实现自己的职业目标打基础。如果你所在的组织有培训机会，千万不要因为工作太忙、家庭事务太多、身体状况不佳、今后还有机会等理由而放弃。也许失去此次机会，就失去了一个晋升、选择更有挑战性的职业的机会。

（三）要有毅力

参加工作后，学习和技能培训与纯粹的学生时代不同。可能要谈婚论嫁，可能工作十分繁忙，可能朋友非常多，这些都会影响到自我职业生涯发展的规划，时间不再是整块的，而是要靠自己去挤，通常较多的是牺牲节假日和八小时之外的时间。这就需要毅力，需要亲戚、朋友的理解和支持；否则，计划很难长期执行。

（四）克服诱惑

在有些情况下，可能有一些重要的诱因，它能使你获得短期内的收获，但从长期考虑却有损失。比如你是一个项目的主管，辉煌的事业正在逐步推进，有一个出国的机会，个人的短期利益可以得到满足，但你的出国很可能导致事业的损失，如何处理？这时候，需要冷静的思考，权衡利弊及对策，做出符合职业生涯发展利益的决策。

四、高职大学生在职业生涯规划中存在的困扰

1. 缺乏积极的职业生涯规划意识

据调查，有相当一部分学生缺乏积极的职业生涯规划意识，容易产生依赖、从众和“临时抱佛脚”等不良心理，常常抱着“车到山前必有路”的念头，认为自己迟早会找到工作；有的甚至认为反正有学校推荐，依赖心理强烈。

2. 不能正确认识社会、容易产生恐惧心理

由于不能正确认识社会，有的高职生对社会人才市场的激烈竞争抱有“恐惧”心理，对自己的学历、性别、技能、经验等缺乏自信，容易产生紧张、焦虑、抑郁等心理困扰，有的高职生由于此种状态持续时间较长，直接影响正常的学习、生活和心理健康。

3. 不能正确认识自己、容易产生心理偏差

有的高职生过高地评价自己，把自己与已经成功就业的学长学姐做比较，觉得自己一定会找到工资高的工作，不必提前自寻烦恼；有的学生在就业竞争失败时，对自己的认识一落

千丈，产生自卑心理；有的则是过低地评价自己，认为毕业后能找到一份工作就满足了。

4. 缺乏基本的职业常识

不能正确对待职业选择和职业流动。有的人不重视职业选择，不珍惜工作机会。认为“这个工作不适合我就跳槽，反正肯定能找到吃饭的地方。”

案例

要求苛刻令单位无法接受

某校现代财务管理专业某毕业生与某集团公司经过双选、面试考核，终于进入签约阶段，协议书首先由毕业生本人签署应聘意见，该生在“应聘意见”一栏中写下了以下六条要求。

(1) 从事财会工作。

(2) 每周工作五日，每日八小时工作制。

(3) 解决户口，提供单身住房。

(4) 住房公积金、劳动保险、养老保险等相关支出均由公司负担。

(5) 每半年调薪一次。

(6) 公司不限制个人发展(如考研等)。

单位鉴于以上条件不能全部接受，将协议书退回，并建议修改后再签。最终，该生因坚持自己的意见而未能被录用。

该生未被上述单位录用，根本原因在于所提要求过于苛刻。笔者曾与该集团人事部负责人取得联系，了解以上条件为什么不能全部接受，该负责人说，这位同学提出的六条要求，有些我们是可以满足，也应该做到的，比如：安排专业对口的工作、八小时工作制、解决户口、提供各种福利等。但有的款项就无法承诺，如每半年调一次薪，这种要求恐怕任何单位都无法答应。

又比如“公司不限制个人发展”一条，从毕业生角度来看，提出这样的要求可以理解，但从用人单位来讲，在不影响正常工作的前提下，我们鼓励个人提高自身素质，但如果服务期内想考研就考研，不受单位任何约束，单位肯定是不能答应的。尽管这位同学各方面条件都不错，但这种苛刻的条件我们是无法接受的。

(资料来源：https://wenku.baidu.com/view/986a8f4a85254b35eefdc8d376eeaeaad0f31651.html?from=search&isVipfree=1.2019-10-28.)

五、高职大学生在职业发展中要防止的现象

(一) 职场“跳蚤”

有一类人被称为职场“跳蚤”，他们在求职的时候没给自己准确定位，在很短的时间内不断更换工作。因缺乏职业定位引发的职业规划缺失是出现职场“跳蚤”的首要因素。而在众多的职场“跳蚤”中，以下两类人群最为突出。

1. 盲目就业的应届毕业生

没有找到工作的应届高职生，只能从事并非自身认同的或想从事的工作。为了解决生

存问题，只能找个临时的、短暂的过渡性工作。一旦在职场上立足，他们会抓住一切机会跳槽，转到自己兴趣所在的工作。

然而，他们中的大多数人在进行职业调整时依旧茫然又盲目，只是对眼前的工作不满意，却并不清楚自己满意的工作到底在哪里？结果，由于失去生存保障，经过一阶段的寻寻觅觅，难免又堕入再就业的怪圈。

2. 定位错误的就业者

由于缺乏职业定位和规划方面的知识和技能，职场定位错误，在找工作时总带着错误的目标，或是很大的盲目性。由于缺乏对自我的准确认识，目标过高，或方向错误。往往费尽九牛二虎之力，终于得以进入某家公司，干了几个月，就后悔莫及，转而又心生跳槽之念。

这种跳槽的危害性相当大，从职业发展来看，使职业积累断层，缺乏连续性，跳来跳去，除了跳槽经验，什么职业资本都没有，最后连跳的实力都没了。因此，在准备跳槽的时候，要多方面平衡考虑，薪水、经验积累、爱好、理想、环境、专业、生存压力等都要兼顾到；否则，找到工作也会很快失去，不是自己跳槽，就是被炒鱿鱼。

（二）啃老族

啃老族指已经成年并有谋生能力，生存状态却仍未“断奶”，而是仍然需要靠父母供养的年轻人。目前，“啃老族”的构成主要有五类人群。

（1）高校毕业生，对就业过于挑剔，总找不到自己满意的工作。

（2）以工作太累、太紧张、不适应为由自动离岗离职的。

（3）“创业幻想型”的青年人，他们虽有强烈的创业愿望，但没有目标，缺乏真才实学，总是不成功又不愿“寄人篱下”当个打工者。

（4）频频跳槽者，跳来跳去最后“漂”到无事可做。

（5）单位里下岗的年轻人，习惯用过去轻松的工作与如今的紧张繁忙相对比，越比越不如意，干脆不就业，索性躺在家中“啃”父母。

（三）高职生“漂族”

高职生“漂族”是没有找到合适的工作，自己保存档案，靠接济生活的毕业生。“漂着”的生存状态使高职生“漂族”对社会发展前景的预期多了几分悲观，对自己的人生前途也增添了几分迷茫。

例如，21岁的史强是某高职院校电气工程及自动化专业毕业生，毕业后因为找不到适合自己的工作而一直“漂着”。他说，市里一些专业对口的单位要求有两年以上的工作经验，县以下单位条件要求低些，但是父母不同意他去。好不容易看到开发区某单位招工海报上没有工作经验的要求，去了以后才知道“被涮了”。

史强说，用人单位不给“磨合期”，来了就要独当一面。他不解地问：“用人单位都要‘工作经历’，可是谁能给我们第一次机会?”

（四）“不工族”

在众多高校毕业生中，隐性就业人数及其比例大幅上升。据调查，大约有10.6%的毕业生主动选择放弃就业，成了“不工族”。“不工族”由于长时间脱离集体，往往缺乏吃苦耐劳的精神，好高骛远、强调个性、缺乏集体合作精神。可想而知，鲜有公司和领导欢迎这样的人。调查显示，这些“不工族”待业时间越长，求职就面临越来越多的尴尬。

拓展阅读

舒伯生涯彩虹图

舒伯在20世纪80年代系统地提出了有关生涯发展的观点，把职业生涯的发展看成一个持续渐进的过程，由童年开始，一直伴随个人的一生。核心观念——“自我概念”。

自我概念是指个人对自己的兴趣、能力、价值观及人格特征等方面的认识。一个人的自我概念在青春期以前就开始形成，至青春期较为明朗，并于成人期由自我概念转化为职业生涯概念。工作与生活满意与否，就在于个人能否在工作和生活中找到展现自我的机会。

舒伯生涯彩虹图如图3-3所示。

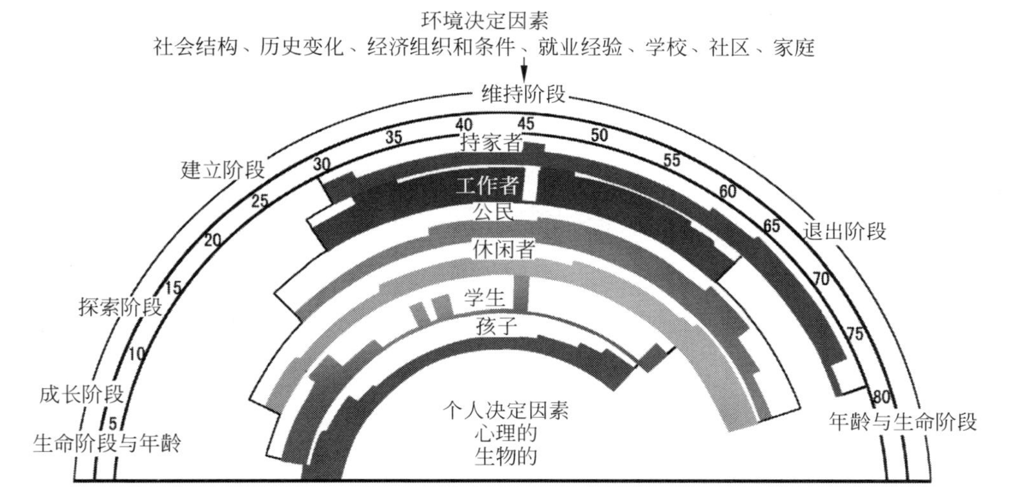

图3-3 舒伯生涯彩虹图

一个人横跨一生的经历，舒伯称其为“生活广度”。在发展历程的各个阶段中个人所扮演的各种角色，舒伯命名为“生活空间”。舒伯的生涯发展五阶段论如表3-1所示。

表3-1 舒伯的生涯发展五阶段论

阶段	年龄	特征
成长阶段	0～14	形成自我概念，能力、态度、兴趣、需要的形成和发展，并对工作开始形成大致的理解，对未来的关注、对生活的掌控、在学校和工作中的成就、形成良好的工作习惯和态度
探索阶段	15～24	开始在课堂、工作实践中尝试，并有意地收集相关信息。尝试性地开始选择，发展相关的技能，缩小、界定自己的职业选择
建立阶段	25～44	开始通过工作实践接触和获得各种技能，稳定、巩固和提升
维持阶段	45～64	不断调节并在工作中得到发展的过程，坚持、保持、创新和提拔下一代
退出阶段	65以上	产出开始减少，准备退休。

想一想：画一个自己的生命彩虹图

画出你在不同的生命阶段扮演的所有角色，然后按照投入的多少画在图上。选择你认为最能代表各种角色和反映你情感的颜色。

生命彩虹图给你什么启示？

实践课堂

请以小组为单位，设计一次以“职业生涯大家谈”为主题的活动方案，具体方案的表现形式可以灵活多样，如讨论、演讲、辩论等。

课后练习

1. 什么是职业生涯？
2. 职业生涯规划有哪些步骤？

第四章 职业基本素质的养成

【学习目标】

(1) 了解职业道德的内涵、特征和作用。
(2) 理解职业道德的基本规范。
(3) 掌握建立和谐人际关系的法则。
(4) 理解团队精神的种类与内涵。

【技能要求】

(1) 在实践中体会并逐步养成职业道德。
(2) 能够与人和谐相处,学会与人沟通。
(3) 树立积极乐观的人生态度。
(4) 在日常学习和生活中培养团队精神。

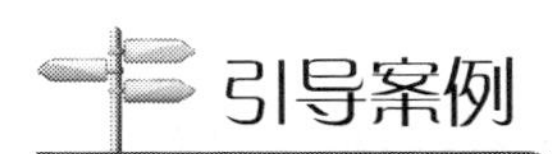

引导案例

快递小哥的温情速递

在抗击新冠肺炎疫情的关键时期,有这样一群人,他们坚守自己的岗位,只为让千家万户的生活更方便、更安全。这就是每天穿梭于城市大街小巷的快递小哥。

聂泽鹏是中国邮政速递物流太原市桃南揽投部的一名快递员,早在1月31日,他就开始到岗工作了。"这是个非常时期,为了防止疫情扩大,很多市民家的生活必需品也都通过网购来完成,水果、消毒液等生活必需品也网购了,这无疑使我们的投递量激增。"

虽说每天早早出门送快递,但中午不能按时回到单位是常事。由于很多小区封闭管理,小聂的送货时间明显延长。一般上午的货送完回到单位已经是下午3点多了。中午饭只能在街上随便买个面包解决。回到单位继续揽件,下午4点开始继续送货,一天送货结束回到单位已经晚上8点多了。

但每日奔波的快递路上,不经意间得到的关心总会让人感受到一丝温暖。"因为现在进不了小区,我只能在小区门外等客户取件。记得2月1日那天,客户取快递时把手里一个崭新的口罩递给我,并说辛苦了,你们也要保护好自己。"每当想起客户的暖心之举,小聂觉得再辛苦也值得。

从2020年1月31日开始，山西全省邮政系统每天大概有5600位像小聂这样的快递员在各自的岗位上辛勤地工作着。快递员，一个平凡的岗位，也正是因为在这个岗位上有无数平凡人的付出，保障着城市的正常运转，也为抗击这场疫情默默地贡献着自己的力量。

（资料来源：https://baijiahao.baidu.com/s?id=1659024309544018231&wfr=spider&for=pc.2020-02-20.）

良好的职业基本素质是获得职业发展的基石。在制订了积极、可行的职业生涯发展计划后，高职生应高度重视职业基本素质的培养，有效提升自己的职业基本素质，为自己的职业发展奠定坚实的基础。职业基本素质包括职业道德、身心健康和团队精神三个方面，本章将从这三方面介绍职业基本素质的基础知识和培养途径，帮助高职生有效提升自己的职业基本素质。

第一节 职业道德

一、职业道德的内涵

（一）道德的概念

马克思主义认为，道德是社会关系的产物，只有发生个人利益与他人利益和整体利益关系，而且人们自觉意识到这种关系时，才会出现道德问题。

道德是人类社会生活中所特有的，由经济关系决定的，依靠社会舆论、传统习惯和人们的内心信念来维系的，并以善恶进行评价的原则规范、心理意识和行为活动的总和。

（二）职业道德的概念

职业道德就是同职业活动紧密联系的符合职业特点所要求的道德准则、道德情操与道德品质的总和，它既是本职人员在职业活动中行为的准则，同时又是职业对社会所承担的道德责任与义务。

职业道德的含义包括以下八个方面。

(1) 职业道德是一种职业规范，得到社会的普遍认可。

(2) 职业道德是长期以来自然形成的。

(3) 职业道德没有确定的形式，通常体现为观念、习惯、信念等。

(4) 职业道德依靠文化、内心信念和习惯，通过员工的自律实现。

(5) 职业道德大多没有实质的约束力和强制力。

(6) 职业道德的主要内容是对员工的义务要求。

(7) 职业道德标准多元化，代表了不同企业可能具有不同的价值观。

(8) 职业道德承载着企业文化和凝聚力，影响深远。

（三）职业道德的特点

1. 职业道德具有适用范围的有限性

每种职业都担负着一种特定的职业责任和职业义务。由于各种职业的责任和义务不同，从而形成各自特定的职业道德的具体规范。

2. 职业道德具有发展的历史继承性

由于职业具有不断发展和延续的特征，不仅是技术上的延续，管理员工的方法、与服务对象打交道的方法也有一定历史继承性。如"有教无类""学而不厌，诲人不倦"，从古至今始终是教师的职业道德。

3. 职业道德表达形式多种多样

由于各种职业道德的要求都较为具体、细致，因此其表达形式多种多样。

4. 职业道德兼有强烈的纪律性

纪律也是一种行为规范，但它是介于法律和道德之间的一种特殊的规范。它既要求人们能自觉遵守，又带有一定的强制性。就是说，一方面遵守纪律是一种美德，另一方面，遵守纪律又带有强制性，具有法令的要求。

例如，工人必须执行操作规程和安全规定。因此，职业道德有时又以制度、章程、条例的形式表达，让从业人员认识到职业道德又具有纪律的规范性。

（四）职业道德的作用

职业道德是社会道德体系的重要组成部分，它一方面具有社会道德的一般作用；另一方面它又具有自身的特殊作用。具体表现在以下方面。

1. 具有调节内外关系的职能

职业道德一方面可以调节从业人员内部的关系，即运用职业道德规范约束职业内部人员的行为，促进职业内部人员的团结与合作；另一方面，职业道德又可以调节从业人员和服务对象之间的关系，如职业道德规定了制造产品的工人要怎样对用户负责、营销人员怎样对顾客负责等。

2. 有助于维护和提高企业的信誉

企业的信誉是指企业及其产品与服务在社会公众中的信任程度，提高企业的信誉主要靠产品质量和服务质量，而从业人员职业道德水平高是产品质量和服务质量的有效保证。

3. 促进行业和企业的发展

行业、企业的发展有赖于高的经济效益，而高的经济效益源于高的员工素质。员工素质主要包含知识、能力、责任心等方面，其中责任心是最重要的。职业道德水平高的从业人员其责任心是极强的。因此，职业道德能促进本行业的发展。

4. 有助于提高全社会的道德水平

职业道德是社会道德的重要组成部分。职业道德一方面涉及每个从业者如何对待职业、如何对待工作，同时也是一个从业人员的生活态度、价值观念的表现。良好的职业道德是一个人的道德意识、道德行为发展的成熟阶段，具有较强的稳定性和连续性。另一方面，职业道德也是一个职业集体甚至一个行业全体人员的行为表现，如果每个行业、每个职业集体都具备优良的道德，对整个社会道德水平的提高肯定会发挥重要作用。

二、职业道德的基本规范

《中共中央关于加强社会主义精神文明若干问题的决议》规定了今天各行各业都应共同

遵守的职业道德的五项基本规范，即爱岗敬业、诚实守信、办事公道、服务群众、奉献社会。

1. 爱岗敬业

爱岗就是热爱自己的工作岗位，热爱本职工作。敬业包含两层含义：一为谋生敬业；二为真正认识到自己工作的意义敬业。爱岗敬业有下列要求。

（1）把自己的岗位同自己的理想、追求、幸福联系在一起，把企业的兴衰与个人的荣辱联系在一起。

（2）自觉维护企业的利益、形象和信誉。

（3）要通过技能培训、岗位练兵、交流研讨等多种形式，不断提高自己的文化素质和业务技术水平，熟练地掌握职业技能，胜任自己的工作，更好地为企业服务。

2. 诚实守信

诚实守信是中华民族传统的为人处世原则。诚实，就是忠诚老实，不讲假话。守信，就是信守诺言，说话算数，讲信誉，重信用，履行自己应承担的义务。诚实守信对员工的具体要求：忠诚所属企业；维护企业信誉；保守企业机密。遵章守制，秉公办事。

3. 办事公道

办事公道是指从业人员在办事情、处理问题时，要站在公正的立场上，按照同一标准和同一原则办事的职业道德规范。办事公道是正确处理各种关系的准则，具体要求如下。

（1）客观公正。即遇事从客观事实出发，并能做出客观、公正的判断和处理。

（2）照章办事。即按照规章制度来对待所有的当事人，不徇私枉法。

（3）公私分明。即要克服私心，不凭感情或义气办事，更不能出于私心、从个人利益角度考虑问题、处理事情。

（4）光明磊落。即按既定的规定公开、公平、公正地办事。要做到办事公道，还必须加强学习，不断提高认识能力，能明确是非标准，分辨善恶美丑，并有敏锐的洞察力，才能公道办事。

4. 服务群众

服务群众就是为人民群众服务，就是通过工作为群众解决困难、解除困境，使人民群众在满足需求的同时感受生活的美好。具体要求如下。

（1）热情周到。即从业人员对服务对象抱以主动、热情、耐心的态度，把群众当作亲人，服务细致周到，勤勤恳恳。

（2）急人所急，想人所想，乐人所乐。即努力为群众提供方便，想群众之所想，急群众之所急，多做换位思考，以群众的满意和快乐作为自己工作的价值标准，主动为他人排忧解难。

5. 奉献社会

奉献社会就是全心全意为社会做贡献，是为人民服务精神的最高表现，也是职业道德中的最高境界。在现实中，奉献社会表现为不期望等价的回报和酬劳，而愿意为他人、为社会或为真理、为正义献出自己的力量，包括宝贵的生命。这是一种人生境界，是一种融在一生事业中的高尚人格。

第二节　身心健康

身心健康包括身体健康和心理健康。在人的职业生涯甚至是人生道路上，身心健康起着非常重要的作用。其中，心理健康在竞争激烈、节奏快捷的当今时代显得越来越重要。联合国世界卫生组织曾对健康下这样的定义：健康不仅仅是没有疾病，而且是身体上、心理上和社会行为上的完好状态，即人的健康包括身体健康、精神健康和社会适应功能良好三个方面。

世界卫生组织为个体健康提出了十条标准。

(1) 有足够充沛的精力，能从容不迫地应付日常生活和工作中的压力。

(2) 处事乐观，态度积极，乐于承担责任，事无巨细不挑剔。

(3) 善于休息，睡眠良好。

(4) 应变力强，能适应环境的各种变化。

(5) 能够抵抗一般性感冒和传染病。

(6) 体重得当，身体均匀，站立时，头、肩、臂位置协调。

(7) 眼睛明亮，反应敏锐，眼睑不发炎。

(8) 牙齿清洁，无空洞，无痛感，牙龈颜色正常，无出血现象。

(9) 头发有光泽，无头皮屑。

(10) 肌肉、皮肤有弹性，走路感到轻松。

一、心理健康的内涵

1. 心理健康概述

心理健康又称心理卫生，包括两方面含义：一是指心理健康状态，个体处于这种状态时，不仅自我情况良好，而且与社会、人际相处和谐；二是指维持心理健康、减少行为问题和精神疾病的原则和措施。

心理健康还有狭义和广义之分：狭义的心理健康，主要目的在于预防心理障碍或行为问题；广义的心理健康，则是以促进人们心理调节、发展更大的效能为目标，使人们在各类环境中健康生活，保持并不断提高其心理健康水平，从而更好地适应社会生活，更有效地为人类社会做出贡献。

2. 心理健康的标准

美国心理学家马斯洛和米特尔曼提出的心理健康的十条标准被认为是“最经典的标准”。

(1) 充分的安全感。

(2) 充分了解自己，并对自己的能力作适当的估价。

(3) 生活的目标切合实际。

(4) 与现实的环境保持接触。

(5) 能保持人格的完整与和谐。

(6) 具有从经验中学习的能力。

（7）能保持良好的人际关系。

（8）适度的情绪表达与控制。

（9）在不违背社会规范的条件下，适当满足个人的基本需要。

（10）在不违背社会规范的条件下，有限地发挥个性。

3. 心理健康的重要性

心理健康对于一个人具有非常重要的意义。它直接决定人的每一言行是否理智、高效。与所有财富相比，心理健康是只属于自己时刻享用的财富，是最核心的健康。它是一个人生理健康的前提，是愉快高效地生活、工作、学习的前提，是家庭和睦幸福的前提，是取得一切成功与财富的前提。

二、构建和谐的人际关系

人是社会的主体，社会和谐在本质上就包括人自身的和谐。如果每个人都拥有正确的世界观、人生观和价值观，有健全的人格、健康的心态，能够正确处理人与自然、人与社会、人与人的关系，社会就能达到和谐的状态。人自身的和谐是社会和谐的基础和前提。对个人来说，和谐的人际关系是一个人生活愉快、工作顺利、实现自己人生目标的基础。

（一）人具有社会性

马克思主义认为，人是社会性的存在物，人的内心感受不仅决定于自己的修养和调整，也受到他人及社会对自己的态度和评价的影响。因此，一个人要实现自身的和谐，就要从人的社会性出发，把实现人自身的和谐与促进社会和谐联系起来，把自身修养与推动社会发展结合起来，以积极的人生态度实现主观与客观、个人与社会的统一，进而实现主体自身的和谐。

（二）人需要和谐的人际关系

人际关系是指人与人之间相互认知，因而产生的吸引或排斥、合作或竞争、领导或服从等关系。和谐的人际关系是指一种积极、向上、公平、宽容、双赢互利、可持续发展的人与人之间的关系。卡耐基说过："和谐的人际关系是一笔宝贵的财富"，它对于人的成长至关重要；反之，不和谐的人际关系影响团结、影响工作、影响身心健康，更影响个人发展。

（三）如何奏响人际关系的和谐乐章

1. 平等待人

生活中的每个人，无论职务高低、知识多寡、贫富差距、身体强弱、年龄长幼、性别不同，在人格上都是平等的。因此，在人际交往中绝不能以权压人、以势压人、以强凌弱，把自己看得高人一等，把别人看得一钱不值，给别人一种"拒人于千里之外"之感。

作为高职生，不管来自农村还是城市，不管家境富裕还是贫困，相互之间应该平等相待，条件好的同学切不可瞧不起别人，在说话办事时，不要流露出优越感。有个女生家里开公司，经济条件非常好，她为人单纯，也很热心，但就是没有好朋友，宿舍的同学都疏远她。原因就是她在言谈之中很明显地流露出家境好的优越感，如说同学的头花质量那么差，准是在小摊上买的等。后来，在辅导员老师的帮助下，这位女生懂得了平等待人的重要性，改变了唯我独尊的做法，遇事多从他人角度考虑，赢得了大家的喜爱。

2. 尊重他人

渴望受到尊重是每个人的基本心理需求。在人际交往中，我们对所有的人，不管其地位高低贵贱，都应该给予应有的尊重。不仅要尊重他人的人格、他人的个性习惯、他人的情感兴趣和隐私，还要尊重彼此存在的外显或内在的心理距离，不要轻易地去突破它、破坏它；否则就是对对方的冒犯，势必造成对方的戒备、反感和疏远。

那么，作为高职生如何养成尊重他人的好习惯呢？每天问自己，是否做到以下三条。

第一，学习上，上课做到不吃东西、不用手机、不做与上课无关的事，与老师进行互动了吗？

第二，生活上，遇到需要帮助的人我帮助了吗？我向帮助我的同学说谢谢了吗？

第三，工作上，我完成老师、同学交办的工作了吗？没做完我是否做出情况说明了？

很多同学觉得尊重他人是最简单的事，殊不知生活中很多误解都源于自己的"想当然"，根源就是考虑不周，没从细节上尊重他人。只要做到多说一句、多想一下，矛盾就不会产生了。

每个人都希望走上工作岗位时，能有个和谐宽松的工作氛围和良好的人际关系。请记住，这种关系和氛围的营造不能靠碰运气，要靠自己去争取，最简单的做法就是尊重你的同事和领导。尊重的技巧和方式需要你在日常学习和生活中去不断体验、摸索与积累。

3. 有效沟通

只有沟通才能相互了解，从而减少或避免一些不必要的误会和摩擦。越是不沟通，越是有意设防，就越难使人心达到交融。沟通需要主动，一味地等着别人与自己沟通，等不来"好人缘"。能沟通不等于会沟通，善于沟通者知道根据不同的对象、场合，采取不同的交流方式，懂得"到什么山，唱什么歌"。

4. 宽容大度

人的性格、特长各有差异，在处理人际关系时不能强求一致。人与人要和谐相处，就要拥有求同存异、相互谅解、不求全责备的宽广胸怀。在人际交往中，我们对他人的要求不要过分，不要强求于人，而要能让人时且让人、能容人处且容人。

人非圣贤，孰能无过？一旦对方犯了错误，我们也不要嫌弃，应给他提供改过的宽松条件，原谅别人的过失，帮助别人改正错误。"海纳百川，有容乃大"，在工作和生活中，人们总是喜欢和那些宽容厚道的人交朋友，正所谓"宽则得众"。

5. 欣赏别人

希望得到别人的注意和肯定，这是人们共有的心理需求，而欣赏正是满足这种需求的一种交际方式。人际关系大师卡耐基说："避免嫌弃人的方法，就是发现对方的长处。"因此，在交际中我们应抱着欣赏的心态来面对每一个人，时时留心身边的人和事，多发现别人的优点和长处；赞美是欣赏的直接表达。

有道是"良言一句三冬暖"，一句真诚的赞美往往可以给别人也给自己带来好心情。学会发现别人的长处并由衷地赞美吧，这是促进人际关系和谐的"润滑剂"。

6. 换位思考

在现实生活中，我们总是习惯从自己的主观判断出发为人处世，因而容易产生一些误解。所以，要达到彼此的认同和理解，避免误会和偏见，就要学会"换位思考"。所谓"换位"，就是要善于从对方的角度和处境认知对方的观念，体会对方的情感，发现对方处理问题的个性方式。

只有设身处地地多为别人着想，才能够最大限度地理解别人，从而找到相处的最佳途径、解决问题的恰当方法。孔子有言，“己所不欲，勿施于人”，意思是自己所不想要的，不要施加到别人身上，说的就是这个道理。

也正如一位哲人所说：“你希望别人怎样对待你，你就先怎样对待别人。”因此，交际中只要少一点自以为是，多一点换位思考，就会少一些误解和摩擦，多一些理解与和谐。

7. 弹性交往

一个人的人际关系不和谐，原因可能是多方面的，其中往往与他交际方式太死板、做事不留余地有关。因此，我们需要在交际中建立一个“弹性隔离带”，使自己、对方或双方都能获得更大的回旋空间，以减少或避免一些不必要的摩擦和伤害。

比如说，在答应别人时，不要言之凿凿，一旦自己因客观原因无法兑现，岂不给对方以“言而无信”的印象；在拒绝别人时，不要生硬地一口回绝，不妨先答应考虑一下，给自己留点回旋的空间，以便到时候“进退有据”。

在批评别人时，如果是在公众场合，最好点到为止，照顾一下对方的自尊；与人争论或争吵时，不要口不择言地说些“过头话”“绝情语”，这不仅会严重伤害对方的感情，更会让双方难以“下台”。

在请人帮忙时，不要直接让对方按你的要求去做，一旦事情不该办或对方无能为力，难免会造成尴尬的僵局等。大量实践表明，为自己的交往增加些弹性，给自己和他人多留些余地，有助于你的人际关系更加和谐。

8. 善于合作

当今社会，人与人之间的竞争日益激烈，但这并不意味着合作变得可有可无。相反，随着社会分工的精细和工作内容智力成分比例的增加，许多工作不是仅依靠个体力量所能完成的，而是要依靠团队合作来实现。因此，合作是实现人际关系和谐必不可少的一个原则，是人际交往的基本准则。一个善于交际的人必定是个善于合作的人。

在合作基础上竞争，在竞争基础上合作，是人际交往的基本态势。如果只讲竞争不要合作，那么竞争必定是不择手段的恶性竞争和无序竞争，人际关系的和谐也将无从谈起。所以，在人际交往中，我们应给予对方多一些支持，少一些拆台；多一些协商，少一些固执；多一些沟通，少一些封闭。只有这样，我们的人际关系才能少一些紧张与摩擦，多一些温馨与和谐。

9. 互利互惠

在现实生活中，人与人的关系之所以会出现不和谐的音符，产生一些矛盾和摩擦，其中就与一方的利益受损有关。因此，要有效化解矛盾，消除摩擦，就不能太自私、“吃独食”，而应坚持“互惠”，追求“双赢”。

比如：在交际心态上，不要只想自己享受，不让别人舒服；考虑问题时不能只为自己着想而不为他人考虑；在双方意见不能统一时，可谋求一个折中方案；在利益有冲突时，双方要坐下来诚恳协商，必要时不妨都做出一定的妥协等。

在交际交往中，只要我们先退让一步，在自己的底线上留有一定的弹性，与对方利益共享，共谋发展，就一定能取得沟通的最佳效果，也一定能使人际关系变得更加和谐。

三、提高抗挫折能力、乐观面对生活

（一）正确认识挫折

挫折是具有普遍性的，挫折是生活的一个组成部分，每一个人都会遇到。"天有不测风云，人有旦夕祸福"讲的就是挫折的普遍性。能成大事、积伟业者无一不是在逆境中磨砺过来的。

虽然很多人都能从理性上认识挫折，感情上却并不愿意面对挫折，实际上挫折的影响并非都是负面的。法国大文豪巴尔扎克根据自己丰富的人生体验，形象地把挫折比作一块石头。他认为挫折对于强者它可以成为垫脚石，让人站得更高；对于弱者它可以成为绊脚石，使人一蹶不振。经历挫折，可以使人从失败中吸取经验教训，磨炼意志，增强克服困难的勇气，提高解决问题、适应环境的能力。

俗话说"吃一堑长一智""失败是成功之母"，就是这个道理。相反，承受能力差的人可能会因挫折产生心理上的阴影，情绪不稳，行为失态，甚至导致生理、心理疾病。可见挫折犹如一把双刃剑，会给人以打击，带来损失和痛苦，但也能使人奋起和成熟，从中得到锻炼。

挫折的积极作用就是激发人的进取心，磨炼人的性格和意志，增强人的创造力和智慧。使人面临问题时更清醒，从而增长知识和才干。挫折只是生活的小插曲，生活中还有更多快乐和幸福的事情。"生活就像一面镜子，你对它笑，它就对你笑，你对它哭，它就对你哭。"人固然乐于接受顺境，不欢迎逆境，但逆境可以砥砺人生，增长人的才干，使人通过破除障碍和不良情绪得到新的突破和发展，心理达到更高层次的平衡。

在生活中许多优秀人物就是在挫折磨炼中成熟，在困境中崛起的。相反，过于一帆风顺的生活反而会使人耽于安逸、丧失斗志，在挑战到来时措手不及。因此，可以说，挫折也是一种机会，只要能坦然面对挫折，树立战胜挫折的勇气和信心，就可以适应任何变化的环境。

为了提高挫折承受力，就应该主动、自觉地将自己置身于充满矛盾的、复杂的社会环境中去磨炼，向生活学习，而不是逃避社会。宽容豁达和开拓创新的人胸怀宽阔，对挫折不是被动地适应、一味忍耐，而是面向未来、积极进取、勇于创造新生活。

同时，必须提高自身的思想修养、道德修养、知识素养、培养"慎独"精神，养成冷静思考的习惯，经常自我分析、自我反省、自我激励。

从心理发展的角度看，积极主动的适应，勇敢顽强的拼搏，反复不懈的磨炼，会使心理更趋成熟，增强承受挫折、化解冲突的能力，促进心理朝着健康、向上的方向发展。

（二）培养和提高抗挫折能力

人对待生活的良好心态来自生活实践中一点点地培养与体会。如果没有生活的磨炼，很难对生命的顽强与伟大有真正的认识。如果能在挫折中奋起，那将是人生的一笔财富。

1. 改变不合理的观念

人完全受思想的支配，所谓挫折其实就是一种心理感受。对于同样的情景，有的人体验到了挫折感，有的人却并不以为然。可见，客观事实并不是导致挫折产生的主要原因，人们对待客观事物时所持的信念才是引起挫折的关键原因。因此，纠正不合理的信念，便可以提高挫折承受能力。

美国心理学家艾利斯总结了三条常见的不合理信念。

"绝对化要求"，指人们以自己的意愿为出发点，对某一事物怀有其必会发生或必不会发生的信念，通常与"必须""应该"等词联系在一起。例如，"我必须表现良好，并受到某重要人物的赏识，若不能如此，我就是一个无能的人"。

"过分概括化"，指在一件事上失败了，便推论自己在各方面都不能成功，这种不合理性也常会导致自责自罪、自卑自弃的心理以及焦虑、抑郁等情绪的产生。

"糟糕之极"，即认为某事情发生了会非常可怕，是灾难性的，以至于无法忍受。

当你因为考试未通过、与同学关系紧张、未能当选班干部、生理上有缺陷等原因，而感到沮丧、悲观的时候，审视一下自己的观念，看自己是否陷入上述不合理信念的泥沼中。

2. 确定适度的抱负水平

抱负水平是人们在从事某种实际活动之前，为自己规定的目标水平。挫折总是跟目标受阻联系在一起，挫折就是有目的的行为受干扰，目标没有实现所引起的。目标对行为有激励作用，一般情况下，目标越高，行为动力越大，成就也越高。但是如果目标定得过高，超出个人能力，人们的行为动力反而减小，并导致失败。

所以，遇到挫折时，应审视一下自己的目标水平，看它设置得是否得当，得当的目标应当是具有较大的把握实现，当然是需要经过一定的努力才可能实现。

3. 放下过去面向未来

先哲说：流入河中的水是不能再取回来的。的确，我们可以改变三分钟以后所发生的事情，但不能改变三分钟之前所发生的事情。唯一能使过去变得有价值的办法，就是以平静的态度分析之前所犯的错误，从错误中吸取教训，然后再把错误忘掉。

既然已成为过去，何必再沉浸在痛苦的深渊里？就像莎士比亚说过的，"聪明的人永远不会坐在那里为他们的损失而哀叹，却情愿去寻找办法来弥补他们的损失。"所以，面对挫折，不必忧虑，不必悲伤，不必流泪。放眼未来，一切都会过去，我们随时都可以重新开始。

4. 学会悦纳自己

发现自己的优点：努力去发掘自己的优点，并逐点用笔记录下来。可分类记录，如个人专长、曾做过的有益的和建设性的事、此前人们对自己的称赞、受过的教育和培训、家人和朋友对自己的关怀等。

肯定自己的能力：每天至少找出三件让自己认为做的成功的事。例如，在图书馆借到了满意的书，独立完成了一份作业，为宿舍的同学讲了个笑话，让大家非常开心等。一天至少胜利完成了三件事，又怎能责备自己一事无成呢？

培养某方面的兴趣：在自己感兴趣的活动中，找一样来培养、发展，使之成为自己的专长。你所拥有的专长不必那么复杂和艰深，可以是生活上的，如简单的舞蹈、做菜、织毛衣、十字绣等，也可以是专业或技能上的，如人物素描、点钞、平面广告设计、办公室文案等，还可以是人际沟通方面的，如具有亲和力、善于建立朋友圈、愿意倾听等。有了专长，就有机会做主角；能做主角，自然神采飞扬。

5. 学会排遣压力

挫折产生后，谁都会感到紧张、烦闷，行为也不免有些失常。在这种情况下，最常见的就是分散和排解挫折带来的压力，不要把痛苦闷在心里，应当主动向老师、同学或亲友倾诉，争取别人的谅解、同情与帮助。这样可以减轻挫折感，增强克服挫折的信心。另外，就是转移自己的注意力。

遭受挫折后，一般人都会感觉度日如年，这时，要适当安排一些健康的娱乐活动，如走进大自然，呼吸新鲜的空气。丰富多彩的闲暇活动可以使人转移注意力，扩大思路，使内心产生一种向上的激情，从而增强自信心。

案例

信心不足，缺乏主动

毕业生小刘学习成绩和其他方面条件都不错，在就业的初期满怀信心。但由于专业冷门等原因，找过几家单位都碰了壁，结果小刘产生了自卑感，在后来的择业过程中表现越来越差，陷入恶性循环而不能自拔，以至于到了新的用人单位那里，他只能被动地问人家："学某某专业的要不要"，其他什么话都不敢讲，最终未能落实就业单位。

小刘的失败是由于自卑心理在作怪。在择业遭受挫折后，一蹶不振，对自己评价过低，丧失了应有的自信心，择业时缺乏主动争取和利用机遇的心理准备，不敢主动、大胆地与用人单位交谈，也就不能很好地表达自己。越是躲躲闪闪、胆小、畏缩，越不容易获得用人单位的好感。这种心理严重妨碍了一部分毕业生正常的就业，使得那些原本在某些方面比较出色的毕业生也陷入"不战自败"的困惑。

（资料来源：https://wenku.baidu.com/view/986a8f4a85254b35eefdc8d376eeaeaad0f31651.html?from=search&isVipfree=1.2019-10-28.）

四、拥有积极乐观的生活态度

（一）拥有积极乐观的生活态度的重要性

中国有句古话，"笑一笑，十年少"，意思是说保持积极乐观的生活态度有助于延长寿命。最近，美国科学家通过 15 年的研究，进一步证实了这一说法。

大卫·斯诺登是肯塔基大学的一位神经学教授，他从 1986 年开始就对圣母修女学院的 678 位修女进行跟踪研究。经研究发现，年轻时比较乐观的修女，到年老后不容易患早老性痴呆症。越乐观的人，随着时间的流逝，他们对自身造成的压力就越小；相反，经常焦虑、动怒的人随着年龄的增大更容易中风和患心脏病。

另外，美国明尼苏达梅奥医院的研究人员对 800 多人进行了为期 30 年的跟踪研究，发现情绪乐观的人生存率远远高于预期值。而情绪悲观的人实际寿命与预期寿命相比，提前死亡的可能性高 19%。

美国宾夕法尼亚大学心理学系的马丁·塞利格曼认为：悲观情绪早期就能加以确认，也可以改变，所以情绪容易悲观的人可以参加简短的训练计划，永久改变他们对不幸事件的思虑，从而降低患病乃至死亡的风险。

（二）如何拥有并保持积极乐观的生活态度

1. 乐观面对人生

根据心理学家的统计，每个人每天大约会产生五万个想法。如果你拥有积极的态度，那么你就能乐观地、富有创造力地把这五万个想法转换成正面的能源和动力；如果你的态度是消极的，你就会显得悲观、软弱、缺乏安全感，同时也会把这五万个想法变成负面的障碍和阻力。

消极的人允许或期望环境控制自己，喜欢一切听别人安排，但在这样的情况下，他不可能拥有控制自己命运的能力，也无法避免失败的厄运；相反，积极的人总是以不屈不挠、坚韧不拔的精神面对困难，总是使用最乐观的精神和最辉煌的经验支配、控制自己的人生，因此，他的成功指日可待。

当然，不是每一件事情都必须由自己来选择，也不是每一件事情都可以由自己来主导。所以，在选择积极态度的同时，我们必须保持平和的心态：有勇气改变可以改变的事情，有胸怀接受不可改变的事情，有智慧来分辨两者的不同。

2. 拒绝拖延、立即行动

也许有人会说，在合适的时候拖延一下也是有好处的。例如，在疲倦、沮丧或者愤怒的时候，中断工作比勉强继续的效果要好；在没有足够的条件来完成某项工作的时候，可以暂时搁置工作等待条件的成熟；在有更重要的事情需要处理的时候，分清轻重缓急是有必要的。

实际上，拒绝拖延并不是否认合理的等待，我们也相信优秀的人都不会为自己的拖延寻找借口，不会逃避真正需要马上执行的工作。但是，时间一旦消逝，永不复还。我们都应该想想自己的生命大约还剩下多少时间，立即拒绝拖延，提升工作效率，从而给自己腾出更多的私人空间，在这个竞争激烈、迅速变迁的世界享受工作，享受人生，才是我们明智的选择。

我们常常因为拖延时间而懊恼不已，然而下一次又会惯性一般地拖延下去。拖延时间看似是人的一种本性，实质上是在工作和生活中形成的一种极其有害的恶习。那么如何克服这种恶习呢？下面是一些解决拖延症的思路。

（1）从习惯拖延的一个具体方面突破，一种得到解脱和成功的感觉将会帮助我们全面地克服它。

（2）拟定一个完成工作任务的期限，给自己加压，并实行公众承诺，让身边的人都知道我们的期限，让他们看到我们如期完成。

（3）有些人因为害怕自己做事情不够完美而搁置了工作，拖延了时间，所以不要因为追求十全十美而裹足不前。

（4）接到新的工作任务，就立即切实地行动起来。

（5）现在就去做自己一直在拖延的工作。如此一来，我们就会发现拖延时间真的是毫无必要，而且很可能会喜欢上自己一拖再拖的这项工作，从而改变拖延，逐步消除拖延的烦恼。

3. 控制情绪、调整自我

情绪是指人们对环境中某个客观事物的特种感触所持的身心体验，是一种对人生成功活动具有显著影响的非智力潜能素质。美国密歇根大学心理学家南迪·内森的一项研究发现，一般人的一生平均有 3/10 的时间处于情绪不佳的状态，因此，人们需要经常与这些消极的情绪做斗争。

情绪变化往往会在我们的一些神经生理活动中表现出来。比如：当你努力参与某次社会实践的组织、策划其相关具体事务，但是没有获得社会实践标兵称号；你学习非常努力，但是参加社会工作少没有加分机会，从而失去了一次本该到手的奖学金时，你的大脑神经就会立刻刺激身体产生大量起兴奋作用的"正肾上腺素"，如果你没有理智地控制它，其结果是让你怒气冲冲、坐卧不安，随时准备找人评评理，或者"讨个说法"。

成功者控制自己的情绪，失败者被自己的情绪所控制。所谓成功的人，就是心理障碍突破最多的人，因为每个人或多或少都会有各式各样、大大小小的心理障碍。当你在学会情绪控制以后，离成功就会越来越近，你的工作满意度和生活幸福指数也会越来越高。

案例

聪明的人，都懂得控制情绪

结婚一年，朋友阿珍说想离婚了，细问之下才知道，她丈夫张强在与她发生争执时又摔了手机。上个月张强送外卖时，因违反交通规则被交警扣押了电动车。车被没收后，张强直接就"瘫"在家不动了，一天到晚只玩游戏。

阿珍实在看不过，说了几句，他就暴跳如雷，摔打东西。阿珍说："他心情不好，可谁还没个情绪？摔上一个手机的时候我就跟他说了，再有一次就直接离婚。这次是摔东西，下次是不是直接打我？一个连自己情绪都管理不了的人，敢奢求他对我和孩子好？"

生活中总会遇到一些不尽如人意的事情，让我们怒火攻心：上班迟到了、工作挨批了、夫妻吵架了，这时候不由自主就会产生负面情绪。有情绪很正常，每个人都会有。但有时候情绪就是一把双刃剑，不仅伤人伤己，还会影响到你生活的方方面面。

看过这样一个故事，男主人早上起床后洗漱时，随手将自己的高档手表放在洗漱台边，妻子怕被水淋湿了，就随手拿过去放在餐桌上。儿子起床后到餐桌上拿面包时，不小心将手表碰到地上摔坏了。男主人疼爱手表，就揍了儿子一顿，然后黑着脸骂了妻子一通。妻子不服气，说是怕水把手表打湿。男主人说他的手表是防水的，于是两人争吵起来。一气之下男主人早餐也没有吃，直接开车去了公司，快到公司时突然记起忘了拿公文包，又立刻转回家。

可是家中没人，妻子上班去了，儿子上学去了，钥匙留在公文包里，他进不了门，只好打电话向妻子要钥匙。妻子慌慌张张地往家赶时，撞翻了路边水果摊，摊主拉住她不让她走，要她赔偿，她不得不赔了一笔钱才摆脱。待拿到公文包后，男主人已迟到了 15 分钟，错过了一场重要的会议，得罪了大客户，不仅挨了上司一顿严厉批评，还被降职。而他的妻子也因早退被扣除当月全勤奖。儿子这天参加棒球赛，原本夺冠有望，却因心情不好发挥不佳，第一局就被淘汰了。

只因为一块小小的手表，不仅影响一家人的心情，还导致自己工作受影响，简直得不偿失。生活中，坏事总会发生，可能这些坏事让你崩溃，让你大怒。但要知道，在生活和工作中，没人会体谅你的情绪为什么不稳定，更没有人会为你的负面情绪买单。生活是生活，工作是工作。职场上打拼，不仅要有能力，还要学会控制自己的情绪。

领导更喜欢情绪稳定的员工，在他们眼里，有能力让自己保持情绪稳定，才能面对压力从容不迫，把问题解决掉，为公司创造价值。有情绪是本能，发脾气很简单，谁都会，但遇事冷静思考，控制自己的情绪，解决问题，才是有能力的人。

（资料来源：https://baijiahao.baidu.com/s?id=1610639567374720466&wfr=spider&for=pc，2018-09-04.）

五、保持身体健康，为成功的事业奠定基础

（一）健康的体魄是事业成功、生活幸福的重要基础

健康的身体素质是职业发展的需要。高职生毕业后将成为从事生产、服务和管理的一线工作人员，工作环境对职员的体质要求较高，没有强健的体魄，将来很难适应职业对员工体质的要求。尤其在现代化的快节奏和高竞争的压力下，拥有良好身体素质更是一个人事业有成、家庭幸福的最基本条件。

有这么一种说法：健康是“1”，幸福、成就、事业、金钱等都是后面的“0”，“1”后面的“0”越多证明你这一生越有意义，但是，假如最前面的“1”过早倒下了，“0”再多又有什么意义呢？

（二）养成良好的生活习惯、保持身体健康

如何才能获得健康，如何才能得到人们生活质量中最基本的元素呢？健康的身体依靠健康的生活习惯养成。

1. 心情良好

人生气发怒时，体内会产生大量的废物，导致人体机能受到严重冲击，对健康没有好处，因此不要轻易动怒、生气。如果真的无法控制，要找到合适的方法宣泄，让不良情绪得以排除。具体方法因人而异，只要能够让自己保持良好心情同时又不违法（不违法指不能为了发泄情绪而做违法的事情，即要采取适当的宣泄方式），就可以采取。

2. 早睡早起

保持充足的睡眠会让人心情愉悦，保持身体健康。

3. 合理饮食

合理搭配饮食，不节食，不暴食，保持饮食平衡，保证身体健康。

4. 坚持锻炼

生命在于运动，不仅是说生命以运动的形式存在，更提醒我们要合理适当地运动，提升生命的质量。增强体质，坚持每天锻炼身体，不仅是在培养一个良好的习惯，也是在形成一种健康的生活方式。坚持锻炼身体，使很多人获益匪浅。

著名经济学家马寅初一向重视体育锻炼，从十几岁开始，直到百岁高龄，从未间断。他一生坎坷，生命却奇迹般地突破了百岁大关；著名作家海明威的父亲酷爱体育运动，常常带着他走村串户，穿林渡水。4岁时，父亲给了他一支猎枪，他开始了独立活动，很快迷上了钓鱼、打猎和探险。海明威之所以能写出《老人与海》这样的作品，与其幼时的经历分不开。生

命在于运动。每天锻炼身体，能强身，更能健心。

对于学生而言，认真上好体育课，坚持出操，下晚自习后到操场跑步，课余时间，同学一起打羽毛球、跳绳、打篮球等都是很不错的运动形式。但是切忌一时兴起，三天打鱼，两天晒网，贵在有锻炼意识，因时因地因人而异地选择锻炼方式，并能坚持下去。

案例

诚信！销售员面对巨额奖金不动心

郭增勋作为平顶山市一名普通的彩票销售员，当一张金额高达1003170元的中奖彩票摆在他的面前时，是占为己有还是立即告知彩民？他用内心的淡定和优秀的人格品质给出了自己的答案——坚持诚实守信，迅速将中奖彩票送交给中奖彩民。

5月11日上午，平顶山市姚孟电厂附近41048042号福彩投注站销售员郭增勋刚刚开门营业，他习惯性地查询了昨晚的双色球开奖结果，没想到投注机上出现了他的投注站中出5注二等奖的提示。面对总金额超过100万元的巨额奖金，小郭的第一反应是赶快找找昨晚彩民让他代打并存放在投注站的彩票里是否有中奖的彩票，结果让他喜出望外，中奖彩票恰恰就在他这里存放着。

当市福彩中心人员得知这一消息后，有关人员迅速赶赴站点了解情况，小郭激动地告诉工作人员："这个号我特别熟悉，所以很快就找到了中奖者。当时除了激动，脑子里就只有一个想法，赶快联系上中奖彩民，把这个好消息告诉他。电话打通后我说，你中奖了！一百多万，赶快到我这里拿中奖的彩票吧！当时他还以为我在开玩笑呢！直到中奖者拿到彩票后，他才相信自己真的中了奖"。

当相关工作人员找到中奖彩民核对这一事实时，中奖彩民告诉工作人员："我是双色球的忠实粉丝，这个号是我和妻子一起选的，期期不落，已经买了四年多。时间久了，有时我有事，就把钱提前放在小郭那里，让他帮我打票。其实，刚开始的时候也有过担心，也想过万一中奖了，会不会有纠纷问题。但和小郭接触的时间久了，知道小郭是一个特别诚实守信的人，这种顾虑就打消了。来找小郭买彩票的彩民都知道，他这个人实在得很，中个几块钱的奖，他都要在微信里通知，这种人我们信得过"。

将诚信当作为人之根，人生的脚步会更加稳健，携诚信上路，生命之旅将会绽放更多精彩。

（资料来源：https://baijiahao.baidu.com/s?id=1600944194338712725&wfr=spider&for=pc，2018-05-20.）

第三节　团队精神的培养

一、团队的重要性

现代社会中个人的发展离不开团队合作。一个家庭、一个公司、一个单位中的小团队莫不是如此。如果只强调个人的力量，你表现得再完美，也很难创造很高的价值，所以说"没有完美的个人，只有完美的团队”。

相传佛教创始人释迦牟尼曾问他的弟子：“一滴水怎样才能不干涸？”弟子们面面相觑，无法回答。释迦牟尼说：“把它放到大海里去。”

个人再完美，也只是一滴水；一个团队、一个优秀的组织就是大海。

二、团队精神

1. 团队的协作精神

有这样一个故事。

在美国的一次艺术品拍卖现场，拍卖师拿出一把小提琴当众宣布：“这把小提琴的拍卖起价是 100 美元。”还没等他正式起拍，一位老人就走上台来，只见他二话没说，拿起小提琴竟自演奏起来。小提琴那优美的音色和他高超的演奏技巧令全场的人入迷。

演奏完，这位老人把小提琴放回琴盒中，还是一言不发地走下台。这时拍卖师马上宣布这把小提琴的起拍价改为 1000 美元。等正式拍卖开始后，这把小提琴的价格不断上扬，从 2000 美元、3000 美元，到 8000 美元、9000 美元，最后这把小提琴竟以 10000 美元的价格拍卖出去。

同样的一把小提琴何以会有如此的价格差异？很明显，是协作的力量使这把小提琴实现了它的价值潜能。

2. 团队的创新精神

当今社会已进入资讯时代，科技日新月异，没有一个产品能永远畅销。社会也已进入“快鱼吃慢鱼”的时代，企业要想长盛不衰，就必须在各个方面进行创新。

微软原总裁比尔·盖茨说：微软离破产永远只有 180 天；海尔总裁张瑞敏“战战兢兢，如履薄冰”；华为总裁任正非也谈到危机管理。这些都不是危言耸听，这就是所谓“丛林生存”法则。

中国的海尔从 1984 年开始创业，现已成为中国企业的一面旗帜，其在全球的员工人数超过 8 万人，用户遍布世界 100 多个国家和地区。海尔之所以发展得这么快，是因为它有自己创新的企业文化和一个团结的领导班子。

在自主知识产权的基础上，海尔已参与 23 项国际标准的制定，其中无粉洗涤技术、防电墙技术等七项国际标准已经发布实施，这表明海尔自主创新技术在国际标准领域得到了认可；海尔主导和参与了 232 项国家标准的编制、修订，其中 188 项已经发布，并有 10 项获得了国家标准创新贡献奖；参与制定行业及其他标准 447 项。

所以，高职院校的学生要树立创新意识，在学习的过程中，既要学好老师教授的课程，更要善于开动脑筋，积极探索新的领域、新的方法，为进入社会进行工作创新做准备。

3. 团队的学习精神

20 世纪初，英国的乡村有一套牛奶配送系统，将牛奶送到顾客门口。由于牛奶瓶没有盖子，山雀与知更鸟常常毫不费力，比顾客先一步享用。后来，随着厂商加装了铝制的瓶盖，山雀与知更鸟便不再拥有这“免费早餐”。但到了 50 年代初期，当地的所有山雀（约 100 万只）居然都学会了刺穿铝制瓶盖，重开“免费早餐”的大门。反观知更鸟，却只有少数学会，始终没有扩散到大多数。原因何在？

生物学家发现，山雀在年幼时期，就已习惯和同类和平相处，甚至编队飞行。而知更鸟则是排他性较强的鸟类，势力范围内是不允许其他雄鸟进入的，同类之间基本上是以敌对的方式沟通。很明显，山雀经历了组织学习的过程，借助个体的创新技能，传送给群体成员，成功增加了族群对环境的适应力。

一个团队学习的过程，就是团队成员思想不断交流、智慧之火花不断碰撞的过程。英国作家萧伯纳有一句名言："两个人各自拿着一个苹果，互相交换，每人仍然只有一个苹果；两个人各自拥有一个思想，互相交换，每个人就拥有两个思想。"

如果团队中每个成员都能把自己掌握的新知识、新技术、新思想拿出来和其他团队成员分享，集体的智慧势必大增，就会产生 1+1>2 的效果，团队的学习力就会大于个人的学习力，团队智商就会大大高于每个成员的智商，团队才有竞争的基础。

4. 团队的竞争精神

有这样一个真实的故事。

国外一家森林公园曾养殖了几百只梅花鹿，尽管环境幽静，水草丰美，又没有天敌，但是几年以后，鹿群非但没有发展，反而病的病，死的死，竟然出现了负增长。这大大违背了养殖者的初衷，他们百思不得其解。后来他们接受建议，买回几只狼放置在公园里。在狼的追赶捕食下，鹿群只得紧张地奔跑以逃命。这样一来，除了那些老弱病残者被狼捕食外，其他鹿的体质日益增强，数量也迅速地增长着。

这个故事真实地揭示了优胜劣汰的自然进化法则。人类社会也一样是遵循着这样的法则——在竞争中求生存。这种竞争激烈程度，在当今市场经济条件下表现得尤为明显，因为市场经济就是一种竞争型经济。

在激烈的市场竞争条件下，就必须把竞争意识渗透到团队建设之中，建设一个竞争型的团队。从外部来讲，这支团队必须具有竞争意识，敢于正视自己，敢于面对强手。从内部来讲，团队的成员也要有竞争意识。提倡竞争型团队有两个目的：一个是自身提高水平和技能的需要；另一个是完成团队目标的需要。要做到这一点，需要制度来保障。

作为即将进入社会的高职学生，就要在生活中、集体中有意识地去培养竞争意识，并且将团队协作与内部和谐竞争有机结合，以更加全面的素质融入团队、创造价值。

三、团队精神培养途径

讲了这么多团队精神，那么应该如何培养团队意识和团队精神呢？建议可以通过参加学生组织、投身社团活动，以及积极为自己所在的班集体服务、出谋划策，来培养自己的团队意识，锻炼自己的团队精神。

（一）参加学生组织

无论是普通高校还是职业院校，都有共同的特点，都是为青年高职生走向社会、融入社会做准备，这种准备既有知识上的，也有能力上的，其中一个重要的方面就是团队协作能力的培养。所以，高校除了提供丰富的学科知识、专业技能外，还为培养学生各种能力提供了各种各样的组织平台和活动载体，借助这些平台，通过各种活动，同学们可以培养自己的团队协作能力、组织协调能力等。

1. 学生组织的类型

高职院校中学生组织的类型繁多，有学院团委直接领导的学生会，下设文艺部、学习部、体育部、外联部等部门；有团委的组织系统，下设组织部、宣传部、社团部、实践部等；还有以各种兴趣爱好为标志的组织，如摄影协会、舞蹈协会、体育协会、文学爱好者协会等。

另外，还有以地域为标志的各种学生组织，如各种老乡会、同学会等。无论哪种形式的学生组织，都能够培养和提高学生的团队协作能力。

2. 学生组织如何培养团队精神

学生组织往往会组织各种各样的活动，通过参与这些集体活动，学生们将学会与其他人配合，共同完成组织的任务。比如：新生入学后，体育协会开展的以班级为单位的迎新生足球、篮球赛等，这些比赛均能锻炼学生之间相互配合、相互协调、相互合作的能力，磨炼学生将个人目标融合于整个班级目标，从而锻炼合作能力与意识。

又比如，在学校运动会时，开展系与系之间评比，既比运动成绩总分，又比精神文明，有比赛项目的同学努力创造好成绩，没有项目的同学通过为参赛者服务，也一样为班级的荣誉付出努力。作为高职院校的学生，从一入学开始，就要有意识地积极融入各种学生组织中，全面提高自己的综合素质，为毕业后融入社会打下坚实的基础。

（二）投身社团活动

1. 学生社团概念

学生社团是以学生为主体，以共同兴趣、爱好和追求为纽带，以举办的各类活动为载体，以满足自我归属需要、交往需要、娱乐需要和成就需要为目的，在自愿基础上结成的高职生非正式群体，是组织和引导学生参与社会生活、培养实践能力、实现自我教育、实现能力和角色转型的重要载体。

2. 学生社团的种类

从全国高校学生社团建设情况来看，形式多种多样，社团数量巨大，覆盖的范围极广，而且各高校的社团数量逐年增长，如目前北京大学有269个社团；清华大学有75个社团；中国人民大学和首都师范大学各有65个社团；北京师范大学有50多个社团。相比之下，高职院校的发展时间短、学生学制短，在学生社团建设上相对薄弱。

通常情况下，学生社团按照构成和活动内容划分，可以分为讨论自然科学、社会问题等学术研究社团，文学、艺术、体育、音乐、美术等方面的兴趣爱好类社团，奉献爱心、参与各项志愿活动等公益服务类社团。

教育部和团中央在相关文件中对高职生社团类型也进行了分析："大力扶持理论学习型社团，热情鼓励学术科技型社团，正确引导兴趣爱好型社团，积极倡导社会公益型社团。"可见，官方组织将高职生社团分为四类，包括理论学习型社团、学术科技型社团、兴趣爱好型社团、社会公益型社团。

3. 有选择性地加入学生社团

面对琳琅满目的各种社团，学生们应本着"兴趣第一"的原则，选择几个最适合自己的社团加入其中，切勿盲目贪多；应该通过加入社团拓展交际、展示自我、提高素质，在其中找到属于自己的精彩。

适合的才是最好的。选择社团时首先要考虑自己擅长什么和是否感兴趣。每个人的兴趣爱好是不同的，擅长文艺的同学可以加入学生艺术团；爱好新闻采编和文学写作的可以参加记者团或文学社；乐于从事青年志愿者服务的可以加入志愿类组织；对播音主持有兴趣的同学可以到校广播站一试身手。

从兴趣出发，选择自己喜欢的社团，结交一群志趣相投的朋友，可以为高职生活增加快乐美好的经历。大多数社团会定期组织丰富多彩的活动。只要你用心参与，一定会在活动中找到快乐和成就，发现自我的价值。

（三）为班集体服务

高职院校虽然有很多学生社团，但是班级作为一个非偶然聚合、非自发产生的传统的集体，对于保证教学计划和任务得以落实和完成，对于培养适应社会发展的优秀毕业人才，对于培养团队协作精神和能力，仍然起着举足轻重的作用。

班集体是一个以学生为主体的社会群体，也可以说是学生生活的微观社会。学生在这个微观社会中处于主体地位，树立主人翁的意识，学做集体的主人、学习的主人、活动的主人、生活的主人，将来就能做社会的主人。

班集体组织的活动又能将学校教育和社区教育紧密地结合起来，引导学生参加社会实践活动，熟悉社会生活，创设优化的校内外育人环境，使宏观社会的教育影响折射到微观社会，对学生产生教育效果。同时在班集体这个微观社会中，学生能通过建立良好的人际关系培养社会交往能力。

一个良好的班集体对学生成长具有重要意义。现代教育理论是开放性的理论，它是与改革开放的经济发展相适应的。其主要特征是教育社会化，即把学生从一个自然人转变为社会人的过程，通过这个过程把学生与社会联系起来。

让学生主动参与到班集体建设中，为班集体服务是团队协作的一个重要途径。可以通过主题班会或团队训练，让同学们自主管理班集体，融入班集体，提高集体荣誉感。

比如，可以把班级成员分为四组，发放适当的道具，让每一组成员在规定的时间内设计出团队的名称、团队的队徽、团队的口号，并各派一个代表解释团队的寓意等。通过这种活动，能够充分调动学生们的积极性，发挥各自的特长，并且融入团体中去。然后，让同学们再拿出班集体的名称、设计出班集体的班徽、班集体的口号，更重要的是设立班集体的奋斗目标，这个目标设定后，学生就会自觉地为这个目标去努力、去奋斗。

拓展阅读

如何提高个人职业素养

自身的职业素养不仅关乎公司的利益，更关乎就职者自身的价值，那么如何才能提升自身的职业素养，让自己更有价值呢？

乐观的心态：凡事都要拥有一个乐观的心态，不要把不好的情绪带到工作当中，即便是眼前有再大的困难，也要把拳头放在胸前说，困难再大也打不过这个拳头。努力提升自身的素养，才能体现自己更大的价值。

学习的心态：活到老学到老，这是个永恒不变的话题，不论我们做什么工作，都要有一个学习之心，努力提升自己的专业知识，更好地提升自身的职业素养。

诚信的心态：对公司、对他人都要有一颗诚实守信的心态，这是良好的职业素养的必备条件之一。只有拥有一颗诚信的心态，才可以把公司的工作当作自己的事情来做，那么工作就会完成得更好。

负责的心态：遇到问题不要急于表态，一定要有一个认真负责的心态。该负责的时候一定不要推卸责任。

积极进取的心态：凡事讲究公平竞争，积极进取，努力使自己获得更多的成长，经历更多的事情，让自身的职业素养得到更好的提升。

乐于适应的心态：到了一个新的办公环境，一定要积极适应环境，让自己保持一个良好的心态，从而更快、更好地融入职业的环境中。

（资料来源：http://www.qinxue365.com/fangfa/488131.html，2018-08-13.）

实践课堂

请你收集一个适合你们班级或者适合所在宿舍、学习小组的团队训练项目，通过训练提高大家的团队协作意识和能力。

课后练习

职业道德的含义包括哪些方面？

什么是心理健康？

第五章 就业信息的使用

【学习目标】

(1) 了解就业信息的相关概念,理解就业信息的获取原则。
(2) 掌握就业信息的获取和处理方法。
(3) 了解应对各种招聘陷阱的措施。

【技能要求】

(1) 能通过各种渠道获取就业信息。
(2) 能正确把握和处理就业信息。
(3) 通过就业信息的分析和处理来应对各种招聘陷阱。

引导案例

教育部正式推出“24365全天候网上校园招聘”服务

2020年2月28日的国务院联防联控机制新闻发布会上,教育部副部长翁铁慧介绍,即日起,教育部正式推出24365全天候的网上校园招聘,24小时全天候为毕业生服务。

今年普通高校毕业生有874万,据翁铁慧介绍,教育部通过多种途径开辟招聘渠道。目前已举办了12场网上大型招聘活动,还有18场全国性的招聘会正在筹备。

同时要求各省市、各高校大力增加紧贴经济社会发展所需要的以及专业匹配度高的岗位来举办网络招聘会。

此外,教育部还寻求与社会招聘网站的合作,这是疫情发生后着力要做的事情。

目前已经遴选了五家企业合作,比如前程无忧、智联招聘、BOSS直聘、中华英才网和猎聘网。他们都将开启校园招聘专区,并全部免费为大学毕业生提供高质量服务。考虑到毕业生对用人单位可信度的关切,教育部要求这些企业严格审核岗位信息,确保真实、可靠、准确。

(资料来源:https://www.sohu.com/a/377108688_100160853.2020-03-02.)

众所周知,在当今信息化时代,信息就是机会,信息就是商机。面对就业市场日趋激烈的竞争态势,掌握就业信息显得极为迫切和重要。信息收集和处理并不是简单的事,它是个人素质的综合反映。每个人只有捕捉最适合自己的信息，并对信息进行合理地分析和处理，才能做到果断出击，把握机遇。

高职毕业生应该怎样获取就业信息？获取就业信息的方法有哪些？应该了解哪些与就业相关的信息？怎样甄别获取的信息的真实性、有效性？下面就来学习这些方面的知识。

第一节　就业信息

2020年高校毕业生数量将创历史新高，达到874万，就业任务很重。受疫情影响，毕业生求职面临更多的困难和不便，一些尚未落实工作的毕业生更是焦虑重重。为此，熟悉就业技巧、掌握应对突发事件的方法就显得尤为重要。就业信息对于高职毕业生求职来说十分重要，信息的收集和使用是每个想成功就业的毕业生必须经历和掌握的内容。本节主要介绍就业信息的概念、特点、作用和内容。

一、就业信息的概念

就业信息指在择业的准备阶段，经过加工整理，成为求职者选择所从事的职业或工作岗位的有价值的消息、资料、情报等的总和。

就业信息可分为广义信息和狭义信息、外部信息和内部信息等。广义的就业信息指高职生在校学习的过程中接受的各种有关职业的信息和所学的知识。狭义的就业信息指毕业生在毕业前夕大量获得的对就业择业有价值的信息。外部就业信息指毕业生通过各种途径获取的关于用人单位的性质、需求等信息。内部信息是高职生对自身情况和各项能力、专业、职业兴趣的了解、分析和评估结果。

二、就业信息的特点

就业信息作为信息资源，具有时效性、真实性、相对性、共享性、变动性等特点。

1. 时效性

就业信息有极强的时效性，每条信息都有时间要求，在规定的时期内是有效的，过了一定时期就失去了意义和作用。毕业生在收集就业信息时，要注意有效时间，争取及早对信息做出反应。

2. 真实性

在大量就业信息中有真有伪，这就要求毕业生要仔细地分析和研究就业信息，避免被不实的信息所诱导。在当前市场尚不健全的情况下，虚假信息大量存在，且危害极大。

3. 相对性

随着社会分工的细化，用人单位要求的人才针对性提高。就业信息对一部分毕业生是非常有价值的，对另一部分毕业生则没有多大价值。这就要求高职生在得到就业信息时，要认真分析和研究，与自身的条件进行对比，看自身情况是否符合用人单位的要求，这样可以减少求职的盲目性，提高求职的成功率。

4. 共享性

就业信息的共享性是指就业信息可以通过不同的载体进行传播，并为社会各方共同享用。就业信息的共享性还意味着就业的竞争，不仅限于本班同学、本校同学、本地高校，还有外省、市高校毕业生。

5. 变动性

变动性指就业信息不仅受到国际、国家政治、经济形势的影响，也受到所在地区、行业形势变化的影响。例如，2011 年年初，许多太阳能和风电企业还处于大干快上、信心满满的状态，2011 年年底，这些企业有些就陷入资金链紧张，濒临停工停产甚至破产倒闭的困境。

三、就业信息的作用

一个人就业成功与否，不仅取决于自身的知识和能力等因素，还取决于其是否能掌握和有效利用就业信息。对于求职者来说，就业信息的作用有以下几个方面。

1. 就业信息是职业选择的基本前提

目前，我国的大学毕业生是在国家方针政策的指导下，实行"市场导向、政府调控、学校推荐、自主择业"的就业体制。人才资源实行市场化配置，用人单位选人与大学毕业生择业的自主权得到进一步强化，毕业生只有掌握了大量就业信息，视野才会比较广阔，才能够不失时机地选择适合自己的工作，从而比较稳妥地把握自己的命运。

2. 就业信息是择业决策的重要依据

毕业生要做好自己的择业决策，就必须要有就业信息作为保证。例如，国家的就业方针，各地区及主要行业的就业政策，自己所属院校的就业细则，有关的就业机构具体职责，校园招聘活动的安排等。当然，更为主要的是用人单位的需求信息。

依据已获取的就业信息经过筛选比较、科学决策，把选择范围缩小到一个或几个相对确定的目标上，那么，接下来要面临的就是求职面试了。对毕业生而言，要想顺利通过面试关，就必须对用人单位的企业文化、管理理念、经营方式、产品结构、市场行情、用人制度及其以往的历史和今后发展情况有一定的了解，这就是成功就业对就业信息深度和广度的要求。虽然一个人把握了就业信息的深度，并不能确定其能否被录取，但毕竟加大了录取的可能性。

四、就业信息的内容

就业信息的内容十分广泛，主要分为以下两个方面。

（一）就业政策和相关规定

了解国家的就业方针、政策及相关的就业法律法规，是毕业生就业的前提。每年国家和地方都会针对当年或当地的实际就业形势出台相关的应届毕业生就业政策和规定，毕业生在国家就业方针、政策所规定的范围内，根据个人的情况选择职业。

（二）供求信息

供求信息包括当年毕业生信息和用人单位信息。高职毕业生只有知己知彼，才能在求职过程中游刃有余。

1. 毕业生信息

当年毕业生总体供求形势，即本地区毕业的学生有多少，用人单位的需求有多少，是供大于求还是供小于求，或者两者基本平衡；哪些专业热门、哪些专业过剩等。

2. 用人单位的信息

大学毕业生在选择单位时，往往会出现这样的问题：对用人单位情况不了解，求职时带有随意性和盲目性。要避免这种情况，就需要掌握用人单位的信息。

第二节　就业信息的获取

大学毕业生获取就业信息的渠道和方法多种多样，由于个人情况、社会背景、家庭状况等原因，获取就业信息的渠道和方法存在着差异。本节主要介绍如何获取就业信息。

一、获取渠道

就业信息搜集的渠道很广泛，这里列举几种，同学们可以根据自己的实际情况进行选择。

（一）通过各种社会关系获取信息

1. 如何获取此类信息

每个人都是纷繁的社会关系网中的一个节点，人际网的互相联络是交流各种信息的纽带，要善于利用这种信息传播途径。相关的研究表明，大约有65%的人是通过自己的社会关系找到工作的。亲朋好友的介绍使你的成功概率大幅度提高，这种社会关系包括自己的父母、亲戚、朋友、邻居、同学、校友，也包括自己本专业的老师和班主任。

本专业的老师和班主任一方面对行业领域有了解和研究，另一方面，对你的性格、职业倾向和职业能力也有一定的了解，他们的推荐应该是较适合你的，且成功率也较高。

2. 注意事项

通过各种社会关系获取就业信息时，首先要通过适当的途径和方式告诉他们你在找工作，你理想的工作是哪一方面的。另外，要认真地对待他们给你介绍或推荐的工作，正确地处理你认为其中不适合你的工作，不能直接拒绝或有任何不满和抱怨；否则，下次即使有适合你的工作，别人也不敢贸然推荐给你，使你白白丧失好的就业信息和机会，有的甚至造成终身遗憾。

（二）利用社会实践或实习获取信息

1. 如何获取此类信息

社会实践是高职生自我开发职业信息的重要途径。在社会实践的过程中，通过自己的努力赢得用人单位的好感、信任，取得职业信息甚至直接谋得职业的高职生不乏其人。因此，高职生在各种社会实践活动中，在了解社会、提高思想觉悟、培养社会能力的同时，要做一个收集职业信息的有心人。

另外，专业实习以及毕业实习也是一个重要途径。实习单位一般比较对口，通过实习可

以直接掌握就业信息，如果在实习过程中能与用人单位达成就业意向，那就再好不过了。

2. 注意事项

在利用社会实践或实习获取信息时，高职毕业生一定要认真对待每次社会实践和实习机会，一方面注意工作经验的积累，处处留心自己的不足，学习单位老职工的长处；另一方面要与实习单位的老师或领导建立和谐的关系。例如，在实习结束时，真诚地向有关老师道谢；离开实习单位了，仍然保持联系，节假日送去问候等。

最后，还要注意在实习和实践时，不能"经济利益至上"，找实习单位或实践单位时，一定要与自己的专业、未来的职业目标挂钩，最好能与自己的职业生涯规划的阶段目标统一起来，这是一个不付学费的学习过程，切不可有短视行为——先挣些钱，找工作以后再说。

（三）通过各院校就业主管部门获取信息

1. 如何获取此类信息

学校的毕业生就业工作办公室或毕业生就业指导中心是主管高校毕业生就业工作的行政管理部门，在长期的工作交往中与各部委和省市的毕业生就业主管部门及用人单位有着密切的联系，社会对毕业生的需求信息往往汇集到这里。

在毕业生就业过程中，他们会及时向毕业生发布有关需求信息，进行就业指导，让毕业生大致了解当年社会对高职生需求的状况及就业的有关政策规定，学生本人也可以就有关问题进行咨询。学校毕业生就业工作办公室或毕业生就业指导中心是获取用人单位信息的主渠道，他们提供的信息无论是数量还是质量都有明显的优势。

2. 此类信息的特点

(1) 针对性强。一般用人单位是在掌握了该校的专业设置、生源情况、教学质量等信息后，才向学校发出需求信息的，这些信息完全针对该校对应专业的应届毕业生，针对性强。

(2) 可靠性大。为了对广大毕业生负责，在把用人单位给学校的需求信息发布给学生之前，学校就业主管部门要先对就业信息进行审核，保证信息的可靠性。

(3) 成功率高。一般毕业生只要符合条件并善于把握自己，供需双方面谈合适，签下协议书的成功率较大。

（四）通过各级政府人事部门获取信息

1. 如何获取此类信息

为了适应毕业生就业制度改革的需要，每年教育部都要制定毕业生就业的有关方针、政策，各省、自治区、直辖市的主管部门也要相应地制定实施意见，教育部各地的毕业生就业指导机构也要开展信息交流和咨询服务。

全国县级以上各级政府一般都设立了毕业生就业指导机构，许多行业的主管部门也设有专门机构负责人才的引进和毕业生的推荐工作。这些机构的主要职责就是制订所辖区域的毕业生就业政策、交流毕业生和用人单位的供求信息，为毕业生提供各种信息交流、就业咨询、人事代理等服务。他们提供的就业信息广、可靠性强。因此，这也是获取就业信息的重要渠道。

2. 注意事项

这种信息的获取主要来自主管部门的主动发布，毕业生要留意用人单位所在地的媒体，及时捕捉相关信息。

（五）通过人才市场及就业洽谈会获取信息

1. 如何获取此类信息

随着社会主义市场经济的发展，我国人才市场应运而生。在各地人才市场和定期、不定期组织的人才交流会上，毕业生可以通过与用人单位直接见面，获取更多信息；有的还可以当场拍板，签订协议，比较简捷、有效。

同时，各地方、学校或用人单位举办的规模不等、形式多样的“双向选择”“供需见面”活动或招聘会，尤其是以学校为主体举办的招聘活动，往往具有时间集中、信息量大、专业对口、针对性强、双方了解更直接的特点，是毕业生了解信息、成功择业难得的机会。

2. 注意事项

校内双选会涉及的面小、单位少，可挑选的余地不大。有些外地的或者临时有特殊困难的毕业生无法参加此类活动，导致通过此条渠道获得工作的可能性更小。在此鼓励高职毕业生勇敢地走出校门，敢于挑战来自不同学校甚至不同学历的应届高职生，因为工作中竞争的对象你无法选择。

（六）通过有关新闻媒介获取信息

1. 如何获取此类信息

广播、电视、报纸、杂志等新闻媒体受到了招聘机构和求职者们的共同青睐，如《中国经营报》《职场》《成功就业》《择业大市场》《高职生就业》《大江南人才》等每期都刊载数量不等的招聘信息，此外，还辟出“择业指导”和“政策咨询”等专栏，为毕业生就业提供指导。

从调查的情况看，很多毕业生获取的就业信息仍来自这些传统的新闻媒体。这种信息传播面广、竞争性强、时效快、成功率较低，而且其内容往往比较笼统，如果选用还应作进一步的了解。毕业生也可以通过在媒体发布自己的求职信息，从而反向获取就业信息。

2. 注意事项

需要特别注意的是，在通过这种渠道搜集信息时，要特别留意报纸上的工商注册公告。进行注册公告的公司大都是刚刚开始创业，还没有来得及发布招聘信息，而此时却是公司最缺人手的时候，此时前去自荐或寄去求职材料非常有效。

（七）通过互联网获取信息

1. 如何获取此类信息

随着信息时代的到来，计算机网络的应用已经越来越普遍。通过网络求职对许多求职者特别是高校应届毕业生来说已经十分熟悉了。

毕业生不仅可以从互联网上获取各种职业信息，而且能把自己的简历放到互联网上。目前，基于互联网的毕业生就业服务和人才招聘市场逐步走向成熟，包括高校、企业在内的各级各类毕业生就业或人才招聘服务机构都已经在网上建立了自己的网站，如表5-1所示，向毕业生提供就业指导和就业信息服务，有的已经实现了网上招聘。

表 5-1 就业信息网推荐表

网站名称	网址
北京市人事局就业网	http://www.bjbys.com/
中国高校毕业生就业服务信息网	http://www.myjob.edu.cn/
中国招聘求职网	http://www.528.com.cn/
网大就业热线	http://www.job.netbjg.com/
中国国家人才网	http://www.newjob.con.cn/
中国高职生就业网	http://www.jiuye168.com/
高校毕业生求职中心	http://www.cgcc.net/
中国财经人才网	http://www.cjhr.net
前程无忧	http://www.51job.com/
智联招聘	http://www.zhaopin.com
中华英才网	http://www.chinahr.com
应届生	http://www.yingjiesheng.com
全国高校毕业生就业信息网	http://www.gradnet.edu.cn/
北京高校毕业生就业信息网	http://bjbys.net.cn/
中国高职生就业网	http://www.china-university.com/
中国校园网	http://www.54youth.com.cn/
中国人才网	http://www.chinatalent.com.cn/
北京人才市场网	http://www.bjrc.com/
行业招聘	http://www.job36.com
上海人才交流信息网	http://www.51opportunity.com/
中关村科技园区海淀园数字园区	http://www.zhongguancun.com.cn/
黑龙江人才市场	http://www.rc.com.cn

2. 注意事项

由于计算机网络信息点多、涉及面广等，因此毕业生要注意筛选网络上用人单位的招聘信息，切忌眉毛胡子一把抓。在就业高峰期，要养成天天上网查询信息的习惯。

（八）通过社会上的就业指导服务机构获取信息

1. 如何获取此类信息

目前，随着毕业生就业制度改革、国家人事分配制度改革以及国有企业改革的不断深入，社会上也出现了许多人才中介机构，如人力资源开发中心、猎头公司、再就业指导服务中心等，他们一方面为在职人员的人才流动服务，同时他们拥有许多高校毕业生所需要的就业信息，也可以成为高校毕业生获取信息的渠道之一。

2. 注意事项

由于管理体制、企业运作机制、服务对象等方面的原因，人才中介机构良莠不齐，毕业生对待这类信息要非常慎重。

（九）通过“自荐”获取信息

1. 如何获取此类信息

毕业生可以在国家就业方针和政策的指导下，在允许的择业范围内，通过信函、电话、登门拜访等“自荐”的方式与用人单位联系，有目的、有计划地获取自己需要的就业信息。例如，向你认为适合的用人单位写自荐信或求职信，然后通过电话预约，亲自登门拜访，这种“毛遂自荐”的方式不失为获取就业信息的途径之一。

但是此种获取就业信息的方法带有很大的盲目性和投机性，且需要花费的时间、精力甚至经济成本都比较大。

2. 注意事项

高职毕业生在采取“自荐”方式时，应注意三点：一是打电话或写自荐信时，不要过于锋芒毕露，要实事求是地推荐自己；二是登门拜访时一定要预约，不可贸然造访；第三也是最重要的，一定要对用人单位摸底后再行自我推荐。

二、获取方法

就业信息传播的渠道多种多样，纷繁复杂，想要科学、有效地获取所需要的信息绝非易事。这就要求高职毕业生不仅要了解获取就业信息的渠道，而且要掌握获取就业信息的方法，从各方面获取完备的就业信息，以保证信息对毕业生择业发挥最大的效能。

下面介绍几种获取就业信息的方法。

1. “一网打尽”获取法

这种获取信息的方法充分保证了所获信息的全面性。采用这种方法获取信息时，可以将各种信息尽可能多地收集起来，先不考虑行业、地域和个人的志趣，然后按照一定的标准进行筛选。

2. “行业优先”获取法

信息收集注重行业特点，以倾向选择的行业为主，围绕选定的行业获取相关的企业信息、行业现状及发展前景等。

3. “地域优先”获取法

获取信息的方向注重地域特性。以自己所倾向就业的地域为主进行信息的搜集，重点收集某地方的就业信息。毕业生可以从以下几个层面考虑。

(1) 可以将地域粗略划分为诸如“东部”“西部”“沿海”“内陆”等不同的区域。

(2) 可以将地域划分得细致些，如可以按照东北、西北、华北、华中、华南等地理区域进行划分，也可划分成江浙地区、江淮地区等。

(3) 可以把择业区域具体到省份或中心城市，比如有些毕业生在择业时就把自己的目标定位成“入沪”“进京”“援藏”等非常有限、非常具体的中心城市。

专家们指出，大学毕业生以大城市为目标单位的思路可能有些因循守旧。比较理性的态度是看什么样的企业、什么样的单位适合自己，什么样的企业或单位给自己发展的机会。有些大型企业、效益好的企业不一定在大城市，有些成长性良好的企业相当多的也不在大城市。到一个有发展潜力的单位去工作、学习，跟它一道成长，其实是最重要的。那种以大城市为目标的就业思路，不如以自己的发展前途为目标的就业思路来得既踏实又积极。

4. “志趣优先”获取法

毕业生获取信息的侧重点以自己的特长和爱好等主观意志、关注自我感受为重点。毕业生在获取就业信息时充分考虑了自己的志趣，不以行业或地域为重。比如，有的毕业生希望自己将来能够从事管理工作，有的毕业生希望自己将来能够创业经商，那么他们在获取就业信息时就会更加关注企业管理和市场营销等方面。

5.“需求优先”获取法

不管收集什么样的信息，有一点必须把握，那就是收集到的信息必须能够满足毕业生就业择业的需要。

以上介绍的这五种获取就业信息的方法各有利弊，采用前三种方法获取信息时，针对性比较强，有可能利用有限的精力和时间获取到对自己有用的信息，但是存在着信息面窄的缺点，难免有失偏颇。而采用后两种方法获取的信息广泛，但由于涉及面太广，分拣和甄别有用信息会很费时间和精力。若能将这五种方法有机地结合起来，互为补充，效果会更好，毕业生可根据自己的实际情况加以选用。

三、获取原则

高职毕业生通过各种渠道和方法所收集到的原始就业信息可能比较杂乱，因此应根据自己的实际情况和需求，对信息进行比较分析，去粗取精，去伪存真，有目的、有针对性地加以筛选和处理。在处理这些信息时应把握以下原则。

1. 适合自己原则

毕业生首先要充分认识自己，然后根据自己的专业、特长、能力、性格等方面的特点收集信息，避免范围过大。每个人的情况不一样，毕业生应选择适合自己的信息，认真考虑自己是否适合和愿意从事这个职业，并做出取舍。一旦确定之后，就要根据信息的要求认真制订自己前去参与竞聘的具体方案。

2. 有利自身发展原则

判断就业信息是否适合自己，不应只看表面和眼前，还要放眼未来。或许现在你所求职的单位只是个名不见经传的小单位，但以后可能会发展得很成功。如果你现在独具慧眼，那么你将来的前途就可能无可限量。

3. 掌握重点原则

首先，对搜集来的信息进行必要的调查了解，逐条分析其优势和不足，选出有使用价值的重点信息，标明并注意留存，一般信息则仅作参考。其次，将自己选出来的重点信息再分别进行较为详细的调查分析，包括用人单位环境、条件、发展前景及对人员需求的情况、录用条件等。最后，要善于开拓信息，许多信息的价值往往不是直观的，要善于通过有限的招聘文字，了解其背后深层次的背景、文化和精神。

4. 注意信息的时效性原则

人才市场瞬息万变，用人单位发布需求信息后，随时都会收到毕业生的求职信息，及时与用人单位联系能体现出你积极的态度，为求职成功增加砝码。因此，收集到就业信息后，应适时使用，以免过期；否则，不仅浪费时间、精力和金钱，还可能错过好的就业机会。

但是毕业生求职时，有时也要关注“过时”的信息。因为有些单位可能同时招聘几十人，一次招聘会后，这些职位不一定都招满，可能会剩余一两个空缺，可是单位不会为这少数的空缺再发布一次招聘信息，这种“职场剩余率”对正在找工作的学生来说是个“富矿”。如果你有足够的耐心，能够从“过时”的招聘信息中找到这样的空缺，就意味着你几乎没有竞争对手，很可能是企业的唯一人选，就业概率会大大提高。

第三节　就业信息的应用

高职毕业生对获取的就业信息应该具有一定的处理能力，结合自己的实际情况，加以筛选和处理，这样才能使获取的就业信息具有准确性、有效性，使之更好地为自己所用。本节主要介绍就业信息的处理和筛选。

一、就业信息的具体内容

在高职生就业过程中，部分高职生看重择业，很费力地到处搜寻就业信息，却很少认真分析自己意向应聘单位的情况，这反映出高职生们择业的“盲目”和“浮躁”的心态。

事实上对应聘单位不了解，不仅影响择业的成功，而且更可能给未来的工作带来不可估计的负面效应。而事先收集好用人单位信息，对自己未来的工作做一番模拟，可以增添你应聘的信心，同时建立起与用人单位的良好沟通，准确地将对方需要的信息传递给对方。

需要了解的用人单位的信息大概包括以下方面。

(1) 用人单位的准确全称、性质及隶属关系。

(2) 用人单位的经营业务范围、产品或服务内容与类别。

(3) 用人单位的组织结构、规模(员工数量)与行政结构。

(4) 用人单位的发展历史与最新动态、客户类型与规模、竞争对手的类型与规模。

(5) 用人单位的文化背景、工作环境、单位领导的有关信息、员工的办事方式和思维方式。

(6) 用人单位的发展目标、实力(包括规模、效益)、远景规划，在整个行业中的排名或在整个社会经济结构中的地位。

(7) 用人单位的地点、总部及分支机构的业务范围与地理分布。

(8) 用人单位的财政状况及绩效考核体系、培训体系和薪酬体系(工资、福利、住房、奖金)，以及为员工培训和发展所提供的空间等。

(9) 用人单位需要的专业、具体工作岗位及对所需人才的具体要求。

(10) 用人单位的联系办法，如人事部门联系人、电话、通信地址、邮政编码等。

高职生通过了解用人单位的基本信息，可以使择业的目标更为清晰、准确，更能把握主动权。另外，了解用人单位的文化与个性，也有助于你充分展示与这一单位择才标准吻合的优势和特长，做到扬长避短。

再者，如果你能在谈话时自如地谈及对该单位的了解，容易引起对方的亲切感和认同，同时也向对方展示了应聘该单位的诚意，成功的概率会大大增加。

总之，毕业生要学会全面了解就业信息的内容，合理使用有价值的就业信息。

二、就业信息的筛选

在信息处理过程中，要特别注重对信息真实性、可信性进行辨别和判断，要当心招聘单位发布的虚假信息，要警惕花样翻新的“就业骗局”。在就业实践中，经常碰到一些高职生兴高采烈地去面试，过后却大呼上当的情况，轻者求职未成，重者人财两空，错过就业黄金时段，造成难以弥补的损失。

1. 详细分析

研究用人单位的要求、具体职位、发展如何、待遇条件、地点等，依次对信息做筛选、排队。将获得的职业信息进行科学筛选排序，保留与自己兴趣或专长有关的部分，达到收集和筛选信息的目的。

2. 重点了解

对重要的信息要顺藤摸瓜、寻根究底，务求了解透彻，全面掌握情况，以便决策。

3. 对照衡量

避免盲目从众，不是所有就业信息都适合自己。不要好高骛远地去挑选不适合自己的工作岗位，不切实际的对号入座会误导自己。

4. 核实可靠性

对不同渠道、时间的信息，你要在有效的时间内对信息进行可靠性核实。一般情况下，从学校、主管部门和亲友处获取的信息较为准确可靠，应多予以重视。

5. 核准实效性

信息及时利用是财富，过期不用是垃圾。当收集到广泛的信息经分析处理后，应尽早向心仪的用人单位进行反馈，因为招工、应聘都是有一定时限的，录用指标是有限的。

6. 及时输出

有些信息对自己没有用，可是对他人十分有用，此时主动输出这些信息，不仅帮助了他人，也让这些信息充分发挥了作用，对自己收集和筛选信息的劳动也是一种奖赏。

第四节　就业陷阱及其应对策略

在处理就业信息的过程中，毕业生一定要注意社会环境的复杂性、招聘信息的真实性以及招聘过程中的各种骗局，同学们通过了解就业陷阱，可以提高防范意识，学会更好地保护自己。

一、就业陷阱

中国教育在线和智联招聘联合网上调查结果显示，有55%的求职者遭遇过就业陷阱。那么，我们该如何辨别那些真真假假、形形色色、令人眼花缭乱的招聘信息呢？下面介绍一些在就业市场中出现的虚假招聘信息、招聘骗局，供高职毕业生们参考，以免在以后的应聘求职过程中上当。

（一）使用廉价劳动力“陷阱”

1. 陷阱分析

有一些企业以“就业考察”为幌子把毕业生当作“廉价劳动力”。招一批毕业生在本单位工作，承诺表现优秀的学生可以录用，但是快到签劳动合同时又延长一个试用期或找借口把他们全部退回学校，这对那些实习表现优秀的学生是很大的精神打击。

这些企业通常是一些展会公司、季节性比较强的单位，他们需要人的时候，就来学校招一些即将毕业的学生，往往“借用”几个月，最后一个都不录用。

2. 应对措施

关于试用期，《中华人民共和国劳动合同法》中做了明确规定：劳动合同期限少于六个月的，试用期不得超过15天；劳动合同期限长于六个月短于一年的，试用期不得超过30天；劳动合同长于一年短于两年的，试用期不超过60天。同时规定，同一用人单位与同一劳动者只能约定一次试用期。

用人单位辞退毕业生必须有条件，即毕业生只有在试用期被证明不符合单位录用条件，才可以被解除劳动合同。如果单位不能充分证明或没有正当理由，就不能将毕业生辞退。如果发生此类情况，毕业生可以请求劳动争议仲裁委员会或人民法院裁定自己在试用期内的表现是不是符合该单位的录用条件，并裁定用人单位的行为是否为违法行为。

（二）施压在职人员“陷阱”

1. 陷阱分析

一些劳动强度大、时常加班加点而薪资较低的就业单位，为了防止职员不满和跳槽，不时拿招聘当幌子。目的显而易见，就是向上班族施压：不要以为这里上班时间长、工资低，外面有的是人想进来。

2. 应对措施

在遇到这种情况时，要保持头脑清醒，对所去公司进行一番调查和分析，以免白白浪费时间和精力。

（三）岗位骗局、高薪引诱“陷阱”

1. 陷阱分析

有些单位刊登的招聘信息是招聘一些时下热门且级别比较高的职位。但求职者进入就业单位后发现，没有底薪，没有福利，就是让你去拉业务，搞销售。有的单位为了吸引更多的求职者来应聘，包装岗位名字，如把保险业务员说成社区联络员、客户管理员等。

还有些单位在招聘广告上写明工资不少于×××元，录用者签订合同时，工资却下降了50%。公司解释说，这是基本工资，另50%靠工作业绩来提成。此类现象在营销员、业务员招聘中较为突出。

2. 应对措施

毕业生在应聘时要注意，关于薪酬问题要向招聘单位问清楚，尽量减少薪酬中“软性成分”。仅仅口头承诺，对求职者来说是没有保障的，要让对方把相关内容写入劳动合同的条款中，以法律来约束用人单位履行承诺。

(四)套取私人信息诈骗财产"陷阱"

1. 陷阱分析

当对方要求你提供奇怪的证明材料时,一定要谨慎,在任何情况下都不能向只有一知半解的"招聘单位"透露有关自己的隐私信息,一旦发现侵权迹象应立即报案。

犯罪分子往往利用求职者急于找到工作的心理,通过互联网或其他媒体刊登待遇诱人的招聘广告,骗取求职者的个人信息(如身份证号码或复印件、个人联系方式甚至银行账户等)进行非法活动,如直接盗用账户、冒名高额透支甚至专门做起倒卖个人隐私的生意。等到求职者过一段时间之后发现自己的个人利益受到侵害时才恍然大悟。

2. 应对措施

当招聘单位要求提供一些与所应聘岗位没有直接关系的证明材料时,应聘者要多加留意,注意保护个人隐私和利益不受侵犯。一旦发现犯罪迹象,应立即报案。

(五)各项收费陷阱

1. 陷阱分析

许多非法职业介绍机构会向求职者收取"服务费""信息费"等。求职者交钱之前,中介机构承诺招聘信息浩如烟海,总有适合你的职位。可是付费后得到的信息,要么是单位不需要招人,要么就是借口职位刚刚招聘完毕,总让你不得所愿。

更加隐蔽的收费还包括服装费、档案管理费、培训费等,这些费用实际应该是用人企业承担的成本。而求职者很少有能通过后期的培训考核的,即使通过了,骗子也会用各种苛刻的工作环境和要求迫使求职者知难而退。

(1) 报名费。有些企业招聘时收取求职者报名费,让求职者填写简历表,然后以面试"不合格"为由,将众多的求职者拒之门外。

(2) 保证金。有些企业特别是酒店等服务行业,以便于管理为由,在招聘时要求应聘者交数额不等的保证金,当求职者不能承受企业压力辞职时,企业便以自动离职为由,不退还所交保证金。

(3) 工装费。有些企业招聘员工时,称工作条件好、操作简单、待遇优厚。待上班后,却要求每人交纳服装费,而领到的是一件价格低廉的"工作服"。

(4) 培训费。有些企业在招聘人员时,要求求职者交纳一定数量的培训费,培训内容只是由老职工介绍每天的工作内容而已,在试用期即将结束时,便以各种理由炒求职者的"鱿鱼"。

(5) 面试费。在人才招聘市场中,常有人利用学生急于求职的心理诈骗学生,伪造招聘信息,通知学生前往面试,面试费汇到他们的某个账户上,金额一般为几十元至上百元不等。

招聘收费远远不止这些,如填表费、指导费、资料费、入职费、试用费、卫生费、治安费、样品押金费、接待指导费等,只要能够想得出来,就可以列入收费名录。这些单位基本上都有固定的办公场所,这是隐蔽性最强的一种骗术。

2. 应对措施

法律规定用人单位不得向应聘者收取任何费用。若在应聘过程中,遇到交钱的情况,要提高警惕，谨防招聘单位以招聘为名非法敛财。若已经交纳了，可以及时向劳动部门反映并请求查处，要求退还相关费用。

（六）借考试、试用之名骗取劳动成果“陷阱”

1. 陷阱分析

一些单位或个人以招工考试的名义，把企业目前存在且难以解决的问题作为笔试考题让求职者提出解决方案，或以试用的名义骗取求职者的劳动成果（如设计方案、计算机程序等）。此种情况主要出现在一些小规模的广告或设计公司，他们由于自身缺乏足够和优秀的创意，另行聘请高水平的工作人员又需要较大代价，便想出借招聘新人来获取新鲜创意的点子。

这些企业有一套完整的招聘考核体系，从笔试、复试到最终面试，每个阶段环环相扣、极其正规。按道理能进入最后一轮考核，就胜利在望了，但往往有很多人就败在这最后一个环节上。面谈得很愉快，工作时间、内容、薪资福利等条件都能够接受，可最后偏偏就没有等到应得的职位。这种企业意在剽窃应聘者的作品、创意和其他工作成果，一般出现在广告业和计算机软件开发等行业。

2. 应对措施

在应聘过程中遇到此类情况，要事先和该用人单位就相关劳动版权问题进行协商或约定，或提前声明未经本人允许不得随意使用本人工作成果。

（七）传销“陷阱”

1. 陷阱分析

传销者的首选对象常常是急于挣钱的打工者，特别是刚毕业的学生，打着同乡、同学、亲戚等幌子，以帮助找工作为由，以高薪为诱饵，骗求职者去进行非法传销活动。求职者一旦进入陷阱，要么交3000～4000元入门费，要么花3000～4000元购买传销产品。

还有一些传销组织者偷梁换柱，冠以“代理”“专卖”“消费联盟”“加盟连锁”“动力营销”“滚动促销”等新形式，更具隐蔽性。

2. 应对措施

非法传销为法律所禁止，应聘者应注意不要被高薪等条件所诱惑，不可能有既省力又赚钱的工作。若招聘者夸夸其谈，反复强调职位轻松能拿高薪，他们就可能是引诱你进入传销等非法组织。

（八）非法中介“陷阱”

1. 陷阱分析

某大学毕业生在一家职业中介的信息栏上看见招聘市场开发人员的启事，便前去咨询。该中介“电话联系”公司后，告诉该学生职位空缺，可以去面试，但要交纳200元中介费，并承诺如果这家不合适，可另外推荐，直到找到工作为止。

面试后，公司让其回去等消息。等了两个多星期，被告知未被录取。该学生只好找到那家中介重找公司应聘。经过面试，又经过长达半个月的等待，仍然没被录取。当该学生第三次折回中介时，中介告诉他没有新的空缺职位，让他再等等。

2. 应对措施

部分非法中介机构通常采取拖延时间、与用人单位共同欺骗等手段，骗取求职者信息费、介绍费等。求职者碰到那些“一间门面、一张桌子、一部电话”的职介所或者“人才市场”要格外当心。

（九）虚报招聘人数“陷阱”

1. 陷阱分析

“虚报”招聘人数是目前高校招聘会中普遍存在的情况，某招聘单位明明只需招聘一两个学生，却故意在招聘材料中说要招8～10人，甚至更多。业内人士分析，招聘单位虚报人数主要是为了“圈”更多好学生，如果说明了只招一个人，许多学生就不敢来投简历了。

事实上，在信息不对称的情况下，学生很容易被招聘单位误导，以至对应聘单位的真实需求和就业竞争形势做出误判，无形中增加高职生的求职难度和求职成本。

2. 应对措施

应聘者应提前了解招聘单位的规模、人员等情况，做到有的放矢，尽量不被误导。

（十）人才储备“陷阱”

1. 陷阱分析

有些求职者在就业市场中找到满意的招聘信息，开好面试单后精心准备。但到了面试单位，有的问上几句话，有的只是填一张表，最后说一句“等通知”，接下来就是漫长的等待，最终杳无音讯。

其实这些单位要招聘的岗位并不缺人，只是怕那些在岗位上的员工跳槽，因此储备一些人员作为替补。再者，一些大型企业为了保证运行稳定，不至于因为人员流动导致瘫痪，企业必须建立自己的人力资源储备库，而办法就是大批量招聘。

实际上，这些公司即使对某位应聘者“中意”，也不会马上聘进来，而要等岗位空缺后才会从库内寻找人选；有些企业的岗位由于薪酬、岗位等原因，必须时刻了解人才市场的行情，人力资源部门就通过大量的招聘来掌握这些岗位的薪酬“行情”。在这类招聘信息中，要求应聘者邮寄个人简历的情况较为普遍。

2. 应对措施

遇到此类情况，应聘者应平和心态，不要过分失望，把此次应聘作为检验和提高自身素质的一次锻炼机会即可。

（十一）追求广告效应“陷阱”

1. 陷阱分析

由于在公益性职业介绍市场发布招聘信息，招聘单位无须支付任何费用，因此，有些企业利用这个平台做免费广告。特别是一些中小企业将招聘当作形象宣传，借招聘之名行广告之实，看似诱人的工作岗位实际是为给自己树招牌的广告行为。

企业为了长期在网上发布招聘信息，以产生广告效应，把岗位有计划地、分批分步地进行流动发布，夸大招聘数量，说是招10人，其实可能只招1人，而且延长招聘时间。

不只是招聘单位，有些招聘会的承办者为扩大影响、增加收入也会采取类似的做法。承办招聘会的单位为了吸引人才前来与会，会通过许多“关系”找一些正规企业来当“托儿”装门面。更有甚者，一些组织单位向个别小公司承诺“返点”，他们在招聘会上的“任务”就是收集一大摞简历，却不招“一兵一卒”。

2. 应对措施

毕业生遇到此类情况，要及时抽身，改换目标，以免浪费时间。

（十二）进行商业推广活动“陷阱”

1. 陷阱分析

一些企业瞄准了招聘会这个机会，名正言顺地免费进校设摊。名为招聘，实为进行商业推广活动，表现为招聘时大张旗鼓，实际只收简历不招人，或只招几人。而且在许多企业眼里，高职生都是现实或潜在客户，有较强消费能力，一旦接受了某企业的产品，基本上都有比较强的品牌忠诚度。

2. 应对措施

应聘者遇到此类情况，要及时抽身，改换目标，不要浪费时间继续等待该用人单位的面试或录用通知。

二、防范策略

在不少针对应届高职生的招聘中，类似上述这样的陷阱五花八门、层出不穷，涉世未深、缺少社会经验的应届毕业生要识破招聘中的这些“猫腻”，并不太容易。因此，在择业过程中，要事先给自己的择业确定一个比较明确的目标，使整个就业活动有的放矢、有条不紊，以免左右摇摆，让一些虚假信息和骗子单位乘虚而入。

具体措施有以下几点。

1. 通过正规渠道求职

职业介绍市场的虚假招聘信息有其复杂的成因，求职者应尽可能到政府开办的正规职业介绍所去求职，在那里不仅能享受到免费的优质服务，还能请教专业的职业指导员，避免上当受骗。

2. 参加正规招聘会

信息的不对称是学生在招聘中受骗的主要原因。为了避免浪费时间、精力和金钱，在考虑向何处递交简历之前，最好先选择适合的招聘会。选择招聘会要注意三点：一要避免盲目出击；二要尽量回避一些常设性的人才市场；三要了解招聘会的专业场次、性质和服务对象，有的放矢。

毕业生应当尽量选择由校方或者是当地教委、人事局举办的应届毕业生专场招聘会，因为主办方对进入招聘会的企业都进行了资格审查。

3. 掌握“及时放弃”的原则

应届毕业生有针对性地选择招聘会、投送简历三四天后，如果没有得到回复，应主动根据对方提供的联系方式与招聘主管人员取得联系，摸清对方的“底牌”。真正具有招聘意图的企业一般会比较具体地告诉你面试的时间和其他的要求。如果对方出现推托的现象，应及时放弃。

4. 认真考察中介单位

如果选择职业中介找工作，就要到中介单位认真审查，做到四个看。

一看中介单位是否具有职业介绍许可证和营业执照或者事业单位登记证，相关证明是否在明显位置悬挂，如果没有就是假中介。

二看收费标准和依据是否公开，收费是否合理，如果未公开，收费过高，也要小心。

三看提供的信息是否真实有效，如果提供的信息是假的或者过时的，肯定是黑中介。

四看承诺的服务是否兑现，如果说得好听，但做得不好，属于没有信誉的中介。

当遇到假中介或黑中介时，要到劳动监察部门举报。

5. 通过网络鉴别信息真假

应届毕业生若要避开这些虚假的信息"陷阱"，可以通过互联网进行鉴别。首先要有选择地考察招聘信息、参加招聘会，认为适合自己的企业，可以先在网上查找相关的资料。对于那些被请来当"托儿"的企业，或者长期把招聘广告挂在网站上以求广告效应的企业，从网上的招聘信息发布时间上就可以鉴别。

具体方法：先在其公司的网站上了解眼下的招聘信息，在其他一些求职网站上再搜寻一下三个月乃至半年前该公司的招聘信息，将两者对比，当招聘信息变动不大的情况下，就需要多加考虑。因为这些虚假或是"广告"性质的招聘一般在内容上都不会有太大改动。

拓展阅读

莫名其妙"被就业"，小心信息泄露

国家税务总局开发的"个人所得税"App自上线以来，已连续十几天位列各大应用商店排行榜的榜首。不过，在使用App的过程中，一些用户却发现了蹊跷的事。最近，成都市民龙先生就遇上了这样的事：为了早点享受个税税收优惠，他第一时间在手机上下载了"个人所得税"App，并通过人脸识别方式对个人信息进行了认证。

不过，在通过认证后，龙先生发现，在App所显示的"任职受雇信息"中，他竟然被两个公司同时雇用！有关报道内容显示，在"个人所得税"App中，除了自己目前所就职的单位(成都一家医药企业)外，龙先生还发现了另一家自己闻所未闻的企业的信息——四川×××嘉商贸有限公司。

信息显示，龙先生"任职受雇"日期为2018年10月1日。既然是一家从没有打过交道的企业，又为什么会出现龙先生"任职受雇信息"？甚至还有具体的"入职日期"？对此，当地税务部门给出了这样的回应：之所以会出现龙先生在这家企业的雇用信息，有可能是这家企业通过这种方式虚列工资，虚增企业成本，试图偷税。

有人会问，这些被不法企业盗用的个人信息，到底是从哪里来的呢？

《每日经济新闻》记者发现，除了常见的网上个人信息非法买卖途径外，一些人竟然向自己的亲戚、朋友、学生、下属下手，盗取他们的个人信息，来用作自己"逃税"的工具。前不久在上海，公安机关就破获了这样一起案件：一名家长查到自己正在读书的女儿已"入职"于一家公司。民警调查后发现，位于浙江的一家人力资源公司有重大嫌疑。而据该公司负责人冯某交代，学生信息都是上海的张某提供的。

随后，民警立即对张某实施了抓捕。张某交代，妻子曾在某学校从事教务工作，计算机里存有大量的学生信息资料。张某为图私利，竟将596名学生的姓名和身份证号码直接复制转发给了冯某，伪造他们“入职”劳务公司的假象，直接申报了发票。目前，张某、冯某已被当地公安部门刑事拘留。

事实上，此前这类通过各种手段盗用他人信息，以为自己逃税提供方便的案例屡见不鲜。不过，普通人只有在生活中遇到了意想不到的情况，才会发现这一事实。比如长期无业却在人力资源和社会保障部门的系统内显示有稳定就业，工资不到个税“起征点”却被要求补缴个税等。

而在“个人所得税”这款App出现之后，由于其信息与企业在“自然人税收管理系统扣缴客户端”上所申报的信息进行了对接，这样的不法行为则被完全暴露在光天化日之下。《每日经济新闻》记者注意到，在个人所得税App中“任职受雇信息”部分中的“详情”页面，有一个“申诉”选项。如果在信息列表中出现了一个从未就职过的公司，用户在“申诉”部分选择“从未任职”的选项，并填写不少于十五字的理由。对此类现象进行申诉。

而对于虚列人员和工资逃税的企业，法律也有相应的惩罚措施。例如，2018年1月，原广东省鹤山市地税局稽查局根据举报信息，对某制造企业实施税收检查，通过核查“账实”差异、细审工资费用数据，查实该企业冒用他人身份信息，采取虚列人员、分解工资的方式逃避代扣代缴义务，偷逃个人所得税税款20多万元。该局依法对企业作出追缴税款、加收滞纳金，并处罚款共计40多万元的处理决定。

（资料来源：环球网，http://finance.huanqiu.com/hqsl/2019-01/13996652.html，2019-01-07.）

实践课堂

请你向自己的校友、同学、亲朋好友做个调研，了解一下他们就业信息获取的方式、途径和效果，在此基础上进行就业信息的收集和分析。

课后练习

1. 获取就业信息的渠道有哪些？
2. 获取就业信息要遵循哪些原则？

第六章 求职材料准备

【学习目标】

(1) 掌握个人简历的写作方法，熟悉电子简历的制作要求。
(2) 掌握求职信或自荐信的写作方法，学会使用英文简历求职。

【技能要求】

(1) 正确认识求职简历的功能。
(2) 准确把握求职材料间的关系。
(3) 完成求职材料的准备工作。

引导案例

企业怎样挑简历？

在招聘活动中，企业通常要求你先发一份个人简历，通过这些资料，进行人才初选，对基本符合条件的应聘者再进行面试、复试。企业人力资源部门在众多的简历中怎样进行挑选呢？一位长期从事人力资源工作的人员总结出以下五点，希望给应届毕业生一些帮助。

1. 过长的简历毫无作用

招聘者平均在每份简历上花费 1.4 分钟，一般会阅读一页半材料。过长的简历毫无作用，而且不容易突出重点。

2. 硬性指标要过硬

约有 20%的雇主承认他们会使用一些级别较低的助理人员来处理简历，这些人员会有一些硬性的选择标准。另有 45%的雇主认为他们进行初选时，也基本只看这些硬性指标。常见标准以雇主使用的频繁程度为序：英语证书、户口、专业背景、学校名望、在校成绩。值得注意的是，这些标准不一定会在招聘要求中注明，但应聘者心里一定要有数，相关的信息一定要全面。

3. 印象重要

总体印象重要，所学课程次要。只有 23%的人能在半小时后大体描述他所看过的简历上学生的职位和参加的具体活动，他们只有一个对学生性格的总体印象。所以是学生会副主席还是部长并不重要，关键是不要给人留下一个书呆子的印象。但如果说谎，更容易出局。

4. 好简历增加录取机会

符合要求的表达非常重要。同一个人的简历，经过专家修改，可以增加43%的录取机会。简历存在的常见问题是表达不简洁、用词带过多感情色彩、英语表达不规范、过长无重心、格式不规范等。

5. 注意电子邮件的作用

通过E-mail和网站递交的电子版简历，得到的关注比通过普通邮件要少，平均会减少23%左右。此外，约5%的电子简历会由于网络或其他问题没有被招聘者看到。因此，建议仍然通过传统的邮件方式，除非招聘单位明确表明简历递送方式。

（资料来源：https://wenku. baidu. com/view/c0f8f497bb0d4a7302768e9951e79b8968026826. html?from=search. 2018-12-19.）

高职毕业生在获得有效就业信息后，开始准备与用人单位接触，行动之前，要做好求职准备。那么该准备些什么呢？一方面是做好求职择业的心理准备和精神准备，另一方面就是做好个人求职材料的准备。个人求职材料就是应聘者准备提供给用人单位的个人书面材料，主要包括三类，即个人简历、求职信或自荐信、附件材料。本章主要介绍如何准备个人求职材料。

第一节　个人简历

个人简历是应聘者根据求职目标，向用人单位提交的简要介绍个人基本情况的书面材料。个人简历就像一张名片，毕业生通常用来向用人单位宣传推介自己，同时，招聘单位通过个人简历了解毕业生的基本情况。个人简历作为连接用人单位与毕业生的一份非常重要的说明材料，其质量的高低直接影响求职者能否得到面试机会。

如同引导案例所说，毕业生在简历制作上常有这样的通病，即注重简历的外观设计而忽视简历内容。在校园招聘会上，经常会看到一些厚如书册、包装精美华丽的简历。有的毕业生把简历变成了自传，女生还把漂亮的生活照贴在个人简历上。“在我们收到的求职简历中，100份里大约只有10份比较符合要求”。在“高职生职业生涯规划”活动的会场，远大集团人事资源部王经理的这句话，让在场的学子都发出了惊叹。那么，到底什么样的求职简历才是合格的？才能符合用人单位的要求呢？

制作简历的目的决定了简历的类型。毕业生一定要注意：制作个人简历的目的是为了获得招聘岗位，岗位都有任职条件，你的简历要能说明你有能力胜任招聘岗位的工作，这样的个人简历才会引起企业的注意。

一、个人简历的类型

不同的时间、场合，不同的个人经历，在简历类型的选择上要有所区别。年代型简历以清晰的时间序列反映出求职者的个人经历，而功能型简历突出强调了求职者的专业技术水平。在使用上，毕业生要根据个人情况，选择适合的简历类型。这里介绍几种常见的简历类型。

1. 表格式简历

这是最普通、最直接的简历类型，采用表格形式，简历清晰、简洁，便于招聘单位阅读。简历从你最近的经历开始，按由近到远的时间顺序逐条列举个人信息。一份按时间顺序排列的简历一般包括目的、经历、学历等部分，排列顺序一般是工作(学习)的时间、职务、工作(学习)单位的名称和地址、职责概述、所需技能、对单位(学校)所做的主要贡献等。

其优点是容易掌握，招聘单位也比较喜欢。这种时间式简历集中地展示你多年从事特定工作的经历，比较适合多年从事同一种类工作并且想在该类型工作上继续发展的应聘者，不适合从事过许多不同类型的工作或者工作更换频繁而且工作有间断的人。

表格式简历也是应届毕业生常用的一种简历类型。应届毕业生一般缺乏工作经验，如果能把大学期间的学业进步和在校期间的社会工作写清楚，展示出自身良好的学习能力和充分的社会历练，也是一份不错的简历。

例文1：表格式简历

李楠个人简历

姓名	李楠	性别	女		照片
出生日期	1991年11月	籍贯	北京		
政治面貌	预备党员	专业	物流管理		
联系电话	159××××××××	E-mail：linan126.com			
联系地址	北京市丰台区××××		邮编	100073	
毕业院校	北京××职业学院	学历	专科		
主修课程	国际物流与货运代理、国际贸易实务、报关操作实务、现代物流学、商品采购管理、物流实务操作与法律、仓储管理与包装、物流信息系统				
校外实践经历	2011年2月　CRE中铁快运股份有限公司北京分公司 工作内容：录入单据及材料、制单、电话追踪及沟通协调 2011年8月　零点市场调研调研员 2012年5月至9月　北京奥运物流中心 工作内容：协助网通公司的工作人员进行数据录入、单据整理、拣货等				
校内社会活动	2011年9月至2012年9月　物流系学生会办公室主任 2010年9月至2011年7月　院团委宣传部志愿者工作部负责人				
奖励情况	2012年获北京市第八届“挑战杯”首都高职生创业计划大赛一等奖 获2010—2011学年度学院优秀干事 获2010—2011和2011—2012学年学院二等奖学金				
证书情况	英语A、B级证书 通用管理能力水平等级证书 速记技能等级证书				
其他技能	(1) 2012年考取驾照(C本) (2) 熟练应用Office软件，如Word、Excel、PPT等				
自我评价	自信，做事认真、踏实，有较强的责任心和亲和力，为人友善，有良好的沟通和人际交往能力，能较快适应工作环境				

2. 描述式简历

描述式简历注重介绍从前的工作情况，一般适用于特定职业的求职，对特定领域的求职者较为有用，如教师、计算机工程师、律师等。有一定实习经历的毕业生也可以采用这种形式设计自己的简历。

例文2：描述式简历

张杰个人简历

自我介绍：

姓名：张杰　性别：男　出生日期：1986年6月　居住地：北京　3年工作经验

联系方式：136××××××××　E-mail：zhangjie86@126.com　QQ：5998××××

自我评价：

本人计算机网络及通信工程专业毕业，熟练掌握多种计算机语言。拥有后台数据库及前台应用程序开发经验，能够独立完成企业的中小型网络的规划、施工组建及故障排除。熟悉IP网络知识、多种网络通信协议；熟练配置常见的网络设备；熟悉广域网通信协议；熟练掌握VPN以及微波通信技术。拥有较强的分析能力、学习能力和团队合作精神。

工作态度良好，学习能力强，具有一般英语阅读能力，能保质保量按时完成领导交办的工作任务。

工作经历：

2011.12至今：××科技有限公司|技术部|网络工程师

工作内容：负责首都机场网络的日常监控、维护。在机场工程师的领导下提供网络技术支持。对NORTEL网络设备进行月度巡检。

2010.09—2011.08：北京××电信服务有限公司|核心网络部|电信网络工程师

工作内容：负责北京长宽商业用户城网的维护与改造，以及对北京商业用户的开通、技术支持与维护工作。熟练掌握BD2224、HW3026、HW3126、TL-SF3226P、WWP327、RAISECOM2828F、HW5200F、CISCO4006、CISCO6500。

2009.02—2010.08：××国际青年交流中心|综合部|网络管理

工作内容：计算机硬件及网络设备维护。管理21世纪饭店“饭店管理系统”的网络、硬件、操作系统及应用系统的维护。管理中心财务“用友财务管理系统”的网络硬件及操作系统的维护。管理为中心各部门提供上网服务的一条2M带宽的DDN专线。

项目经验：

2011.07—2011.07：SOHU第三届博客大会

责任描述：负责博客大会光纤接入、设备调试、微波通信的架设、测试。

项目描述：成立临时工程小组，带领工程部、网络技术部人员，完成了从学院路到朝阳公园光纤的跳接、测试。

2010.10—2011.08：长宽企业用户城网改造

责任描述：负责网络的割接、方案编写、技术支持时间以及工作内容的分配。

项目描述：对商业环网进行了设备选型、设备测试、割接方案的编写以及具体方案的实施。

教育经历：

2011.06 至今：北京邮电大学网络学院|通信工程|本科

2010.09—2013.07：北京××职业学院|计算机网络|大专

培训经历：

2009.02—2010.07：华为 3COM

培训课程：华为 3COM 高级网络工程师培训

培训描述：构建企业级交换网络、路由网络、方案设计

所得证书：

2010.01：CCNA 证书说明：思科认证网络工程师

2010.08：HCSE 证书说明：高级网络工程师认证

3. 复合型简历

复合型简历是叙述型与表格型综合运用，既按照时间顺序列举个人信息，又刻意突出自身的成绩与优势。一份复合型简历一般包括目的、概况、成绩、经历和学历等部分。

复合型简历能够最直接地体现求职目的，它一般适用于以下求职者。

(1) 应届毕业生和初级求职者。这能使他们突出自己的技能而不是短暂的职业经历。

(2) 拥有稳定而持续工作经历的人。职业经历能使求职者的工作能力一目了然，让雇主更容易看出应聘者和职位的匹配程度。

(3) 改变行业的求职者。只有在你改行的跨度很大时，功能性履历才可能更有意义。

(4) 重新进入职场的应聘者。此类简历能分散用人单位对你某一段时间停止工作的注意力。

(5) 年长的求职者。拥有丰富工作经历的人需要展示他们的优势，包括职业经历在内的履历会引起用人单位的足够重视。

例文 3：复合型简历

王浩个人简历

姓名：王浩　性别：男　出生日期：1992 年 6 月 1 日

毕业学校：北京××职业学院　专业名称：计算机网络技术　学历：大学专科

联系方式：138××××××××　电子信箱：wanghao999@sohu.com

求职意向　希望承担网络管理或网站维护工作。

个人能力

计算机方面：

熟练掌握各种服务器、防火墙、邮件服务器维护技能；熟练掌握综合布线技能，有动手操作能力。

精通 Windows Vista、Windows 7、Windows 8 各种操作系统。

掌握 C 编程语言，VB 等；掌握 3Dmax 制作软件。

掌握 Access 和 SQL Server 2007 等数据库，有设计、管理数据库能力。

熟悉 Dreamweaver、Photoshop、Fireworks、Flash 等网页设计软件，能结合数据库软件构建电子商务平台。

爱好专长：

熟悉计算机硬件，精通计算机网络，具有组建网络、管理网络的能力。

爱好美术、海报（经常在学院团委宣传部书写和绘制海报）；爱好文学、音乐。喜欢运动，擅长足球、篮球、乒乓球等运动项目。

主修课程：

域服务器维护	配线架安装	ISA 安全策略建立	邮件服务器安装与设置
信息模块连接	域模式资源对象管理	ISA 防火墙安装	交换机路由器安装互联
系统管理	网络设备静态路由	系统及软件升级、补丁	网络介质接头制作

教育背景

2010 年 9 月—2013 年 7 月就读于北京××职业学院信息系

获奖情况：

2012—2013 北京××职业学院二等奖学金

2011—2012 北京××职业学院优秀团员

2011—2012 获得信息系“社会实践积极分子”

社会工作：

2011—2012 学年，担任北京××职业学院团委宣传部副部长

2010—2011 学年，担任北京××职业学院信息系团总支宣传部干事

社会实践：

2012 年，课余从事家教工作，积累了与人交流沟通等社会经验

2011 年，中复电讯做促销，锻炼了独立处理问题的能力

个人特点

乐观向上，大方开朗，热情务实，诚实守信；善与人交流，人际关系良好，待人诚恳；工作认真负责，具有吃苦耐劳、艰苦奋斗的精神；遇事沉着冷静，理智稳重，适应能力强，具备良好的组织协调能力；专业知识扎实，具有很强的自学能力，善于创新，敢于开拓。

尽管制作简历的方法不少，但是建议缺少工作经历的高职毕业生制作一份适合自身实际情况的简历，而不要生拉硬套某种类型的简历。因为你缺乏工作经验和经历，所以在制作简历时应该着重强调最近的教育与培训，尤其是突出与所应聘工作最相关的课程、实践活动或资格证书。

即将毕业的高职学生还应该重视自己在学校里完成的毕业实践和毕业设计，这些工作同样要求高度的自律性、完成不同任务的能力以及综合素质，而这些素质也正是许多工作所需要的。

另外，还可以将你所了解与掌握的该工作领域的最新知识与工作技能写入简历，这会让招聘单位对你刮目相看，而且在适应新岗位的过程中会带给你不小的优势。

二、电子简历

网络应聘已经是非常普遍的求职形式，许多毕业生通过网络渠道成功应聘。电子简历以其传递快捷、成本低廉、便于筛选等优势受到用人单位的欢迎。几乎所有大企业都接受电子简历，中小企业也开始接收电子简历进行人才筛选，可以说电子简历已经成为毕业生求职必备材料。

据统计，规模较大的企业一般每周要接收 500～1000 份电子简历，但是人力资源部门指出：大部分电子简历不符合企业招聘要求。同学们在制作电子简历时要充分了解电子简历的注意事项，发挥出电子信息的优势。

（一）电子简历的制作

绝大部分的简历基本上都是电子文档打印出来的，很多人认为电子简历就是简历的电子稿，这种认识有失偏颇，因为电子简历与打印简历在信息检索方式和浏览方式等方面具有不同的特点。

1. 电子简历注重关键词

一些企业对电子简历进行关键词检索，不符合要求的简历，系统会自动删除。像专业、学历、技能证书等要求的关键词一定不能漏掉；否则会失掉面试机会。

2. 叙述要层次分明

学历、能力、实习及工作经历等，要重点突出、扬长避短。简历中这几项内容通常是亮点：技能、特长、成绩、证书、荣誉、嘉奖，这是你打动招聘者、引发招聘者兴趣的筹码，要着重描述，综合运用数字、百分比、获奖级别等量化和强化的手段来突出成绩。

3. 格式设置要简明、清晰

电子文档格式设置虽然很丰富，电子简历还是简洁明快为好。发送电子邮件时大多采用纯文本格式，为了醒目，可以插入一些特别的符号，如※、◎、+等。版式可以设计得较为活泼，但须避免杂乱，喧宾夺主。为方便阅读，字号设置不宜过小。

4. 一定要避免错别字

不要小看错别字，你可能认为是一时粗心，无碍大局。但是，对于如此重要的个人材料，别人会认为是水平能力不够而导致出现的低级错误。

（二）电子简历的发送

电子简历是通过电子邮件发送的，在发送时要注意以下问题。

1. 邮件主题明确

作为求职简历，要在主题中注明应聘的具体职位。如果招聘单位已限制了邮件主题，务必要按照要求填写邮件主题。即使没有明确要求，也要在主题中明确标识要申请的职位，方便招聘人员筛选。

2. 采用正文形式发送

由于计算机病毒等因素影响，用人单位一般不打开压缩附件，采用附件形式发送可能直接就被企业清理到了垃圾箱。简历写在邮件的正文部分是正常合理的。

3. 简历前最好有自荐信

这是写在电子简历前进行自我介绍的材料，简单介绍要应聘的职位及个人胜任岗位的能力。

4. 发送后注意跟踪

发送简历的目的是为了获得面试机会，发送完的简历要注意收集反馈信息，同时要给用人单位预留工作时间，一般两周后可以进行跟踪了解反馈情况，必要时主动与用人单位联系，了解进展情况。漫无目的地发送简历而不注意跟踪反馈，会白白浪费许多宝贵的时间和精力。

三、简历写作注意事项

简历作为一份正式的毕业生推介材料，要反映出毕业生做事认真、严谨、耐心、细致的态度，简历内容也要经得起推敲。撰写简历时要注意以下事项。

1. 篇幅不要太长

毕业生的简历普遍都太长。有的简历长达十几页，其实简历内容过多反而会淹没一些有价值的闪光点。而且，每到招聘季，一些企业，尤其是大企业会收到很多份简历，工作人员不可能每个都仔细研读，一份简历一般只用一分钟就看完了，再长的简历也不超过三分钟。

简历过长的一个重要原因是有的人把中学经历都写上了，这完全没有必要，除非你中学时代有特殊成就，比如在奥林匹克竞赛中获过奖，一般来说，学习经历应该从大学开始写起。

另一个原因是很多求职简历都附了厚厚一摞成绩单、荣誉证书的复印件。简历可以不要这些东西，除非你是应聘广告设计等相关工作，需附上你的作品；否则，只需要在简历上列出比较重要的荣誉即可。如果招聘单位对此感兴趣，会要求你在面试时出示这些东西。

所以，简历要尽量短，建议一页纸就足够了。

2. 内容一定要真实、客观

求职简历一定要按照实际情况填写，不要添加任何虚假内容。即使有人靠含有水分的简历得到了面试机会，面试时也会露出马脚。雅虎（中国）公司负责人说，企业选择人才都非常慎重，她当年应聘雅虎时过了九道关，弄虚作假是过不了一轮轮面试关的。

3. 求职岗位一定要明确

求职简历上一定要注明求职的岗位。雀巢的招聘经理说，每份简历都要根据你所申请的职位来设计，突出你在这方面的优势，不能把自己说成是一个适合任何职位的全才。

建议大家不要只准备一份简历，复印很多份后不论什么样的公司和职位到处投递。应根据要应聘的职位性质来有侧重地表现自己，如果你认为一家单位有两个职位都适合你，可以向该单位同时投两份简历。

4. 用词要简洁、直白

“我希望这样一个人生，它在经历了无数场风雨后成为一道最靓丽的彩虹……请用您的目光告诉我海的方向……”，很多求职简历言辞过于华丽，形容词、修饰语过多，这样的简历一般不会打动招聘者，建议简历最好多用动宾结构的句子，简洁直白、语气诚恳。

5. 用语不要过分谦虚

简历中不要注水并不等于把自己的一切包括弱项都写进去。有的毕业生在简历里特别注明自己某项能力不强，这就是过分谦虚了，实际上不写这些并不代表说假话。

有的求职学生在简历上写道：“我刚刚走入社会，没有工作经验，愿意从事贵公司任何基层工作。”这也是过分谦虚的表现，这会让招聘者认为你什么职位都适合，其实什么职位都不适合。

6. 不要写上对薪水的要求

很多毕业生对简历上该不该体现工资、待遇的要求存在疑惑，从一些公司的人力资源经理反馈的意见看，简历上写上对工资的要求要冒很大的风险，最好不写。

如果薪水要求太高，会让招聘单位感觉雇不起你；如果要求太低，会让招聘单位觉得你无足轻重。

再有，简历的直接目的是争取面试和面谈的机会，所以，关于薪水问题如果觉得不得不谈，那么，也要等到面试或面谈的时候再说。

7. 简历的文字、排版、格式不要出现错误

用人单位最不能容忍的是简历上出现错别字或是在格式、排版上有技术性错误，或是简历皱皱巴巴、污迹斑斑，这会让用人单位认为你连自己求职这样的事都不用心，对工作也不会用心。

8. 制作不必太过花哨

有些求职简历讲究包装，做得很精致、华丽，甚至连纸张都是五颜六色。实际上，除非应聘美术设计、装潢、广告等专业，一般来说简历不必做得太花哨，用优质的 A4 复印纸就可以了。

简历过分标新立异有时反而会带来不好的效果，比如说，一份简历封面上赫然写着四个大字——“通缉伯乐”，给人的感觉就像是在威胁招聘单位。

第二节 其他求职材料

由于求职渠道不同，还会用到其他形式的求职材料，如求职信、自荐信等。

一、求职信

相当一部分求职者忽略了求职信对于成功求职的重要作用，认为制作一份出色的简历才是最重要的。其实，简历有简历的功能，求职信有求职信的作用。通常情况下，二者相互配合才能相得益彰，这也是国际上通行的做法。

一般来说，简历的着眼点在于自己，强调自己拥有什么。求职信的着眼点在于对方，强调能给对方带来什么。求职信的作用就在于告诉对方录用自己其将会得到多大益处，从而引起对方的注意、重视和好感，以期在成百上千的应征者中脱颖而出。求职信的好坏会很大

程度地影响个人简历的作用。一份好的求职信能为你轻松赢得一次面试机会，但一份不好的求职信则会使你的个人简历形同虚设。

（一）怎样写求职信

1. 求职信的内容

求职信发挥着与个人简历不同的作用，许多个人简历中的具体内容不应在求职信中重复，如工作经历、学历或是个人目标等。个人简历告诉别人你的自然状况、经历和技能。而求职信告诉别人“为什么你是这份工作的最佳人选。”

一份求职信应包括以下三个部分。

1）开头部分

求职信的首段要开宗明义，讲清楚寻求什么职位。说明你为何寄个人简历，你对该公司有兴趣并想担任其某个空缺的职位。可以通过在求职信中提到你是看到某月某日的报纸上的招聘广告知道有这个职位的，或者你一直通过新闻媒体了解该公司或者这个行业。这会表明求职者的诚心，而不是漫天撒网式的求职。这样做能给招聘经理留下好的第一印象。

如果你是由一位朋友或同事介绍给公司的，就在信中提起他们，因为招聘经理会感到有责任回复你的信（但是不要夸大其词，如果你对公司或者行业情况叙述不正确，招聘者是一眼就能看穿的）。当你要求担任公司某空缺职位时，要说得越具体越好。

2）正文部分

第二部分是求职信的核心内容，要先简短地叙述自己为什么希望获得这个职位，没有必要具体陈述自己的经历，因为个人简历将提供这些内容。

这部分你要在信中围绕该职位的应知、应会来写，包括与应聘职位有关的训练或教育科目、工作经验或特殊的技能；如无实际经验，略述实习类似经验也可。应着重强调你的才能和经验能够匹配岗位要求，将会有益于公司的发展。尽可能地少用人称代词“我”，要让人感到你想表达的是“我能为公司做些什么。”

3）结尾部分

求职信的结尾是希望并请求未来的雇主给予面谈的机会，因此信中要表明可以面谈的时间。使用的语言要鲜活，避免老生常谈和陈词滥调，而且不要让招聘者来决定，要自己采取行动。告诉招聘者怎样才能与你联络，打电话或者发 E-mail，但不要坐等电话。

要表明如果几天内等不到他们的电话，你会自己打电话确认招聘者已收到个人简历和求职信并安排面试。语气肯定但要有礼貌（一些应聘者会用一段话来解释个人简历中不清楚的地方，如就业经历中没有工作的阶段）。

2. 求职信要点

（1）对不同的招聘单位和行业，你的求职信要量体裁衣，内容不可千篇一律。

（2）主要提出你能为未来的招聘单位做些什么，而不是他们为你做什么。

（3）集中笔墨描绘具体的职业目标，围绕所求职位的应知应会来写，不要写没有竞争实力的空话、套话。

（4）不要过分渲染自我。你当然认为自己有能力、够资格才要申请某一职位，但不要过分夸大自己的能力或表现出过分的信心，尤其不要说出与事实不符的能力或特性来。

(5) 不要对你的求职情形或人生状况说任何消极的话。

(6) 直奔主题,不要唠叨。

(7) 留意底薪。有的招聘单位要你提到希望的待遇。你要作明智的判断,写出你觉得可行的最低薪。开始就业的人应知道,与其寻得一份高薪的工作倒不如找待遇尚可而有升迁机会的工作。

(8) 内容不要超过一页,除非招聘单位索要进一步的信息。

3. 求职信的格式

求职信没有正式的格式,但在写信时要记住一些基本的规则。

(1) 信的标题:居中写"求职信",表明此信的性质和行文目的。

(2) 信的左上角或者右上角要留出三行,用以填写家庭地址、城市、邮政编码和日期。

(3) 称呼的后面要用冒号而不要用逗号,写称呼时要用正式的语气。要用具体的称呼(如不要写"给有关负责人")。设法知道谁将收到你的信。如果有必要,打电话询问公司。如果你还是不能确定具体的名字,就称呼"尊敬的招聘经理先生或女士""尊敬的人事部经理先生或女士",或者就称"尊敬的先生或女士"。

(4) 可以用表格和粗体线来组织求职信并强调其内容,使文章易读,但要慎用。

(5) 结尾时应在姓名上方写上祝福的话,然后下面是印刷体的全名。在你的求职信中,名字与结尾之间一定要保留足够的空间。

现在的公司老板很少有看信不看人就雇用求职者的。一封求职信无论如何文辞并茂、令人心动,招聘单位不见到求职者本人是不会给予工作机会的。因此,求职信的最终目标是获得面谈的机会。只要能得到面试机会,求职信就是成功的。

(二) 求职信的形式要点

很多公司的领导认为,注重小节的人对重大的事务也会谨慎行事。一个人做人做事是否谨慎可以从一封求职信中看出端倪。别看轻了短短的一封信,一封求职信可以显露出一个人的嗜好、鉴别力、受教育程度以及人格特性。因此,写信人要格外用心。

1. 书写规整

如果是亲手写信,字体要清晰可辨,龙飞凤舞的字迹无疑是自寻绝路。如果字体不漂亮,还是把信打出来,这样看起来比较具有商业气息。

2. 注意语法

正确无误的语法、文字和标点使阅读者感到舒畅,反之则令人生厌,给招聘者留下不良印象。尤其要注意的是,绝不可写错收信人的姓名或公司名称。

3. 格式版面

信文要适当地排列在信纸中。版面安排合理、美观大方。

4. 信函礼仪

纸张最好使用品质优良、白色的信纸,信封要配合信纸的质料和颜色。信纸的折叠要适当,大小适合信封,信封上面的地址要完整、称谓要适当。

5. 慎用附件

求职信函通常不须附加推荐信,除非招聘广告有此要求。遇到这种情形,只须附上复印件即可。

（三）求职信例文

例文 4：求职信

求　职　信

尊敬的先生/小姐：

您好！我从 2014 年 3 月 15 日的《××报》上见到贵公司的招聘启事，欲申请贵公司招聘的网络维护员职位。根据招聘条件，我符合贵公司的要求。

我是××学院一名即将毕业的高职学生，专业是计算机应用。通过三年的学习，我系统地掌握了网络设计及维护方面的技术，对当今网络的发展也有较为清晰的认识。

在大学期间，我两次获得二等奖学金，而且在院报上发表过一篇论文。我还担任过班长、团支书等职务，有很强的组织和协调能力。强烈的事业心和责任感使我敢于面对任何困难和挑战。

互联网促进了整个世界的发展，我相信互联网事业必定大有前途。我愿为贵公司的事业发展做出自己的贡献。

随信附有我的简历。如蒙慨允有机会与您面谈，我将十分感谢。

此致

敬礼！

张军

2014 年 3 月 18 日

二、自荐信

（一）自荐信的内容与格式

自荐信是自己推荐自己的信。有人会问，都已经有了求职信了，怎么又来个自荐信？对求职有帮助吗？实际上，这两种信在求职作用上并无实质的差别，都可以与简历一起帮助你找到理想的职位。但是，区别不大，不等于没有区别，一般情况下，求职信的重点在“求”字，而自荐信的重点在“荐”字；同时，像本单位的在职人员为获得本单位的另一个职务，只能写自荐信而不能写求职信。

自荐信也是你进入理想单位的一块敲门砖，从求职的角度讲，自荐信是很重要的，要认真对待。

1. 自荐信的内容

自荐信是用来展示自我的，自荐信的写法与求职信写法相似，要层次分明、简洁明了，突出重点。通常情况下，多采用的是三部分的写作结构。

1）自我介绍和自荐的目的

在自我介绍部分，可以用一句话简单介绍一下自己。只要把最重要、也是与未来雇主最相关的信息写清楚就可以了。例如，“我是××大学大三的学生，将于五月毕业，专业是××。”

自荐目的要写清楚，有的可自荐某岗位、某职务，有的可自荐承担什么工作。自荐的目的要明确、具体。例如，“很高兴得知贵公司目前在招聘××职位，我自信可以胜任。”

2）自我推荐

这部分是自荐信的主体内容。主要陈述个人的求职资格，展示自己具有的才能和特长，特别是那些能满足公司的需要，能为公司做出贡献的教育、技能和个性特征。让招聘单位了解你能为他做些什么。可以从以下两方面具体去谈。

（1）专业。包括自己所学专业和业余辅修专业及特长；具体所修课程；受教育阶段和教育背景；要突出与招聘工作密切相关的内容。

（2）工作经历和能力。说明工作经历，尤其是与求职目标相关的经历，一定要强调最重要、最具说服力的资历、能力和经历；说明的语气要肯定、积极、有力。例如，我在××公司实习期间，两次因工作积极主动而受到公司领导的表扬。

3）结尾部分

结尾部分主要包括两方面内容，即向招聘单位致谢并提出希望招聘单位能予接纳的请求。还可以做一些补充，说明随信附有专家教授推荐信等内容。

信的结尾要表明你的下一步计划，告诉招聘者怎样才能与你联络，比如打电话或者发E-mail，但不要坐等电话。要表明如果几天内等不到他们的电话，你会自己打电话确认招聘者是否已收到简历和自荐信并安排面试。例如，“我将在一周内与贵公司联系，以便安排时间与贵方讨论我的资历及贵公司的要求。”

2. 自荐信的格式

与求职信一样也没有正式的格式，一般分为四个部分。

（1）标题。在信纸上方正中部位书写“自荐信”三个字，表明此信的性质和行文目的。

（2）称呼。写法与求职信相同。这里不多赘述。

（3）正文。自荐信内容。内容写完要有“此致 敬礼”“此致 告安”之类的祝颂语。

（4）落款。在信的末尾右下方写：“自荐人：×××”，另起一行写上日期。

（二）撰写自荐信需要注意的问题

1. 把握自我介绍的量与度

在自荐信中，自我推荐部分一定要实事求是、恰如其分，切忌夸夸其谈、自我炫耀，不实事求是，造成对方反感。但也要防止过分谦虚。不敢肯定自己的成绩与才能，甚至有轻视自己的语气。这样做的结果，对方不仅不认为你是谦虚，反而感到你缺乏自信或者能力低下，而不予录用。

另外，自荐信中也不可忽视突出自己的长处，如你因某种原因获得上级组织的表彰奖励，或你曾组织过什么社团组织和大型活动等。这些长处哪怕是一两句话反映在信中，都可能收到良好的效果，都可能成为你取得求职成功的关键性因素。

2. 内容简练且有针对性

冗长杂乱的自荐信是没有人愿意看的。当然，自荐信也不宜太短，寥寥数语，既说不清情况，又显得没有诚意，给人一种不认真、不严肃的感觉。总之，自荐信应该言简意赅、一目了然，一般以一千字左右为宜。要用如此有限的篇幅去打动用人单位，关键在于突出重点，有针对性。应该在对用人单位有所了解的基础上，针对所需职位而写。

不能写适合所有单位、所有职位的自荐信，也不能将几十份通过复印的、内容千篇一律完全没有针对性的自荐信向四处投寄，这样做是不会有结果的。

自荐信一定要用词准确、语句通顺；准确表达你的意图。如果用词不当、语句不通、错别字连篇，用人单位就会因你的文字水平太差而拒绝录用你。

3. 版面简洁工整

一封成功的自荐信应该字迹工整、美观、清洁，给人以美的感受，这样会留给对方办事认真和细心的好印象。如你写得一手好字，自荐信就应该用手写，并落款“×××亲笔敬上”的字样。这样既显示了书法特长，又表明了办事认真有诚意的态度，可谓一举两得，许多单位也愿意录用写字漂亮的人。

如果你的字写得不好，也不要怕，只要认真去写，会收到好的效果。打印体现了“现代气息”，也会给用人单位留下好的印象。

4. 态度诚恳、语气热情

自荐信的措辞要得当，要让对方感到你自信而不自大、恭敬而不溜须拍马，语气要热情、大方、谦虚，让人一看就感到你的真诚与踏实。不要用强硬的语气，使对方觉得你在强迫别人接受你的愿望，如“请你务必在×月×日前给予答复为盼”；不要以上压下，如“××领导要我找你们……”“×××总经理都同意了，请你们给予多多关照”等。这些都可能引起对方的反感，并因此而失去被录用的机会。

5. 可以用多种语言文字书写

如果你是向中外合资、外资或外贸等单位求职，最好能用中文和外文各写一封自荐信，这样既能显示你的外语水平，又表现了你对外方的尊重，一定会引起用人单位对你的关注。

（三）自荐信例文

例文5：自荐信

自　荐　信

尊敬的人事部领导：

您好！首先感谢您在百忙之中抽出时间给我一个展示自我的机会。我是××学院的一名应届高职毕业生。通过信息管理及计算机应用专业三年的学习，我已具备了扎实的专业基础知识功底。我有信心接受贵公司的任何面试与考核。

在校期间，我始终努力学习，成绩优异（获一等奖学金两次），掌握了C语言、数据结构、数据库原理、操作系统、微机系统等专业知识。同时，通过大量的上机操作，我熟练掌握了Windows操作系统，并对Unix有一定的了解，能够独立运用Word、Photoshop、Excel等应用软件，有一定的语言编程基础。

作为一名信息管理与计算机应用专业的学生，我认识到互联网将在未来经济中发挥巨大的作用，所以，业余时间我刻苦自学了很多网络知识，能够熟练运用搜索引擎快速、准确地进行网上查询、下载所需信息等。此外，我还学习了 Html 语言和 Frontpage、Dreamweaver 等网页编辑软件，以及 Firework、Flash 等图形处理软件，可以自如地进行网页编辑。

一个高素质人才除了掌握扎实的专业知识外，还应该具有丰富的人文知识。我从小热爱文学，博览群书，为我的写作能力奠定了坚实的基础。在大学期间，被特邀为校报记者，参赛文章多次获奖，还在报纸上发表过两篇作品。

未来社会需要的是理论和实践相结合的复合型人才。学习之余，我参加了大量的社会实践活动，做过家教、促销员，从而锻炼了自己吃苦耐劳、一丝不苟的工作作风。

鲜花和荣誉只能代表过去，未来的社会对我来说是一个陌生的世界，更是一个充满挑战的世界。年轻的我，有着旺盛的精力和不服输的信念，但缺乏锻炼自我、展示自我的机会。没有您伯乐的眼光，我将无法施展自己所学的知识。因此，我非常希望能够成为贵公司的一员。我将以更大的热情投入到新的工作中去，为公司的发展贡献自己的青春。

兹奉上个人简历、学校推荐表。如蒙约期面试，请惠告时间、地点，我当准时拜见。

此致

敬礼！

自荐人：×××

××年××月×日

三、推荐信

大家在准备好个人简历、求职信或自荐信后，为了增加就业成功的砝码，可以请学校有一定名气或影响力的专家、教授或者对你想去就业的公司有影响力的人给你写一封推荐信，让他们向招聘单位推荐你，强有力的推荐是你被录用的重要条件之一。

（一）推荐信的内容与格式

1. 推荐信的内容

（1）先介绍被推荐人的基本情况以及之所以要推荐的理由。

（2）写明与被推荐者的认识时间（何时开始认识或认识多久）、认识程度（偶尔见面或密切接触）以及关系（师生关系、上下级关系或同事等）。

（3）对于被推荐者个人特质的评估，这是推荐信的核心。主要包括被推荐者的天赋、学习成绩、研究能力、工作经验、学习精神、组织能力、沟通能力、成熟度、抱负、领导能力、团队工作能力、品行及个性方面等。

（4）必须表明推荐人的态度，是极力推荐还是有保留地推荐。

2. 推荐信的格式

推荐信的格式与一般书信基本相同。有信头、发信日期、收信人姓名、称呼、正文、信尾谦称、推荐人签名、职称及工作单位等部分。这里不多叙述。

（二）写推荐信需注意的问题

1. 推荐信要客观而公正

切忌流于形式、内容空洞，避免过于笼统和陈词滥调。要与被推荐人的其他材料（如个人简历、求职信或自荐信）等相符，而且要相互呼应。

2. 推荐信应注意格式和文法

一封漂亮有力的推荐信会让人联想到“名师出高徒”，所以要特别注意格式和文法。

推荐信常见的问题有以下几个。

(1) 夸夸其谈、缺乏实际内容。请记住，列举一个实例远比堆砌辞藻更有用。

(2) 过分夸大申请者的能力。一个高职生最重要的不是过去的成绩，而是将来的潜质。

(3) 内容与推荐人身份不符。比如，一个纯粹的数学老师不太可能知道你以笔名发表在杂志上的散文。

(4) 信息重复、多余。几封推荐信之间或者与其他材料没有区分好层次，造成很多信息被重复提及，而某些用人单位关心的信息却被忽略了。

(三) 寻求推荐信时求职者应注意的事项

1. 寻找恰当人选

好的推荐信应当由具备相当知名度且与求职者熟识的人撰写。求职者的上级、同事或学校里的老师都是最佳人选。

2. 经常保持联系

你要做的是与各推荐人保持联系，提供必要的信息和看法，并且确认每封推荐信皆能如期完成。

3. 及时表达感谢

最后记得向每位推荐人致谢，感谢他们付出心血为你撰写推荐信。

(四) 推荐信例文

例文 6：自荐信

推　荐　信

王经理：

我是××学院的×××教授，长期以来一直担任我校××专业的教研室主任。在专业教学中，我了解到××同学在各方面一直表现得很优秀。该同学热爱学习，并且成绩优异，有很强的钻研能力；在学生会和班里一直担任干部，有很强的领导能力和沟通能力；组织策划过很多大型活动，组织能力、团队工作能力较强；该同学品行端正，为人正派。我想，该同学符合贵单位招聘要求，特此推荐。

此致

敬礼！

推荐人：×××

××年××月×日

第三节 英文求职材料

现代社会，随着社会经济的快速发展，国际交流的日益频繁，各用人单位对人才的要求也越来越高，英语作为一门国际通用语言，目前已渗透到社会的各个角落。因此，求职者在求职时寄上一份英文材料现已成为一种趋势，这也是用人单位考核人才的一个标准。有些单位，尤其像一些外企、合资企业以及要求英语水平高的单位，本身就会要求你准备英文的应聘材料。

作为一名高职毕业生，你有必要写好一份英文求职材料，以便向用人单位展示你的英文水平。下面介绍英文求职信和英文简历两种常见的英文求职信函的写法，供高职生们参考。

一、英文求职信

英文求职信的结构一般包括八个部分，即信封（Superscription）、信头（Heading）、信内地址（Inside Address）、称呼（Title）、信的正文（Body of letter）、结束语（Complimentary Close）、签名（Signature）、附件（Enclosure）。

（一）求职信的内容

求职信的内容通常根据希望谋求的工作性质而定。基本包括下列几项。

1. 开头

开头部分主要表明写信的目的或动机。如果求职信是针对报纸上招聘广告而写的，信中应当提到何月何日的报纸。有时就业信息是从朋友或中介机构获得的，有时是写信人不知某机构、公司有工作机会，毛遂自荐而写的信，不论是哪一种，求职信上一定要说明写信的缘起和目的。

2. 正文

此部分主要介绍个人情况。写明自己的年龄或出生年月、受教育背景，尤其是和应聘的职位有关的培训或教育科目、工作经验或特殊的技能。如无很多实际工作经验，略述实习、实践类似经验也可。

3. 结尾

求职信的结尾一般希望并请求未来的雇主允以面谈的机会，因此，信中要表明可以面谈的时间。

（二）内容上应注意的问题

（1）英文应征函的第一段要说明写信的缘起目的，有关这方面的内容不宜用分词句子表达。例如，下面所列作为开头第一句的句子，因为这类句子被人用得太多，显得陈腐，没有新意，失去突出的特性。举例如下。

① Replying to your advertisement…

② Answering your advertisement…

③ Believing that there is an opportunity…

④ Thinking that there is a vacancy in your company…

⑤ Having read your advertisement……。

而应多采用下列语句写作。

① Your advertisement in this morning's Journal for an secretary prompts me to offer you my qualifications for this position .看到贵公司在今早报纸上招聘秘书的广告，我有意申请这一职位，现将我的相关资料提供给您。

② In your advertisement for an accountant, you indicated that you require the services of a competent person, with thorough training in the field of cost accounting. Please consider me an applicant for the position. Here are my reasons for believing I am qualified for this work. 贵公司招聘会计的广告中说明招聘条件为：能胜任此项工作，并且在成本会计领域受过全面培训的人员。请考虑我的申请。以下内容将使您相信我能胜任这份工作。

（2）求职的人应招聘单位的要求不得不提到希望待遇时，可用类似的句子。

① I hesitate to state a definite salary, but, as long as you have requested me to, I should consider 2,500 Yuan a month satisfactory. 我对待遇总是迟迟无法定确切数目，但既然您要我说明，我认为月薪2500元就满意了。

② I feel it is presumptuous of me to state what my salary should be…. My first consideration is to satisfy you completely. However, while I am serving my apprenticeship, I should consider-a month satisfactory compensation. 我不敢冒昧说出起薪多少。最初我仅想要如何工作得好，使您满意。在试用期间，月薪……即可。

下列句子不宜使用。

① As for salary, I do not know what to say. Would 2,500 Yuan a month be too much? 至于起薪，我不知怎么说，月薪2500元会不会太多？

② Do you think I should be asking too much if I said 5000 dollars a month? 若要求月薪5000元，会不会太高？

③ You know what my services are worth better than I do. All I want is a living wage. 对敝人工作的价值您比我更清楚。我仅想够糊口即可。

（3）求职信的结尾用语，要有特点，避免老生常谈的滥调。下列有几个句子，写作时最好不要采用。

① 软弱、羞怯的句子。

If you think I can fill the position after you have read my letter, I shall be glad to talk with you. 读完此信后倘若您认为我可补缺，我愿和您一谈。

② 怀疑、不妥、不安全的句子。

If you're interested, let me know immediately, as I'm sure and interview will convince you I'm the man for the job. 倘贵公司有兴趣，请即告知，我深信与您面谈可以使您相信，我适合担任此职。

③ 陈腐的句子。

Hoping you will give me an interview, I am…（我希望您惠予面谈）Anticipating a favorable decision, I wait your…（等候您的佳音）Trusting your reply will be satisfactory, I remain…（静候满意的答复）

④ 哀求式的句子。

不够完整(漏掉面谈时间)：Would you please give me the chance to interview? I can be reached by calling××××××。恳请惠予面谈，请打电话××××××。

⑤ 太过自信的句子。

I am quite certain that an interview will substantiate my statements. Between two and five every afternoon except Tuesday you can reach me by telephoning××××××. 我深信面谈可以证实我的话。您可在每天下午二至五时(星期二例外)打电话××××××通知我。

(4) 求职信的结尾用语，可以采用下列句子。

① If my application has convinced you of my ability to satisfy you, I should welcome the opportunity to talk with you, so that you may judge my personal qualifications further. 如果我的能力使您感到满意，希望能得到与您面谈的机会，以便使您对我的个人资格方面做出更深入的判断。

② May I have an interview? You could call me by telephone ×××××× between the hours of 8-11 a. m and 1:30-9:30p. m. any evening. 可否赐予面谈？您可在每天上午八至十一点，下午一点半至九点打电话××××××通知我。

③ May I have the opportunity to discuss this matter further with you? My telephone is ××××××. You can reach me between nine and five o'clock during the day. 可否惠予面谈以便进一步商讨？我的电话是××××××。我从上午九时到下午五时都可接通。

(5) 求职信的语气要发挥最大的效果。

语气必须肯定、自信、有创意而不过分夸张，如能事先洞察招聘单位的喜好或其他方面的特性，根据物以类聚的原理，求职信配合招聘单位的特性，求职的人一定可以比其他人占上风，获得面谈的机会。

下列例句语气上都欠妥，第一句显得语气太弱，写信的人有点羞怯的样子。第二句太过自信。第三句表示谦虚。我们要避免选择不适当的句子。

① I think that I should probably make a good secretary for you. 我想我可能成为贵公司的好秘书。

② I recently completed a course in filing at the… School of business. I am competent not only to install a filing system that will fulfill the needs of your organization, but I am also well qualified to operate it efficiently. 最近我在……商业补习班读完一门档案处理的课程，我自信不仅可以设置一套档案文件系统符合您的要求，而且可以有效地操作。

下面这个例句语气方面比较合适，很有风格。

③ I am confident that my experience and references will show you that I can fulfill the particular requirements of your secretary position. 我相信我的经验和推荐人可以告诉您，我能够符合贵公司秘书一职的特定需要。

(三) 其他注意事项

一封英文求职信和本人的第一印象同样重要，填写求职信时，下列事项必须注意。

1. 选择信封、信纸

求职信的信封与信纸最好以清洁、大方、明朗为原则，颜色以白色和素色为最佳选择。

2. 最好用计算机打印内容

打字是写求职信最佳的选择，如果真需要用手写也必须用钢笔和原子笔，蓝色和黑色是最佳选择。

3. 内容简明、文笔顺畅

简明扼要的内容和通顺流畅的文笔，是求职信的必要元素，但最重要的还是以正确的文法把你的有效信息平实、顺畅地表达出来。和一般中文求职信的表现方式稍有不同，就整体来说，一份能够积极展现个人特色、优点及潜力的英文求职信是比较容易得到招聘者青睐的。

二、英文简历

（一）英文简历的内容

英语简历并无固定不变的写作形式，应聘者完全可以根据个人的具体情况来确定采用何种形式，灵活设计。一般来说，高职毕业生因为没有很多工作经历，相对而言不容易展现其实际能力。因此，在这里你要善于使用 successfully、effectively 等有冲击性的形容词来强调你对工作的热诚。但是要注意把握英文的用字遣词，必须衡量个人真正的英语能力。千万不要为了表现英文能力而拼凑过于艰涩的文章，避免在面试的时候露出马脚。

英文简历一般包括下列内容。

（1）personal data（个人资料）：name（姓名）、address（通信地址）、postal code（邮政编码）、phone number（电话号码）、birthday（出生日期）、birthplace（出生地点）、sex（性别）、height（身高）、weight（体重）、health（健康状况）、date of availability（可到职日期）、number of identification card（身份证号码）。

（2）job/career objective（应聘职位）。

（3）education（教育）：就读学校及系科的名称、学位、始止时间和应聘职位相关的课程与成绩、社会实践、课外活动、奖励等都应一一列出。

（4）special skill（特别技能）。

（5）hobbies/interests（业余爱好）。如果在教育项目的课外活动中已经注明，此项则不必重复。

（二）英文简历写作需注意的问题

1. 英文简历要体现个性

英文简历制作者必须衡量自身以及应聘职务的需求，打造最能突显优势的内容，呈现方式可以自行设计，要勇于表现个人风格，不要拘泥于形式。写简历的时候，要注意是否有起承转合的整体感。为什么你要选择这家公司以及这个职务？你拥有哪些能力？今后你想做些什么？你的“卖点”在哪里？依照自己的方式及风格，将这些内容依次表达出来。

2. 文章最好按条列编排

招聘者每天可能要看上百份简历，停留在一份简历的时间最多不超过 10～20 秒。因此建议将文章内容以条列方式呈现，让招聘者在短短的时间内能马上抓住这份简历的重点。

3. 简历应精练

简历不要太长，尽量控制在一页之内，一份厚厚的简历对忙碌的招聘人员来说会是一种负担。因此，即使有再辉煌的事迹值得陈述，也不如多费一点心思设计好你的版面，务必以不超过两张纸为原则。

4. 搭配求职信

求职信是英文简历不可或缺的搭档。有了它，你的简历将锦上添花。

5. 英文简历并不需要附上照片

除非应征的公司有所要求；否则，一般并不需要贴上照片。

6. 检查拼写

检查你的拼写以及数字是否正确无误。

拓展阅读

个人求职简历的写作原则

写作简历时要强调工作目标和重点，语言简短，多用动词，并且避免会使你被淘汰的不相关的信息。人力资源管理者都很繁忙，在筛除掉不合适的应聘者前不会花费时间来浏览每一份简历。下面是为你整理的个人求职简历的写作原则。

一份卓有成效的个人简历是开启事业之门的钥匙。正规的简历有许多不同的样式和格式。大多数求职者把能想到的情况都写进简历中，但没有人会愿意阅读一份长达五页的流水账般的个人简历，尤其是繁忙的人事工作者。

这里有三条写简历的重要原则：以一个工作目标为重点，将个人简历视为一个广告，并且尽量陈述有利条件以争取面试机会。

制作出色的个人简历第一条原则是要有重点。一个招聘者希望看到你对自己的事业采取的是认真负责的态度。不要忘记雇主找的是适合某一特定职位的人，这个人将是数百名应聘者中最合适的一个。因此，如果简历的陈述没有工作和职位重点，或是把你描写成一个适合于所有职位的求职者，你很可能将无法在任何求职竞争中胜出。

第二条原则是把简历看作一份广告，推销自己。最成功的广告通常要求简短而且富有感召力，并且能够多次重复重要信息。你的简历应该限制在一页以内，工作介绍不要以段落的形式出现，尽量运用动作性短语使语言鲜活有力，在简历页面上端写一段总结性语言，陈述你在事业上最大的优势，然后在工作介绍中再将这些优势以工作经历和业绩的形式加以叙述。

制作简历的第三条原则是陈述有利信息，争取成功机会，也就是说，尽量避免在简历阶段就遭到拒绝。为面试阶段所进行的简历筛选的过程就是一个删除不合适人选的过程。

如果你把自己置身于招聘者的立场就会明白，招聘时每次面试都需要较长时间，因此对招聘者来说进入面试阶段的应聘者人数越少越好。

招聘者对理想的应聘者也有要求：相应的受教育背景、工作经历以及技术水平，这会是应聘者在新的职位上取得成功的关键。应聘者应该符合这些关键条件，这样才能打动招聘者并赢得面试机会。同时，简历中不要有其他无关信息，以免影响招聘者对你的看法。

当你获准参加面试，简历就完成了它的使命。

（资料来源：https://wenku.baidu.com/view/ba326c1e0129bd64783e0912a216147916117ecd.html.2020-02-22.）

实践课堂

1. 请你制作一份中文个人求职简历，制作一份电子简历，在此基础上班级进行简历大赛。

2. 练习英文个人求职简历。

课后练习

1. 简历写作有哪些注意事项？
2. 推荐信包括哪些内容？
3. 英文简历写作需注意什么问题？

第七章 求职应聘技巧

【学习目标】

(1) 面试注意事项和答题思路。
(2) 笔试准备和注意事项。
(3) 了解网络招聘的优势及技巧。

【技能要求】

(1) 掌握面试前的准备工作及注意问题。
(2) 熟悉面试问题回答技巧,掌握笔试的基本知识。
(3) 学会网上竞聘。

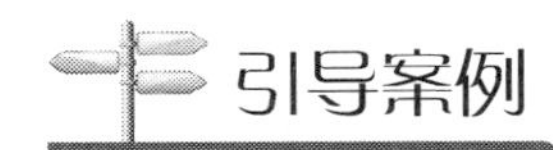

引导案例

疫情防控期间毕业生利用网络平台求职注意事项

2020年年初,疫情防控工作正处于关键时期,而毕业生也正处于求职高峰期,按照教育部门统一部署,高校暂停线下招聘活动,全面启动线上招聘活动,为毕业生求职搭建网络平台。同时,由于网络求职的特殊性,提高网络安全意识和掌握网上求职技巧尤为重要。下面列举网络求职的注意事项。

一、提高网络安全意识、防范人身财产安全

(1) 网络平台鱼龙混杂,需要严防钓鱼网站,保证个人信息的安全性和招聘信息的可靠性。尽量选择学校搭建的网络平台进行求职,或者知名度较高、运营时间长的正规求职网站。通过仔细比对,认真浏览,做好线上求职的第一步。

(2) 提高自身的安全意识,在任何平台上,尽量减少自身重要信息的上传,谨防信息泄露带来的严重后果。当被要求填写银行卡号等关键信息时,应再三思量,切忌随意将其发送给"招聘企业"或"公司人事"。

(3) 在浏览过程中谨防各种陷阱。注意"绝对高薪""迅速升职"等招聘宣传手段,保持头脑冷静,再三对比后再进行深层次了解。关键性文字应仔细推敲,避免因一时冲动签署协议、条款等约束性文件。

二、提高网络求职技巧、增加求职成功率

1. 选择恰当的面试媒介

网络平台的不可控因素主要在于网络质量，选择网络通畅的面试环境，是给自己和面试官一个舒畅的面试心情。同时也要尽量采用计算机作为面试媒介，其更清晰和广阔的成像和便捷的打字键盘是手机所不具备的。

2. 选择正式得体的着装

与线下面试不同，许多人会认为线上面试环境会更加随意。实则相反，在视频面试过程中，衣着打扮非常重要，除了展现在镜头中的部分要合理妥帖，镜头以外的衣着也要收拾妥当，以防面试官对礼仪和动作进行考察。同时，身后的背景往往也能反映出一个人的求职态度和生活习惯，如果背景为书房、会客厅等干净整洁的正式场合，就能体现出求职者对此次面试的重视；如果背景为卧室、休息室等随意混乱的休闲场合，面试官就会结合当时状况多一份考虑。

3. 明确具体的求职意愿

很多情况下，毕业生求职对职位的衡量在于薪酬和工作地点，但是在挑选更加适合自己的工作时，更应该结合自身特点和喜好明确求职意愿，并且具有针对性地准备自己的简历和面试。面试前做好充分调研，结合面试公司的企业文化，将自己用心了解的一面认真表达，会提高求职的成功率。

（资料来源：http://cxcy.hbu.cn/hdzhjycy/xwgg/tzgg/101578893258613.html. 2020-02-15.）

本章将讨论面试和笔试的各种问题，还要探讨一下网络招聘的优势、网上求职应注意的事项及技巧。

第一节　面　　试

一、面试综述

面试是求职过程中必须经过的关键环节。那么什么是面试呢？面试是用人单位与应聘者面对面直接考核的一种形式。它是通过招聘者与求职者双方面对面地观察、交谈等交互式沟通，来考察求职者的思想观念、气质类型、性格特点、能力水平等素质状况，最终确定是否录用的一种人才选拔方式。

（一）用人单位面试的目的

用人单位通过面试，一是要了解求职者的求职动机与工作期望；二是要考核求职者仪表、性格、知识、能力、经验等特征；最后还要考核笔试中难以获得的其他信息。总之，选拔出所需的优秀人才是用人单位面试的根本目的。

（二）常见的面试方式

1. 模式化面试

由考官根据预先准备好的询问题目和环节，逐一发问，其目的是获得应试者全面、真实的情况，观察应试者的仪表、谈吐和行为等。

2. 问题式面试

由考官对应试者提出一个问题或一项计划，请应试者予以解决或完成。其目的是观察应试者在特殊情况下的表现，以判断其解决问题的能力。

3. 讨论式面试

由考官海阔天空地与应试者交谈，让应试者自由地发表言论，尽量活跃谈话气氛，在闲聊中观察应试者的能力、知识、谈吐和风度。

4. 压力式面试

由考官有意识地对应试者施加压力，针对某一问题做出一连串的发问，不仅详细，而且刨根问底，直至无法回答，甚至有意问一些与面试无关的问题，看其在突如其来的压力下能否做出恰当的反应，以观察其机智程度和应变能力。例如，某大型公司的人力资源部经理在问完相关专业问题后，又追加了一个问题："告诉我，你最大的弱点是什么？"以考察应聘者的抗压能力。

5. 综合式面试

由考官通过多种方式综合考察应试者多方面的才能。如与应试者用英语交谈考察其外语水平，让应试者写一段文字考察其书面表达能力，让应试者讲一段课文考察其口语表达能力。

在实际面试过程中，考官可能只采取一种面试方式，也可能同时采用多种面试方式。

（三）面试的种类

根据面试时人数的多少，面试可以分为一对一面试、多对一面试、小组面试等。

1. 一对一面试

面试时，只有一名主考官与一名应聘者。

2. 多对一面试

多对一面试指两个或两个以上的主考官共同面试同一个应聘者。采取这种面试方法多是出于节省时间的考虑，招聘单位可以在很短的时间完成多项面试内容，几个面试考官一轮下来就可以对面试进行现场综合评定。

在这种情况下，你要注意谁是最主要的一位面试考官而加以重视，但也不能忽略其他人员，显得厚此薄彼。

3. 小组面试

应聘者分成小组开展某种活动或进行游戏，考官人数可多可少，他们同时考察一组人。这么做的目的通常有三个：一是可以横向比较面试者，统观全局，大致了解每个人的特色；二是考察小组成员的团队合作精神；三是节省时间，因为招聘工作时间紧，常常来不及一个个面试。

（四）面试的一般程序

1. 面试开始阶段

俗话说"先入为主"。与后两项程序相比，这是最重要的阶段，因为应聘者留给考官的第一印象很可能决定着你能否应聘成功。请记住，面试开始时要面带微笑，看着对方的眼睛，热情洋溢，充满信心。

2. 面试进行阶段

这个阶段是面试双方互相了解情况，加深印象的过程。考官会在这段时间里对面试者做出以下评价：一是面试者的性格是否适合这项工作；二是如果面试者成为他们中的一员，是否能有所贡献。面试者可以利用这段时间主动地打听一些关于公司以及工作的情况，看看自己是不是真正喜欢这份职业。

3. 面试结束阶段

这个阶段要展现面试者的风度以及对应聘工作的兴趣。首先对考官表示感谢，如果结果还没确定下来，可以询问："下一步我需要做什么"或者"我有希望被录用吗"？这些问题表达了你对这份职业的兴趣，能够加深用人单位对你的印象，增加被聘用的可能性。

（五）面试没有标准答案

面试单位的情况不同，人员构成不同，所设计的提问也会涉及专业、社会等方方面面，提问目的不同，对答案的认可度就不同，而且，关于社会问题的看法，也没有固定的标准答案。

比如，很多单位都问应聘者"你业余时间做什么"这个问题。各单位的出发点、目的却不尽相同，有的是真想知道应聘者业余时间做了什么，有的却另有用意，想知道应聘者所答是随大流还是独有心得。

因此，用人单位提问的用意无从猜测，也不应猜测（应聘面试决非猜灯谜）。我们的主张是回答问题不要丢掉做人、做事的基本原则。

二、面试准备

面试的准备，同学们从进入大学后就应该开始了。大家应当全面学好专业知识，提高专业技能，在此基础上，尽可能地扩大知识面，特别应注意语言表达能力的锻炼。多参加集体活动，课堂讨论大胆发言，这些都有助于语言的组织和讲话能力的提高。同时还要有意识地多与不熟悉的人交谈，养成与生人自如交谈的习惯。

"知己知彼，百战不殆"，机遇总是降临到那些有准备的人身上。在此，我们主要讨论在应聘面试前应做好哪些具体的准备工作。

（一）做好自我认知准备

想自信地应对面试，首先要对自己有清楚的认知。面试前，应对自己的能力、特长、个性、兴趣、爱好、优缺点、人生目标、择业倾向做认真的分析。例如，写出几件自认为可以称得上成功的事情，逐一分析这些事情成功的原因，列出你最主要的几项技能。

另外，一定要针对应聘单位设计较为详细的个人职业发展计划，不仅要设定目标，还要设计达到目标的途径。这样，当问及"你未来5年计划如何发展个人事业"时，你就能从容地评估自己目前的专业技能，以及你为胜任职业目标所拟定的粗线条的技能发展计划。

（二）做好资料准备

1. 准备个人资料

除了自荐信、有关人士的推荐信、个人简历等，还要准备好学习成绩单、获奖证书、个人科研成果、论文、参加有关活动的证明等，以备考官在面试时翻阅、核查。

2. 收集用人单位的有关资料

面试前应对所应聘的单位做全方位、深入地了解。切记，了解他人是推销自己的前提！

谈论用人单位的优点，是你与单位领导快速消除陌生感、拉近距离的桥梁；指出用人单位某些方面的不足，并提出建设性意见，是让对方认知你长处的切入点。

高职生应尽可能多地了解用人单位的历史、现状、领导层的风格，掌握该公司的业务方向、产品特色、发展前景等，必要时，还需要对该行业通盘了解，一是对自己的前程负责，二是以备应聘中的相关提问。

某商贸高职学院毕业生张娜在学校是个不错的学生，用人单位看了她的简历后也比较感兴趣。但是当考官问她对本公司文化和项目的理解时，却发现她对公司一点也不了解。本来她可以拥有半个小时的面试时间，结果短短 10 分钟就草草结束。她自称所拥有的表达与策划的长处也无法展现。

（三）做好模拟演练准备

在面试时，考官常常会问到一些常见的问题。如果能够事先准备，在回答这些问题时就会胸有成竹，非常有助于面试成功。不同的招聘面试会提出不同的问题，但有些问题是比较常见的。其中两个问题是必考题，需要提前认真准备。

① 请做一下自我介绍。

② 你为什么选择本公司？

此外，还要针对面试可能提出的其他问题进行必要的准备。这些问题可能涉及公司业务、文化、行业背景，如“请你谈谈对本公司的了解”“你知道本公司在行业中的地位吗”；也可能涉及公司所需要的专业知识，如“如果对公司某产品进行促销，请你设计一套促销方案”；有些还可能涉及应聘者个人的性格、兴趣爱好、对工作的态度、工作能力以及对某些社会问题的看法等诸多方面。

例如，“据某报纸报道，某公司上个月裁减 20 名员工，其中 12 人是应届高职生，请你谈谈对此事的看法”。这些问题的准备与前面资料的准备环环相扣。只有在全面了解面试单位、充分客观评价自我、关注社会热点问题的基础上，才能对答如流。

（四）做好语音准备

在面试中给考官留下良好的听觉印象是面试成功的关键因素之一，所以万万马虎不得。听觉印象主要指说话时的语气、音调，甚至逻辑重音，这些都体现了一个人的教养。同学们要注意声音的清楚、悦耳，要显示出自信。

大家结合前两项准备工作进行模拟面试，练习语音、语速，及时调整和改善不足之处。首先要改掉不良的说话习惯，尤其要注意去掉不文明的口头禅；其次尽量讲普通话；再次要注意语音表达，语音尖细或低沉都不好，做到语调平和、音量适中；最后要练习说话语速，保持中等语速（每分钟约 120 个字，类似收音机里播音员的语速）。

（五）做好服饰装扮准备

很多高职毕业生没有意识到自己未被录用的原因是对求职时服饰的疏忽。国内外有关调查表明，有近 1/3 求职者落选是因为他们的服装不合格、不修边幅或行为不雅。应聘时的着装一定要讲究，做到搭配合理、色调和谐。同学们在准备服饰时要注意以下几点。

1. 根据体型选择服装

瘦高体型者不宜选用竖条和质地较薄的服装；否则会夸大纤细的身形，给人缺乏韵味之感，而质感厚实点儿的衣料会使体瘦的人看上去精神抖擞；体形丰满者应选择厚度适宜的衣料,过厚过薄的服装都会暴露体形缺陷,肥胖者切忌穿夸大体型的大花纹、横花纹、大方格图案的服装。

2. 着装正统大方

面试是求职的重要环节,同学们都会慎重对待,穿着正式能够显示出你对面试单位的尊重。着装不必赶时髦,不必求流行。在服装选择上,男生适合选用西服,显得稳重、干练;女生则应选择简单、明快且质感较佳的服饰,在整洁典雅中可透射些许活泼美丽,佩饰要少而精。

3. 发型

发型在人的外观上占有重要地位。男生过长的头发,女生过于夸张、染色的头发或头发蓬乱,往往会产生不利效果。女生整理发型应以整洁、清纯、大方为原则,如果不是短发,最好把两侧长发放在耳后,并且用发卡夹好。

对于银行业、机械行业、食品业等单位而言,由于员工经常与客人或设备接触,为保持清洁或出于礼节考虑,这些单位一般不允许女生留长发。即使允许留长发,也要求将长发扎起来。

(六) 做好身心准备

健康的身体是参加面试的前提,良好的精神状态是面试成功的重要保证。同学们一定要注意身心准备工作。

(1) 加强身体锻炼,保证睡眠,保持充沛的精力和体力。应聘前的几天内,不做过于劳累辛苦的事情,也不参加过于紧张、刺激的活动,保持心理稳定与愉悦。

(2) 克服消极的心理紧张。临场前过度紧张和焦虑、临场时呆板和木讷,是面试的大忌。求职者应注意调整好临场前的心理状态,自然而又精神饱满地参与面试中的竞争。

(3) 充满必胜的信念。应聘成功取决于日积月累的内在修养,如高尚的品德、良好的习惯、健康的人生态度、自然的人际亲和力和熟练的业务技能。要相信,既然准备好了,就一定会成功。

三、面试注意事项

(一) 注意提前赴约

任何一个单位都希望自己的员工有严格的时间观念。迟到是求职面试的大忌,它会让考官怀疑你的工作效率,不利于求职的成功。据有关专家统计,求职面试迟到获得录用的可能性只相当于准时到达者的1/2。因此,面试时一定要尽早出门,提前到达面试单位。

提前到达既可以有充分的时间来考察公司,又可以使你思考一下准备回答的重点问题,稳定自己的思绪。一般来讲,面试前留出20分钟的富余时间,可以应付一些意外情况。如果路途遇到预想不到的麻烦事,一定要采取措施,比如给招聘单位打电话解释清楚原因等。但是也不要早于15分钟以上到达面试地点,这会让人认为你过分着急。

(二) 注意细微之处

走路、进门、握手、坐姿这些细节可以反映出一个人的内在修养,都不可过于随意。

首先,要注意通报细节。到达面试地点后,不可贸然进入,一定要先敲门,不论门是否开着。经允许后轻轻推开门进入,如果需要关门,则请轻轻关门。

其次，注意握手礼节。若非考官先伸手，切勿主动与对方握手。握手的一般规则是上级可对下级主动，长辈可对晚辈主动，女士可对男士主动。

再则，应注意坐姿。在未得到考官的邀请前，请勿自行坐下，当对方示意坐下时，应道声“谢谢”。正确的坐姿是：后背自然伸直，双腿不能叉开，男生双膝应与两肩平齐，女生双膝并拢。双手自然放置大腿上或双手相叠放在桌上，不要有挠头、抓耳、掏兜、弹动手指、抖动双腿或跷起“二郎腿”等不良的习惯性动作。

有些考官特别注重应聘者在简历之外给人的感受。例如，给应聘者的水杯特意用普通水杯，看看他放杯子时发出的声响，看他是否会盖上杯盖等。

细节决定成败，用人单位除了通过细节观察面试者个人修养之外，有时细节还可能暗扣考题。比如，正式面试时问你：“对抽烟怎样看?”，你的回答一般会遵循着社会公众思路说抽烟有害健康，然而，刚才在休息室，有人却观察到你迫不及待地连抽了两支烟。显然，你言不由衷、言行不一，必然导致应聘失败。

有时在你未到面试现场前，用人单位已安排了考察环节。比如：在你路过之处放一把碍脚的笤帚，休息室故意不设烟灰缸，在你座椅附近扔几团废纸。总之，对个人日常习惯的考察，最有效的方法就是通过这些不经意的“小事”，而小事却反映大问题，所以一定要重视细节。

（三）注意面试言谈举止

言谈举止不仅可以看出一个人的个性、修养，也可以看出其成长环境及家教状况。求职面试过程中言谈举止文明有礼，对顺利通过面试具有积极的促进作用。

1. 注意交谈表情

面带微笑进入面试场所能让你消除紧张情绪，同时也能让考官心情愉悦。面试时要正视前方考官。如果考官有两三位，则看着首席或中间的一位，表情要轻松、柔和、自然、大方。

2. 恰当使用肢体语言

面谈中，身体稍向前倾，以示对谈话的兴趣。及时用眼神、点头、微笑等简洁的肢体语言对考官的讲话做出相应的反应，切不可注意力涣散，左顾右盼，更不能有打呵欠、看手表等失礼的表现。思索问题时切忌眼球乱转或翻眼盯着天花板。回答问题时切忌低头不看人，或是不敢直视面试官。克服这些毛病，在于平时良好习惯的养成。

3. 面试中的言谈礼仪

1）注意谈话方式

不要打断考官的话题，注意倾听对方的谈话内容，对重复的问题不要表示出不耐烦。

如果对考官的话没听懂或没听清，应等考官把话说完再提出：“很抱歉！刚才您说的是……吗”？“您刚才这句话我没有听清，能否再重复一遍”等。

2）注意运用规范的语言

忌用口头禅、方言、土语等不为他人理解的语言，更不能油腔滑调。

3）及时告辞致谢

考官说：“今天辛苦你了!”即意味着结束。你应从容站起，面带微笑说：“谢谢!”走至门口，回身说：“再见!”出门要随手轻轻关门。切记，无论有无录用的希望，都应向对方衷心道谢，这最能体现你的真诚和修养。面试结束前不要忘记表态：“非常感谢贵单位给我的面试机会”“我非常愿意成为贵单位的一员，请领导考虑。”

（四）面试要注意的禁忌

求职面试前，应当了解面试的有关禁忌事项，并从中吸取教训，避免在以后面试中重蹈覆辙。

1．过于想博得好感

不切实际地赞颂或奉承用人单位，或者中伤用人单位的竞争对手。在具备专业素养的考官面前，这种行为是非常忌讳的。

2．过分谦卑

谦虚是美德，但是如果把握不好度，容易出现语言沉闷、底气不足，或者行为过于拘谨，使得用人单位没有信心录用你。

3．过分自夸

应试者大谈个人成就、特长、技能时，却没有实例相印证，容易招致考官反感。此外，言谈过于自信，说话滔滔不绝，会使年轻的考官产生危机感。

4．过于外向

情绪变化太快，情感极易流露，动不动就大笑或流泪，会使考官认为你不成熟。

5．过于世故

想方设法与考官“套近乎”，缺乏高职生应有的单纯、开朗，容易影响考官对你人品的判断。

6．过于随便

自称没拿这次面试当回事，只是想锻炼锻炼自己，或者有好几家用人单位还等着我呢。

四、面试问题分析及答题思路

（一）面试经典问题分析

1．你希望与什么样的上级共事？

通过面试者对上级的“希望”可以判断出面试者对自我要求的意识，这既是一个陷阱又是一次机会。面试者要回避对上级具体的希望，多谈对自己的要求，如“作为刚步入社会的新人，我应该多要求自己尽快熟悉环境、适应环境，而不应该对环境提出什么要求，只要能发挥我的专长就可以了。”

2．你最崇拜谁？

这是近两年用人单位经常考的一道题。面试者回答时，不宜说自己谁都不崇拜，或者说崇拜自己，也最好不要说崇拜一个虚幻的或者不知名的人，更不能崇拜一个明显具有负面形象的人。面试者所崇拜的人最好与自己所应聘的工作能“搭”上关系，说明自己所崇拜的人的哪些品质、哪些思想激励着自己、鼓舞着自己。

3．除本单位外，你曾应聘过其他单位吗？

据实回答。无论该单位是不是你的首家应聘单位，我们建议不妨这样回答：“应聘过，但根据我个人的专业及性格特点，我认为现在我所应聘的工作岗位，最能发挥我的专业和特长，也最有可能为公司做出较大贡献。”要让考官感觉你加盟其团队的决心是坚定的，选择是有诚意的。

4. 你对琐碎的工作是喜欢还是讨厌？为什么？

这是个两难问题，考官目的在考察你的“工作态度”。

我们可以这样表述自己的态度，“琐碎的事情在绝大多数工作岗位上都是不可避免的，如果我的工作中有琐碎事情需要做，我会认真、耐心、细致地把它做好。”这句话既委婉地表达了大多数人的普遍心理——不喜欢琐碎工作，又强调了自己的对琐碎事情的敬业精神——认真、耐心、细致。既真实可信，又符合考官的用人心理。

（二）面试常见问题答题思路

1. 浅层问题

浅层问题是相比较而言的，它们比较简单，没有涉及复杂的社会层面或深刻的内心层面。回答这类问题，需简单明了。

(1) 工作对你来说有什么重要意义？

思路：不应说收入、薪水、家庭，而应说工作的挑战性、成就感。

(2) 你为什么希望来本公司工作？

思路：强调用人单位的前景、名望，社会上很多人对该公司的归属感、向往感。

(3) 如果录用你，你可以干多久？（两年以后你希望在哪里？）

思路：他想考察你的稳定性。任何公司都不愿录用朝秦暮楚之人。可以回答：只要职位适合自己，学有所用，工作有长进，愿意长期干下去。

(4) 你最突出的特长是什么？

思路：强调团队合作精神、办事效率及用人单位所需的主要职业素养。

(5) 你最突出的弱点是什么？

思路：不能直接回答自己的弱点，如“我懒惰。”而是化腐朽为神奇。例如，“我对自己要求过于严格。”“我办事讲究完美。”“我脾气较好。”等。

(6) 请你作一下自我介绍好吗？

思路：一般来说，考官想通过自我介绍，了解你的个性特点以及这些特点是否适合目前应聘的岗位。因此，你要在自我介绍的时候，很巧妙地在自己的特色与所应征的工作之间找到结合点、相关性，并将其突出出来。

(7) 你业余时间干什么？

思路：强调自己的社会适应性，如参与社会活动、社交活动，参加某某协会、某种社会实践等。

(8) 你对本公司有什么问题要问？

思路：说明该公司已有了录用你的意向。你不应放弃这个表达自己兴趣和热情的机会。你应就公司或岗位的前景提问。

2. 深层问题

深层问题是指问题牵涉面广，比较特殊、少见，回答难度较大，而且答案往往不固定，需根据当时情景灵活作答。

(1) 给你一部小轿车，限一星期，有把握学会驾驶吗？

思路：考的是信心，实际上是不现实的。因此一定回答能够学会。

(2) 当国家利益和本公司利益发生冲突时，你怎么办？

思路：考的是协调意识。在管理工作中，少有非此即彼的对立策略，多是在矛盾中协调。因此，决不能采取一边倒策略，说什么“我要维护本公司利益”或“我应维护国家利益”。而应当说：“我会全力淡化冲突和矛盾，让双方利益损失降到最低。”

类似的问题还有很多，比如：“公司晚上要加班，你却接到家里电话，去火车站接亲戚，你怎么办？”回答思路同上。

(3) 你有什么与众不同之处？

思路：考察自信，特别是考察是否自负。你的回答应先平和再现出棱角。

可以回答：“在日常工作中，我与他人一样努力工作；可是一旦遇上困难、挫折，我的特点是越战越勇。”

(4) 你是一个顾家的人吗？

思路：很难确定考官到底喜欢还是讨厌顾家的人。如果你遇上的考官是个儒家风范的老者，那么当然选择回答顾家；可惜现今的考官大多是比你大不了几岁的年轻人，实干家，实用主义者，那么多半要回答不顾家。

保险的回答是：“我顾家，但我更顾工作；家是后方，工作是前方，相辅相成。”

(5) 你是应届毕业生，缺乏经验，如何能胜任这项工作？

思路：此题的回答应体现出面试者的诚恳、机智、果敢及敬业。例如，作为应届毕业生，在工作经验方面的确会有所欠缺，因此在读书期间我一直利用各种机会在这个行业里做兼职。

(6) 你喜欢什么样的领导人？

思路：不能将之描述成高大全的领导干部形象，那样你在考官眼里是个浪漫主义者。应当实际一些，拣最重要的描述。例如，他可以有很多缺点，比如爱发脾气。但是，他应当热爱工作，关心下属，对我而言，他应当支持和帮助我；或者我喜欢民主型、开放型的上司，但实际上，我的适应能力很强，我会适应各种各样的领导。

3. 其他问题

其他问题是指在上述问题之外，还会出现的比较难应对的特别问题。

(1) 你对待遇有什么要求？

思路：有些年轻人以为说低了工资是没有自信、贬低自身价值的表现。用人单位聘用一般员工一般倾向于“物美价廉”，人好用，付给他的薪水不要高。应聘者可以从两方面适当地提出自己对待遇的看法：一是要求同岗同酬，薪水不低于同类工作人员；二是表示将来要用才干和业绩来改善自己的待遇。

(2) 如果公司安排的岗位与你应聘的职位不同，行不行？

思路：一般来说不会真的让你调换岗位，它只是个问题，考察你能否应变。因此不能贸然问考官那是什么岗位。应从两方面回答：一是希望应聘原岗位，表现你不是仅仅为了有个工作，什么岗位都无所谓；二是表示如果变更的岗位能发挥才干、学以致用，也在考虑范围之内。

(3) 如果单凭兴趣，你会选择什么职业？

思路：决非想知道你的兴趣，而是在考察你对理想与现实关系的处理。每个人都有理想的职业，而如今的选择都有些无可奈何。你的回答决不能顺着原题说。

而是要说："我选择职业首先考虑建功立业，兴趣只是儿童时代的想象。"

(4) 如果把你安排到本公司的驻外地（一般都明确说明山西、甘肃等边远地区）办事处，你可以接受吗？

思路：没有公司会把新来的、不熟悉工作的人员安排到外地去。驻外人员都很精干。这里纯粹是考察你艰苦奋斗的决心。可以这样回答："我能吃苦，适应性也强，只要岗位能发挥我的才干，我就去。"

(5) 你走进我们公司，有什么印象、感觉？

思路：决不说吹捧话，如"特有气势"。而是先谈用人单位文化标识，如颜色、厂徽；再偏重谈人文气氛，如安静、有秩序、有礼貌；最后确认"这里是我建功立业的地方"。

案例

巧妙回答打开求职之门

在上海某单位组织的一次面试中，主考官先后向两位考生提出了同样的问题："我们单位是全国数一数二的大集团公司，下面有很多子公司，凡被录用的人员都要到基层去锻炼，基层条件比较艰苦，请问你们是否有思想准备？"

毕业生 A（我校）说："吃苦对我来说不成问题，因为我从小在农村长大，父亲早逝，母亲年迈，我很乐意到基层去，只有在基层摸爬滚打才能积累丰富的工作经验，为今后发展打下基础。"

毕业生（B）（外校）则回答："到基层去锻炼我认为很有必要，我会尽一切努力克服困难，好好工作，但作为年轻人总希望有发展的机会，不知贵公司安排我们下去的时间多长？还有可能上来吗？"结果前一名学生被录用，后一名学生被淘汰。

在面试过程中，回答问题的技巧非常重要。对有些问题的回答，表面上看来合情合理，无可厚非，但却令考官反感。这是因为：考官并不在乎你回答内容的多少，而在于考察你对问题本身的态度，进而了解你对职业的态度等。显然，这一案例中，考生 A 对下基层态度端正、诚恳，令主考官欣赏；而考生 B 思想上明显有顾虑，尽管是人之常情，但这种场合下他的回答显然不合时宜。

（资料来源：https://wenku.baidu.com/view/986a8f4a85254b35eefdc8d376eeaeaad0f31651.html?from=search&isVipfree=1.2019-10-28.）

第二节　笔　　试

笔试是招聘单位利用书面形式对求职者的各类知识和技能进行的综合性考查。主要适用于应试人数较多、需要考核的知识面较广或需要重点考核文字能力的情况，大多数用人单位、国家机关选聘公务员，往往采用此种考核形式。

笔试的题目有相对的标准答案，答卷可以设计得科学、全面、重点突出，而且有案可查，相对公平。因而越来越多的招聘单位喜欢采用笔试与面试配合的方式，选拔人才。因此，求职者不可轻视笔试，必须认真对待。

一、笔试的作用与种类

（一）笔试的作用

（1）笔试是用人单位测试求职者的重要途径，通过笔试，用人单位能够对求职者的基本知识、专业知识、文字表达能力等综合素质进行较为客观的判断。

（2）笔试的试卷是决定求职者去留最客观的评判标准。它既可以防止任人唯亲等不正之风，也可以作为求职者能力的留档记录。

（3）笔试的结果是根据一定的标准答案评定出来的，它弥补了面试结果受个人爱好、感情用事评分的缺陷。笔试得出的分数往往真实、可靠且排名简易。

因此，笔试对求职者们来说是一次公平的竞争，对用人单位来说是检查和核实求职者真才实学的好办法。

（二）笔试的种类

参加笔试之前，应了解笔试的种类，以便做好准备，充分发挥出自己的水平，争取好的成绩，取得应聘的成功。笔试可分为文化考试、专业考试和技能考试等。

1. 文化考试

文化考试是为了检验毕业生的文化程度和综合能力。毕业生虽然有学校出具的学习成绩单，但用人单位为了直接掌握毕业生的文化素质，也往往采取笔试的方法考查。

题目类型以主观题居多。例如，要求学生运用某一原理，或某一历史知识，分析某一问题，以考查毕业生文化程度、文字表达水平、分析和解决问题能力、综合归纳能力、思维能力等。其特点是涉及面广，知识的综合性强，题目往往较灵活，考试形式往往是作文或论文写作。

（1）作文。作文即给出特定范围或特定要求，甚至给出明确题目，当场作文，以此考查求职者的思维能力和语言表达能力。一般不做记叙文、议论文，而是与公司、行业或专业结合起来，写应用文，如书信、专业文书（请柬、贺信等）。

（2）论文写作。形式是给出一道或几道题目，要求任选一道，在两小时乃至数小时之内交卷。内容可以是人文素质方面的，也可以是专业领域的。例如，美国科内尔公司招聘高级白领，论文题目就是“论莎士比亚”。

2. 专业考试

专业考试是按专业类别进行的着重考查职业活动所必需的专门知识的考试，此类考试的题目专业性很强。例如，外资用人单位招聘雇员要考外语；公检法机关录用干部要考法律知识；国家机关招聘公务员要考行政管理方面的知识等。用以考查求职者的专业知识、专业技能。考查知识面广，但深度、难度并不高。

国家公务员考试是近年来较受毕业生重视的专业考试，它是录用非领导职务的一般公务员面向社会的公开竞争性考试。按性质和权责的不同分为A、B两类。

A类职位主要包括在中央、国家机关和中央国家行政机关派驻机构与中央垂直管理系统所属机构中，从事政策、法律法规、规划等的研究起草工作和实施中的指导、监督检查工作，以及从事机关内部综合性管理工作的职位（如国家计委综合司从事经济形势分析和政策研究的职位）。

B类职位主要包括在中央、国家机关和中央行政机关派驻机构与中央垂直管理系统所属机构中，从事机关内的专业技术工作、对机关的业务工作提供专业技术支持的职位（如某些机关内部的财务会计职位）；实行中央垂直管理的行政机关中直接将各项具体规定施于公民、法人和其他组织的行政执法职位（如基层海关中从事海上缉私或现场查验工作的职位）。

A类笔试公共科目为《行政职业能力测验》（A）和《申论》两科。

B类笔试公共科目为《行政职业能力测验》（B）一科。

3. 技能考试

这种考试主要测试应聘人员处理问题的速度和效果，检验对知识和智力运用的程度和能力，以检验求职者的实际业务能力或技术能力，往往采用实际情景模拟法或典型技术问题处理法。往往将考试放在特定的工作环境中给出几个条件，要求求职者自编一份申请报告、会议通知或准备工作流程等；或者安排考生听取5个人的发言，然后写一份评价报告等。

（三）常见的笔试方法及试题类型

求职考试不同于课程结业考试和招生考试。前者属于人事考试，而后者属于教育考试。与教育考试相比，求职考试涉及的知识面更广但深度较低，综合性更强但难度不高，和实际工作配合更密切但大都是有关知识的简单应用。求职者应该注意求职考试的这些特点。笔试的方法很多，但常见的有以下四种。

1. 测试法

测试法是运用得最多的笔试方法。常见的测试方法也是四种。

（1）填充法。也称填空法，主要是往缺少词语的句子里填充词语。做法有简有繁。

（2）是非法。也称订正法或正误判断法，是要求判断内容正误的方法。

（3）选择法。即对某一词句或问题提出若干容易混淆的解释，要求肯定其中一种正确的解释作为答案。一般要求用“O”或“√”作标记，确定一种答案。

（4）问答法。要求考生对提出的问题做出回答，大都是要求用简单的词语回答简单的问题。

2. 论文法

论文法在我国已有较长的历史，在招聘选拔人才的笔试中曾被普遍采用。这种方法与测验法明显不同的是，它可以使受试者做出自己的答案。如果测验法是封闭性考试或识别性考试方法，那么论文法则是开放性考试或表达性考试方式。

论文测验的内容主要是让应聘者对职业选择的具体问题做出评价，对某种现象做出分析或写出感想。例如，试用马克思主义的基本观点说明一两个具体问题；你对当前改革有何见解；谈谈你对目前国际形势的看法。事故分析、对公司或经理的评价、读后感等都属于论文测验性质。

论文测验远比简单的测验题更能判断一个人的水平，其缺点是评分难以制定出切实的标准答案，容易渗入主观因素。同时，论文测验题多属于理解性的，在解答这类题型时应该读透题意，解释全面。

3. 作文法

作文笔试法是我国的传统考试方法，与上述论文法相比，作文法关注的是应聘学生的应用表达能力，而前者更注重理论水平和逻辑结构。作文法有两种。

（1）限制性的作文。

限制性论文是指供给条件的作文，是让应聘者根据考试者提供的一定条件，在一定的范围内作文。比如先让考生阅读一封他们考前不易猜测到内容的信，然后让他们根据信里提出的问题写回信。这样既可避免押题，又利于考出真实水平，考试时又利于被试者思想迅速集中，循着一定的思路作文。

（2）公文类。

例如，某公司销售部门打算买一台计算机，请你写出一份请示报告；某市准备召开高校精神文明建设经验交流会，请写出一份会议通知等。

4. 实操法

实操法主要用在技能测试上，考试的环境一般是真实的办公场地。例如，让应试者参加一次主题讨论会，讨论主题"怎样增强国家宏观调控的能力？经济体制改革如何深化？"然后应试者就本次讨论会写出一份会议纪要和英文提要，并用计算机打印出来。

又如，设定某外商要来本公司洽谈合作事宜，来电话告知有关日程安排的场景，要求应试者用相应语种接听电话，并打印出电话记录呈报有关领导。阅读数篇群众来信，并结合秘书工作的职责写出一份情况汇报，打印上报等。

二、笔试准备

良好的求职考试成绩来自平时的努力学习。在学习期间刻苦学习，将所学专业知识及基础知识弄懂学会，这样在考试时就能信心十足、得心应手。求职者参加考试应做好以下准备。

（一）要做好应试准备

应试前了解考试的范围和具体方针，有针对性地进行必要的准备。特别要注意学习那些在学校没有讲授过的知识，复习早已遗忘的有关课程。一般来说，这种备考应以扩充知识量为主，而不必花费大量的精力去思考有难度的问题。同时，笔试都有个大体的范围，可围绕这个范围翻阅一些有关的资料。

（二）要适当复习专业知识

复习专业知识应做到以下五点。

1. 提高解决实际问题的能力

现在外企公司的笔试越来越多地强调学以致用，用学过的知识解决实际问题。比如，用数学知识求解交通拥堵；十字路口的红绿灯多长时间变颜色最合理等。国内的各公司都转向大量采用这类实用题型，因此要多加练习。

2. 系统复习基础知识

笔试题不可能铺天盖地,最可能出的顺序为科技知识(包括数理化、科普)、文史知识、经济知识、政法知识。这些知识不是高精尖,而是基础性的。

3. 多练习

现在市面上流通着很多求职应聘题,特别是著名外企公司的应聘题。可选择一部分题作训练用。练习时注意做到“眼到心也到”——不能光“看”(浏览),而是有选择地拿来做练习。每练一道题,应思考该道题的出题思路和解题关键,争取举一反三,归纳出类型,以后再遇见同类型题目就会做。不能指望背答案。

4. 熟悉用人单位或机关应用文格式

选择比较规范、比较权威的应用文写作工具书,熟读乃至掌握重点应用文格式。

优先熟读乃至掌握的应用文类型包括通知、报告、请示、函、备忘录、申请书。

5. 模拟写作练习

草拟一两篇论文(如人文方向的一篇、专业技术方向的一篇),并请老师指导。

三、笔试的注意事项

求职考试的主要内容是基础知识和专业技能知识,其次是同专业有关和同招聘单位有关的某类知识。用人单位对毕业生进行笔试考核,不仅仅考核文化、专业知识,往往也包括心理素质、办事效率、工作态度、修辞水平、思维方法等。所以,毕业生在参加笔试时,要做到“三要”和“三不要”,认真审题,将自己的认知水平、文化水平和能力水平通过笔试较好地展示出来。

(一)笔试“三要”

1. 要做好充分准备

提前熟悉考场环境,掌握注意事项,有利于消除应试时的紧张心理。除携带必备的证件外,一些考试必备的文具也要准备齐全。考试前要有良好的睡眠,以保证考试时有充沛的精力和良好的竞技状态。

2. 要了解考试的规则和具体要求

考试时切不可违反规则;否则不但被取消录用资格,招聘方还会怀疑你的品格,以至于影响其他单位的录用。

3. 要掌握科学的答卷方法

拿到试卷后,首先应通览一遍,了解题目的多少和难易程度,以便掌握答题的深度和速度。其次要按照先易后难的原则排出答题顺序,先答相对简单的题,最后再攻难题。答题时要掌握好主次之分。有时毕业生见简答题是自己准备较充分的,洋洋洒洒写了上千字,而对论述题目则准备不够,就随便写了几十个字。这样功夫没用到点上,成绩当然会受到影响。所以,毕业生要在统览全卷的基础上,抓住重点题目下功夫,认真作答,充分显示自己的知识水平。第三要尽可能留出时间对易出错的题目进行复查,特别注意不要漏题。最后要注意卷面清洁,字迹力求清晰,书写不要过于潦草,字迹难以辨认会影响考试成绩,不要做大面积的涂改。认真的答题态度、细致的书写作风,会大大增加被录用的可能性。

（二）笔试“三注意”

1. 注意把握复习重点

不要把复习重点放在难题、怪题上，要把基础知识掌握好，在实际运用上下功夫。

2. 注意不要浪费时间

有时笔试出题量较大，其用意一方面考察知识掌握程度，另一方面考察应试者的应试能力。所以，考生在浏览卷面后，要迅速作答较容易的题目，余下的时间再认真推敲其他题目。不要死抠几道题，浪费时间。

3. 注意克服紧张情绪

情绪紧张往往会导致怯场，怯场就会影响考试成绩。客观地对自己进行正确评估，有助于克服紧张情绪和自卑心理，增强自信心。求职笔试与高考不同，高考是“一锤定音”，而求职考试则有多次机会。

要在求职考试中胜出，主要是依靠平时的努力学习和不断积累，因此打好基础、积极准备、沉着应对才是考试过关的关键。

第三节　网络应聘

网络招聘，一个并不新鲜的名词，排除了时间、地点、金钱的限制，网络招聘获得了更多的受众。上海人才热线最新资料显示，近期参与网络招聘的单位和个人以超过70%的速度直线上升。其中应届毕业生的增长速度尤为明显，以超过75%的数量急剧增长。

国外某家具公司驻华办事机构招聘木质家具质量监督员、成品沙发质量监督员等职位，岗位专业性强，综合素质要求高，信息在浙江人才网上发布不到三天，就有1375人次的点击量。

一、网络应聘的优势

网络招聘之所以发展迅速，和传统招聘相比，具有以下优势。

1. 信息多

与应聘意向相同或相近的职位非常多，少则几十条，多则上百条、上千条可供选择。

2. 用时少

传统招聘会大都需要大半天时间，且旅途劳顿；网络招聘则可以足不出户，不必风吹日晒，就能及时浏览到大量最新的职位需求信息，从而做出快速反应。

3. 范围广

网络招聘不仅可以查找到申请人所在城市的职位，而且可以跨地域寻找其他城市的工作岗位，求职机会更多。

4. 成本低

传统招聘方式需要制作简历、打印简历，如果再加上照片、门票、往返交通等费用，一场下来至少要几十元甚至上百元。网络招聘则大大节约了成本，只需一点儿电费，扫描一张照片(甚至不用扫描)即可。

5. 应变快

网络上的招聘信息每天都有新动向,可以根据自己选中的公司和职位,对网络简历做快速改动,避免了招聘会上对不同职位无法做相应变动的尴尬和遗憾。

二、网络应聘前的准备工作

(1) 拥有一台计算机或者上网方便的场所,这是最基本的条件。

(2) 要掌握基本的网络知识,包括如何进入并顺利地浏览网页、如何使用网络搜索工具,还要学会理解网页上的语言等。

(3) 准备电子版照片一到两张。如果没有数码照片,请事先把纸版照片进行扫描并存档,照片应该选择生活照,不能是艺术照。

(4) 各种学历证书、职业资格证书以及所获奖励的有关材料要准备齐全。

(5) 要把近期学习阶段所学课程进行总结,比如把高职期间所学专业课程、在校期间接受过的各种培训等方面内容归纳一下。

三、网络应聘成功六要素

毫无疑问,网络招聘已成为大部分用人单位的首选招聘方式;而网上求职也已经成为大部分求职者最重要的求职手段。与此同时,招聘经理为堆积如山的简历发愁——虽然收到的简历很多,但真正适合的人才却很少;求职者为网络求职的盲目和可怜的反馈而发愁——为什么没有用人单位能给自己面试的机会?

如何才能在网络时代让自己的求职更高效、更成功呢?网上求职有其特殊性,我们只有尊重其客观规律才能获得成功。网上求职的规律主要表现为六个方面。

1. 要有针对性

不管是递交书面简历还是电子简历,针对性都是投递简历的第一要领。针对性体现在三个方面:针对自己的职业定位与生涯规划选择真正适合的岗位;针对特定的岗位设计有针对性的简历;根据岗位性质使用具有针对性的语言。其中最重要的就是准确的职业定位,很多人无法充分表达“针对性”,其根本原因就是职业定位不清。

需要特别提醒的是,不要同时在一家公司应征数个职位!因为对公司来说,重复阅读相同的简历不仅浪费时间,而且很容易让他们觉得应聘者其实根本不知道自己到底想做什么。

2. 用准关键词

随着智能化技术在招聘中的应用,关键词的设置越来越重要。越来越多的用人单位,特别是一些大公司,通常都会用智能化的搜索器来进行简历筛选。从用人单位的角度考虑,这会大大降低招聘成本,而对于求职者而言,无疑降低了求职的成功率。所以,如何分析所应聘岗位可能需要的一些关键词信息就显得非常重要。有些信息是必需的,如高校名称、行业类别、特定的知识/技能(如助理会计师、Photoshop)等。

3. 讲求诚信

不讲诚信会给社会造成很多损失,也会给招聘单位造成成本的浪费。确切地说,人事经理很反感应聘过程中的造假行为。有就是有,没有就是没有,造假者即便混过了第一轮,也通不过后期审查。求职者这样做会降低自己的诚信度，不但进不了公司，还浪费了大量的时间，而且有些公司之间会互通有无，以后想在这个行业找到好工作都很难了。

4. 不断更新

勤快地刷新简历至少有两个好处：一是表明你现在正在求职，而不是让人感觉你是找了很长时间工作而一无所获；二是当招聘人员在搜索人才时，符合条件的简历通常都是按刷新的时间顺序排列的，而他们一般只会看前面一两页。很多求职者其实并不知道刷新简历可以获得更多求职机会，因此，每次登录最好都刷新简历，刷新以后，就能排在前面，更容易被检索到！

5. 简历要易读

招聘负责人不会有太多的时间停留在你的简历上，更重要的是，你不能让招聘经理看了你的简历后感到厌烦而轻易地被删掉！所以让你的简历易读就显得很重要。

6. 准备一份求职信

如果你想通过应聘资料使招聘单位进一步感受到你“鲜活”的形象，想让未来的雇主知道你适合这份工作的理由，你可以在应聘资料中增加一份“求职信”。

求职信集个人介绍、自我推销和下一步行动计划于一身，它总结归纳了履历表，并重点突出了求职者背景材料中与未来雇主最相关的内容。一份好的求职信能体现你清晰的思路和良好的表达能力，也就是说，它展现了你的沟通交际能力和你的性格特征。

四、网络应聘注意事项

针对涉世未深、急于求职的高职毕业生，网络应聘是一种便捷的求职方式，但是任何事物都有利有弊，由于网络的安全性还得不到完全控制，个人或用人单位在网络上输入的信息有可能被他人窃取利用，同学们也要充分了解网络应聘的弊端，以防给自己带来麻烦甚至危害。

（一）网络招聘的弊端

1. 信息虚假

虚拟的网络世界给少数虚假信息提供了可乘之机，对求职者和招聘者双方来说，都存在对虚假信息的担忧。

2. 无效信息多

有些网站为了提高点击率，便将一些过时的招聘信息发布在网上，使得求职者常常看到大量过时失效信息，劳而无获。

3. 资料泄露带来麻烦

不少求职者会突然接到一些自己从来没投过简历的保险公司或传销公司的电话，还有些人发现，自己用来求职的照片被放在了不法网站上。

（二）典型的网络招聘陷阱

骗子惯用的伎俩通常是先在网上公布一些薪酬诱人的“招聘信息”，利用求职者急于找到工作的心理，要求求职者汇款到指定的可以全国通存通兑的账号，钱一到账立刻就被取走，公安部门难以追查。近年来，北京、上海、西安一些高校的毕业生在网上求职时踏入陷阱：一些“雇主”以录用后需要职位培训、购买培训教材为由，骗取钱财，此后“雇主”就消失了。

（三）如何防范网络招聘陷阱

法律专家提醒，由于我国网络相关法律尚不健全，遇到网络诈骗很难提取证据，维权困难。所以，要防患于未然。那么我们要如何防范呢？

1. 要有针对性地选取正规、知名的网站

因为正规网站在发布人才需求信息时，都会仔细验证招聘单位的真实性，要求招聘单位提供单位营业执照、办理人员的身份证件以及加盖公章的单位证明等，信息来源比较可靠。求职者在登记电子简历时，虽然要保证资料的真实性，但要注意对某些资料的保密，不要随意将自己的生活照、艺术照发到网上，必须用照片时最好用标准两寸照。

2. 尽早进行真实接触

高职毕业生要选择适合自己的职位，对自己投递简历的公司要多了解。求职者根据自己的求职意向，有针对性地访问一些公司网站进行查询，或致电相关部门确认，核实用人单位的真假。同时，尽快进入双方的真实接触阶段，增加招聘的可信度。

3. 捂紧口袋、决不掏钱

在任何情况下，都不要向任何网上“雇主”发送自己的社会保险账号、信用卡号及银行账号。女生不要在没有了解该公司真实情况的前提下去单独面试。无论哪种形式的面试或预约，在出门前，一定要给家人或亲朋好友留下要去的招聘单位详细地址和联系电话（包括固定电话），以备查用。

案例

3000余名求职者被骗近500万元 警惕新型网络招工诈骗

3月30日，浙江宁波的孙艳（化名）接到来自江苏淮安警方的电话时吓了一跳，以为遇到电信诈骗。在通话中，淮安警方工作人员详细核对了孙艳的个人信息并告诉她，此前她参加的网络求职是一个骗局。

此前，40岁的孙艳在网上找到一份做儿童手工制品的工作，向对方转账658元，收到货物后就与对方失去了联系。

“‘网络招工’诈骗主要是利用了当前疫情期间工作难找，求职者居家全职急于挣钱的心理。”办案的李警官介绍，招聘方会向求职者布置任务，初期任务简单，很容易完成，但后期任务难度大幅提升，一般人无法完成，而招聘方以此为由拒退代理费。由于损失金额不大、欺骗性较强，很多受害人往往选择自认倒霉。

孙艳的遭遇并非个案。日前，淮安警方奔袭河北、河南、山东、广东等地20余个城市，摧毁这一新型网络招工诈骗犯罪团伙，抓获团伙骨干成员60余人。据警方查证，该团伙先后诈骗3000余人，案值近500万元。

疫情期间，孙艳在家带孩子，通过淘宝网为孩子购买儿童手工制品时，时常收到类似的网络招工信息：简易的手工活外包、工作时间灵活不受限、工资在货物回收后立即结算……

“招聘介绍上说工作难度不大，在家一边带孩子一边工作特别适合。”按照要求，孙艳填写了求职信息，通过微信联系了一位负责人。该负责人告诉她，求职必须微信私聊。

这位负责人称自己也是一名宝妈，还要孙艳查看她朋友圈里的动态消息。“长达半年的朋友圈里，基本上都是介绍手工制品如何发货、又有新求职者加入、发放工资的截图。”孙艳说：“这些信息打消了我的疑虑。”

当孙艳询问如何入职时，该负责人提出，为了防止违约，孙艳需垫付一定比例的货款。“货款还不能用微信直接转账，我分别发了4次红包，总计658元。”孙艳说。

对方承诺第二天发货，并要求孙艳把她的微信联系方式删掉，理由是为了防止招聘方进行二次收费。孙艳虽感到匪夷所思，但还是照做了。删除微信后，孙艳进入了手工制作专用群聊。在群聊里，成员只能接收消息，不能交流。孙艳介绍，除手工群外，还有一个高佣金群。“手工群只是简单介绍如何制作手工艺品的。”

3月23日，孙艳收到货物——100个塑料勺和100个自封袋。很快制作完成后，当她询问如何返回作品时，却发现联系断了，群内也没有发布动态。

“多方联系都没有结果，家人和我都意识到被骗了。”孙艳告诉记者。

据办案的李警官介绍，犯罪嫌疑人打着“招工”的幌子，将受害人集中在禁言的群聊之中，通过线上直播培训、公示榜单“激励”，行诈骗之实，让这份看似“凭本事吃饭”的工作成了诱人的陷阱。

“那段时间在家隔离，没工作、没收入，本以为这是个挣钱的好机会，没想到还被骗子骗钱，真是太可恨了！”2月28日，受害人范女士向淮安清江浦警方报警称，自己通过某社交平台看到一则手工活招工信息，按要求线上缴纳696元代理费后，接到了十字绣、串珠子等简单的手工任务。

让范女士没想到的是，接下来几天，任务量急剧上升，根本无法完成。她打算放弃这份工作，但当她要求退还代理费时，却被告知不完成任务不予退款，进一步交涉时发现已被对方拉黑。

尽管案值较小，又有手工活作为伪装，但民警察觉这可能是一种新型网络诈骗手段。经过梳理研判，民警初步确定该团伙以“手工活外包，工资日结”的名义，通过即时聊天工具，向网上求职人员承诺，缴纳代理费后可在家做任务赚钱。据此分析，该诈骗团伙作案应该不止一起。

“从单个案例来看，这不是复杂骗局。主要利用当前疫情期间工作难找，受害人急于挣钱的心理实施诈骗。但随着对案件深入挖掘，才发现其具有传销式运作特点，有的受害人竟然变成了犯罪嫌疑人。”专案组组长、淮安市公安局清江浦分局副局长陈雪松说。

犯罪嫌疑人吴某归案后交代，近半年来，她先后加入4个微信群，利用类似手段已诈骗了240余人，非法获利10余万元。

警方发现，吴某不过是诈骗团伙中的“马前卒”，整个组织的运转方式逐渐浮出水面。该犯罪团伙有三个层级：一级人员负责定计划、分任务；二级代理人负责拉人头、搞培训。当后期手工任务加重，受害人无法完成时，二级代理人就在社交群里给被害人洗脑上课，诱骗被害人放弃做手工，转化为新的代理人，成为第三层级，共同实施诈骗行为。

“对坚决要求退款的人员，犯罪嫌疑人就会直接将其拉黑。”办案民警严凯介绍，这就是为什么此类诈骗能像传染病一样，在短期内快速扩散，导致3000余人被骗。

3月18日，淮安警方对陈某等3名主犯和60余名犯罪嫌疑人同时实施抓捕，当场扣押计算机 20 余台、手机 100 余部、现金 120 余万元。

办案民警提醒，网络求职者一定要选择信誉度高的专业网站，如果在求职过程中遇到要求缴纳代理费、培训费、保证金等为条件的招聘广告，要提高警惕，不要随意汇款，一旦遇到诈骗，要记得保存证据，及时报警。

（资料来源：https://static.jingjiribao.cn/static/jjrbrss/rsshtml/20200427/252846.html. 2020-04-27.）

拓展阅读

网络招聘陷阱重重 这些套路需注意

套路一

保证金、办卡费……费用众多实为骗钱

岗位保证金、IC 卡费、服装费、办卡费、伙食费、保险费、测评费、试用金、工号费……以各种名义收取应聘者的钱款，是招聘诈骗犯最简单、直接的方式。不但交各种费，甚至有的还以孝敬领导需送钱、买烟、请吃饭等虚假名目再次骗取应聘者更多钱款。

套路二

体检费也是骗局，有医院“同流合污”

在要求应聘者交的各种费用中，体检往往被看作是合理要求。然而，大量裁判案例显示，在实为诈骗的招聘中，体检是一个大坑。

有些犯罪团伙通过冒用一些不知名小公司的名义在 58 同城网、百姓网、赶集网、前程网等发布招聘信息，招聘司机、仓库管理员、前台接待、人事助理、行政助理等，并带去指定医院体检，按人头分成体检费。更令人惊讶的是，竟有医院专门配合做此类诈骗体检。

例如，北京丰台法院的一份判决书中，李某证言：2003 年他和张某、郄某三个人共同出资买下了北京京仁医院。2012 年该医院被吊销了医保资格，很多设备空闲下来。2012 年 10 月，他们开始和一些公司合作，为公司办理健康筛查赚取利润，收取每人 236 元，医院留 100 元，剩下的给合作公司。

套路三

兼职培训费？都是骗钱套路

在 58 同城、赶集网、前程无忧、QQ 群、招聘网站等地方，经常会出现“招聘兼职打字员”“淘宝客服”的虚假广告。多份判决书显示，骗子骗的就是保证金、培训费等各种名目的费用。

套路四

出国务工还能移民？都是骗局

可以出国务工，甚至可以技术移民？都是骗局。至少六份裁判案例显示，多名诈骗分子在网上发布虚假跨国劳务信息，而此类出国诈骗金额远超其他类型诈骗。2017 年 12 月，杭州中级人民法院就判决过一起涉案金额 6000 余万元，受害人数 2000 余人的出国务工诈骗案例。

套路五

招聘礼仪小姐、模特？实为卖淫

在以招聘为名实为卖淫嫖娼的违法犯罪中，受害者的角色比较模糊。一些受害者在诱人的招聘条件下，误入卖淫组织团伙，被犯罪分子所控制，被迫卖淫；还有一些受害者，与犯罪分子约定嫖资分成。

据湖北高级人民法院裁判的一起案件中，上诉人刘某甲先后雇佣、纠集上诉人张某等二十余人，在武汉多个小区租房作为犯罪窝点，通过58同城网、百姓网、我爱兼职网等多个互联网站以各类“商务会所”“礼仪公司”“模特公司”名义发布招聘公关、礼仪小姐、模特、商务伴游等信息，招募、引诱、控制众多妇女长期从事卖淫活动。

（资料来源：http://cxcy.hbu.cn/hdzhjycy/xwgg/tzgg/101578893258613.html. 2020-02-15.）

实践课堂

1. 因节目需要，一名主播要去主持一档新节目，请设计用30秒，在最后一次主持原节目时，与观众进行告别。

2. 请班委会在本班组织一次模拟面试。面试流程、面试题目及评分标准均由同学们自己设计，面试考官可以由老师和学生共同组成。大家一起查找面试中存在的问题并加以改正。

课后练习

1. 面试前的礼仪是什么？

2. 面试时的注意事项是什么？

第八章 择业与就业权益保障

【学习目标】

(1) 了解毕业生的就业权利，懂得在求职应聘中如何保护自己的权益。
(2) 掌握走上工作岗位后保障自己权利的方法。

【技能要求】

(1) 能对毕业生的就业权利有正确认识。
(2) 运用所学知识在应聘及就业中保障自己的权益。

引导案例

试用期的困惑

小王和小赵是即将面临毕业的高职生，通过报纸广告，两人相约来到一家房地产广告公司应聘市场部的助理。面试、笔试各个环节进行得都非常顺利，最后，面试负责人通知小王和小赵："你们被录用了"，试用期的主要工作是联系相关写字楼的承租客户，同时，试用期小王和小赵每人必须交纳3000元的押金。押金的目的是为了保证公司利益不受损失，试用期结束后公司将退还押金。

初试锋芒的成功让小王和小赵兴奋不已，两人并未多想，就从银行取款交纳了押金，开始着手完成他们试用期的工作任务。接下来的一个月，按照公司指定的几座写字楼联络计划，小王和小赵分头忙碌起来，每天从学校到写字楼往返奔波。

然而一个月下来，小王和小赵竟然没能联系到一家客户。他们只好如实向公司有关负责人说明了情况。经过一番交涉，公司有关负责人遗憾地表示，由于小王和小赵未能完成任何公司交办的任务，两人不能被最终录用，并且，在一个月期间两人因涉及公司业务发生的部分费用支出要从当初交纳的押金中扣除。

没能完成公司交办的业务，固然让小王和小赵感到歉疚，但当初交纳的押金因各种原因被部分扣除，也让小王和小赵感觉难以接受。

（资料来源：https://wenku.baidu.com/view/0dd5f92470fe910ef12d2af90242a8956aecaa35.html. 2019-11-28.）

第一节　应聘择业中的权益保障

近几年，因毕业生就业过程中人身财产权利受损的多起案例引起社会、学校、学生对毕业生就业权益保障问题的关注。毕业生究竟有哪些就业权利？如何来保护自己的权利？毕业生在择业和就业阶段权益保障的重点有哪些不同？下面将从择业阶段和就业阶段，分别向大家进行介绍。

一、毕业生就业权利概述

毕业生作为就业群体的主体，享有多方面的权益，根据《中华人民共和国宪法》《中华人民共和国就业促进法》《中华人民共和国劳动法》《中华人民共和国劳动合同法》的有关规定，毕业生主要享有以下几方面的权益。

（一）毕业生享有平等就业权

《中华人民共和国宪法》规定，中华人民共和国公民有劳动的权利和义务。《中华人民共和国劳动法》进一步明确规定："劳动者享有平等就业和选择职业的权利"。平等就业权是公民最重要的劳动权，是其他劳动权利存在的前提，没有就业权，公民不可能进入劳动力市场与用人单位形成劳动关系，继而享有其他一系列的劳动权。

除了一些特殊行业必须对性别、身高等条件有硬性要求外，如果用人单位把一些与工作内容无关的要素如相貌、性别、年龄、户口甚至民族作为必要条件，从而使求职者不能平等就业，就是就业歧视。高职毕业生遇到的就业歧视主要有以下三种。

1. 学历歧视

一些公司招聘员工动辄要求研究生学历、本科毕业，根本不考虑招聘岗位对学历的实际需求。许多求职者在诸如"研究生学历""大学本科以上"的招聘条件前黯然止步。选拔人才设置过多限制，其实不是真正的竞争，而是一种自我封闭，是堵塞人才成长之路，其危害不可小觑。

事实上一些公司的领导者也承认，有些岗位根本不需要本科学历，本科生在这些岗位上也不安心，辞职频繁，给用人单位带来不稳定因素。中共中央提出要不拘一格降人才，就是要打破人才身份的歧视，打破学历类别的歧视。因而，看学历，但不唯学历论，重能力才是大势所趋，是历史的必然选择和前进方向。

2. 性别歧视

在每年的毕业生双向选择招聘会上，许多用人单位明确声明"不招女生"。郝捷是某高职院校计算机专业毕业生，连续三年获得学院优秀学生干部称号，还拿到中级电子商务师的资格证书。但在学校组织的人才交流会和一些社会举办的大型人才招聘会上，多次求职却仍没能找到工作。她说，一些招聘单位一看是女生，连面谈的机会都不给。

不久前，江苏省妇联对《中华人民共和国妇女权益保障法》实施情况进行了专题调研，下发1300份调查问卷，在回馈的1100多份问卷中，有80%的女大学生表示自己曾在求职过程中遭遇过性别歧视，有34.3%的女生有过多次被拒的经历。在同等条件下，女生签约率明显低出男生8个百分点。

3. 相貌歧视

以貌取人，古已有之。一些公司招聘员工好似选美，完全不看是否有真才实学。2012 年 12 月，某高职院校财会专业学生李某应聘某银行柜员，因脸上长痘，不符合条件未被录用。无独有偶，因身高不足 1.50 米，毕业于某师范院校的小李也与教师职业失之交臂。

随着劳动力市场竞争的加剧，就业歧视日趋严重，还出现了健康歧视、残疾歧视、姓氏歧视、血型歧视等离奇古怪的现象。但不管是哪种就业歧视，都是对毕业生就业权益的严重侵害，都将使劳动力市场的正常运行机制发生严重的扭曲和损害。

任何单位或个人对毕业生有歧视行为或是有严重的不平等对待，我们都有权利提出异议。

（二）毕业生享有知情权

知情权是毕业生择业成功的前提和关键，只有在充分了解就业政策、占有信息的基础上，毕业生才能结合自身情况选择适合自身发展的用人单位。毕业生的知情权表现在有权了解与就业有关的政策和信息，包括就业工作的程序、时间安排，政府、学校的政策，用人单位的各种人才需求信息，还有学生自己的各种资料、档案等。

各高校就业部门必须及时、全面地公开各类信息，各用人单位必须保证招聘信息的真实性，以保障毕业生的知情权。

1. 高校应及时公开就业信息

目前，各省市已建立高校毕业生需求信息登记制度，凡需录用高校毕业生的用人单位，须到有关高校毕业生就业指导中心办理信息登记，由高校毕业生就业指导中心通过各种渠道向全校毕业生发布用人需求信息。各高校职能部门应当全面、及时、有效地将信息传递给全体毕业生，任何人不得隐瞒、截留用人需求信息。

2. 用人单位应如实提供招聘信息

毕业生有全面了解用人单位真实情况的权利，有权向用人单位详细了解用工意图、工作环境、劳动报酬和发展前景等各方面的情况。用人单位应本着对学生负责、对学校负责的态度向毕业生提供真实的招聘信息。

专场招聘会是许多大公司常用的招聘手段，深受高职生的欢迎。但是有不少企业利用到高校举行招聘专场会，进行产品推介或企业宣传，毕业生浪费了时间、精力，一无所获。有些用人单位自我介绍言过其实，夸大薪金待遇，误导毕业生，这些行为都侵害了毕业生的知情权。

3. 毕业生享有接受就业指导权

毕业生有权从学校接受就业指导。学校应成立专门机构，安排专门人员对毕业生进行就业指导，包括向毕业生宣传国家关于毕业生就业的有关方针、政策；对毕业生进行择业技巧的指导；引导毕业生结合国家和社会的需要以及个人实际情况进行择业。

就业指导包括集体辅导和个别咨询，现在大部分高校的就业指导属于集体指导，主要通过就业指导课程、就业动员会、就业讲座等方式进行。毕业生通过接受就业指导，能够对自己准确定位，进行合理择业。随着毕业生就业市场化发展，毕业生就业指导除了依靠学校外，逐步转向主动寻求具有就业指导资质的社会机构。

4. 毕业生享有被推荐权

学校在就业工作中的一个重要职责就是向用人单位推荐毕业生。历年工作经验证明，学校的推荐会在很大程度上影响到用人单位对毕业生的取舍。学校应在公正、公开的基础上，根据毕业生本人的实际情况向用人单位进行实事求是地介绍和推荐，保证毕业生的被推荐权。

5. 毕业生享有自主选择职业权

自主选择职业权是指毕业生在遵守国家就业方针、政策的前提下，根据自身素质、所学专长、个人意愿和就业市场各种信息，自由选择职业和用人单位的权利。自主选择职业权有利于毕业生在正确认识自我的基础上，充分发挥个人的特长，促进社会生产力的发展，是社会进步的体现。

毕业生自主选择职业权表现为有选择就业或是升学的权利；有选择及时就业或是延迟就业的权利；有选择固定职业或是自由职业的权利；有选择进国家机关的权利，也有选择自主创业的权利。对于毕业生的这种权利，任何单位或是个人不得干涉。任何将个人意志强加给毕业生，强令毕业生去或不去某用人单位都是侵犯毕业生自主选择职业权的行为。

6. 公平待遇权

用人单位在录用毕业生的过程中，应该做到公正、公平、一视同仁。当前，毕业生的公平待遇权受到很大冲击，也最为毕业生所担忧。

由于各项配套措施滞后，完全开放公平的就业市场尚未真正形成，用人单位录用毕业生还存在不同程度的不公平、不公正的现象，学校推荐工作中也存在不足。享受公平的录用权是毕业生最为迫切需要维护的权益。

7. 违约求偿权

毕业生、用人单位签订就业协议后，任何一方不得擅自毁约。如果用人单位无故要求解约，毕业生有权要求对方严格履行就业协议；否则用人单位应对毕业生承担违约责任，支付违约金，毕业生有权利要求用人单位进行经济补偿。

二、毕业生如何正确行使就业权利

法律、法规和有关政策规定了毕业生享有多项就业权利，但是毕业生不能滥用权利，必须正确行使这些权利。

（一）毕业生要有履行义务的意识

毕业生应当树立责、权、利统一的思想，形成权利和义务一致的观念。在就业阶段应该履行以下义务。

1. 回报国家、服务社会的义务

对于毕业生而言，国家和社会乃至家庭为其成才和发展提供了相当优厚的条件，这是其他青年群体无法比拟的。按照“得之于社会、还之于社会、报之于社会”的原则，毕业生理应积极负责地以自己的职业行为，回报国家、社会和家庭，承担起自己应尽的义务。

此外，许多高职毕业生一出校门就梦想得到高薪的工作，看不起小企业、小单位，这就与回报祖国、服务社会的义务相差甚远。目前，广大基层特别是西部地区、边远地区和艰苦行业还存在人才匮乏的状况，需要大批人才特别是高校毕业生到这些地方建功立业。21 世纪的大学生肩负着民族的希望、历史的重任，应当志存高远、不畏艰辛，到边远地区去，到艰苦行业去，到基层去，到生产、服务第一线去。

2. 如实介绍自己情况的义务

毕业生在求职择业过程中如实向用人单位介绍自己的情况，是诚信做人的基本要求，也是自己应尽的义务。毕业生在填写推荐表、撰写自荐信、向用人单位介绍自己时，必须实事求是，不得弄虚作假，讲优点不要夸张，谈缺点不能回避，有过失不可隐瞒，说成绩不能虚假，以诚相见，只有如实介绍自己的情况，才能获得用人单位的信任。

3. 遵守就业协议的义务

就业协议是明确毕业生、用人单位和学校在毕业生就业工作中权利和义务的书面材料，属意向性协议。就业协议一经毕业生签字、用人单位签字盖章后即具有法律效力，任何一方都不得擅自解除；否则，违约方应向另一方支付协议条款所约定的违约金。

但是从实际情况来看，违约多见于毕业生。毕业生违约，往往会产生诸多不良的后果，主要表现在以下三个方面。

（1）损害了签约单位利益。用人单位为录用一名毕业生需做大量工作，有的单位甚至对录用毕业生的工作岗位都做了具体安排，一旦毕业生违约，不仅使用人单位为录用该毕业生所做的一切工作付诸东流，而且会因延误时机，增加用人单位继续选择其他毕业生的难度，这样势必影响用人单位的招聘计划。

（2）影响了学校信誉。毕业生的违约往往会被用人单位归咎于学校管理不严、教育无方，从而影响学校与用人单位的长期合作关系。从实际情况来看，一旦毕业生违约，该用人单位可能连续几年都不会到该校来挑选毕业生。

（3）影响了其他毕业生顺利就业。用人单位到学校挑选毕业生，往往有许多毕业生竞相应聘。用人单位一旦与毕业生 A 签约，其他同学便没有与该单位签约的机会了。如果 A 违约，用人单位因时间关系无法补缺，就会造成就业资源的浪费，也使其他毕业生失去一次可能的就业机会。

4. 按时到工作单位报到的义务

《普通高等学校毕业生就业工作暂行规定》要求，毕业生办理完离校手续后，应持“报到证”按时到用人单位报到。如果自离校之日起，无正当理由超过三个月不去就业单位报到的，由学校报地方主管毕业生调配部门批准，不再负责其就业。在其向学校缴纳全部培养费或奖（助）学金后，由学校将其户粮关系和档案转至家庭住址所在地，按社会待业人员处理。

（二）要有正确行使权利的方法

1. 不要滥用权利

毕业生在行使与就业有关的权利时，不得滥用权利，不得有损他人利益。所谓权利的滥用，是指权利享有者在行使权利的过程中，故意超越权利的界线，造成他人权利的损害，造成国家、社会、集体的利益损害，以满足自身超越权利范围的行为。

王强是应届毕业生，2020 年 3 月他开始搜索各类媒体的招聘广告，不管专业是否吻合，只要是国有企业，一律投放简历。不久他接到部分企业的面试通知，他不加选择地参加每一家企业的面试。实质上王强是在滥用自己的权利，他既浪费了自己的时间，也增加了面试单位的招聘成本。所以，只有在筛选求职信息的基础上认真做出选择才是正确行使权利的表现。

2．不要盲目行使权利

高职生在行使自己的权利之前，必须对自己所享有的权利有一个全面而清醒的认识，以客观理智的心态对待权利的广泛性，而不能主观地将自己的就业权利进行盲目的膨胀和扩张。

李冰是一名普通的高职学生，他同宿舍的好友张启是一名班干部。当年3月，学校发布了几家大型超市的用工需求。他俩都向佳家乐超市投了简历。不久，张启得到面试通知，而李冰没有。李冰认为自己的学习成绩、平时表现不比张启差，不应该没有面试机会。经了解，因名额有限，系里重点推荐了张启。6月份，张启到佳家乐超市上班，而李冰仍然没找到合适的工作。李冰及其父母认为学校侵犯了他的公平待遇权，多次找学院领导要求解决李冰的就业问题。

众所周知，用人单位愿意优先聘用学生干部，系里向用人单位重点推荐学生干部无可厚非。李冰没有找到合适的单位原因很多，不能就此认定是系里的责任。他认为系里重点推荐张启是侵犯其公平待遇权，要求学院解决的做法就是一种盲目行使权利的行为。

案例

自主择业能力差

在学校3月份举办的小型招聘会上，毕业生小李的父母在招聘会尚未开始时，就早早地到会场打听单位的情况。招聘会开始很久以后，小李才姗姗来迟，并由家长陪同前往用人单位摊位前面谈。面谈过程中，小李发言的时间还没有其父母多，结果谈了一家又一家，最终仍一无所获。

小李的问题出在择业过程中过分依赖他人，其实，依赖他人是难以选择到一份满意工作的。现在的毕业生中，独生子女所占的比例越来越大，他们的生活一帆风顺，没有经历过什么波折，再加上父母的过分呵护，客观上也培养了他们的依赖心理。

这些毕业生大多缺乏主见，自我意识模糊，在择业中常会茫然不知所措，自己独立进行择业决策的能力差，以至在人才市场上，父母代替子女、亲友代替本人与用人单位洽谈的场面屡见不鲜。难怪有用人单位对依赖性过强的毕业生说：“你本人都要靠别人来推销，企业还能靠你来推销产品吗？”

（资料来源：https://wenku.baidu.com/view/986a8f4a85254b35eefdc8d376eeaeaad0f31651.html?from=search&isVipfree=1.2019-10-28.）

三、毕业生如何保障权利

毕业生在正式就业之前，通常在两个阶段最易遭受权益侵害。

一是在求职应聘时，这一阶段最容易受到侵犯的权利主要是财产权。

二是签署就业协议时，这一阶段容易受到侵害的是就业权利。只要在这两个阶段做好防范措施，就能很好地维护自己的权益。

（一）如何在求职应聘中保护自己的权益

严峻的就业形势刺激了人才市场的火爆，在供需严重不平衡的现实面前，各种骗子乘虚而入，盯上了涉世未深的高校毕业生。据北京娱乐信报调查，70%的求职者遭遇过职场陷阱。

其中，职场中最大的骗局当属收取保证金、押金，其比例占到了28.16%；“虚假职位信息”占17.37%；“利用试用期骗取廉价劳动力”占14.21%。第五章详细列举了这些招聘陷阱和防范策略，下面简单介绍如何防范和保护自己的权益。

1. 早做心理防范

招聘中的各种骗术，究其根源，无非就是利用毕业生的“三种心态”。

第一是自负心态。觉得自己能力强、身价高，高薪聘任才能体现自己的价值，结果往往落入“高薪”的陷阱。

第二是着急心态。毕业生急于找工作的心理让一些不法之徒找到了借机骗财的机会，这些人以报名费、服装费、培训费、证件费等各种名义收取应聘者的费用后便人去楼空。

第三是糊涂心态。高职生心地单纯，涉世不深，警惕性不强。

2013年5月初，某省会城市的两家媒体分别刊登一则相同内容的广告：某外资五金塑料有限公司驻该市办事处计划在该市四家大商场开设专柜，经营高级工艺品，招聘管理人员和售货人员若干，薪金待遇优厚，并在上岗之前进行专业培训。由于该外资企业注册资金雄厚，信誉度高，在国内较有名气，具有较大吸引力。而且，该公司当地办事处“经理”张某在临时租用的某大厦会议室，给应聘者上了第一节培训课。

培训课让众多应聘学生大开眼界，心生敬意。课后张某当场通知最后取得应聘资格的28人（绝大部分是应届大学毕业生），第二天去某度假村进行体能测试和专业仪器操作训练，并要求每人交报名费、押金及服装费900元。

次日，28人来到集合地点准备去度假村。张某说，野外训练不便携带东西，要求应聘者把身上所有的钱物交公司统一保管，训练结束后返还。张某让租来的两辆大客车拉上应聘者开往度假村，自己溜之大吉。该28人被骗走的财物价值达6万余元。

为什么28名大部分受过高等教育的人轻而易举落入陷阱？原因其实很简单：骗子的狡猾和被骗者的麻痹。张某骗术高超，但他的伎俩也并非十分高明和无懈可击。那些应聘的学生们从一开始就被假象蒙蔽了，认为该外资企业是大公司，其办事处在高档大厦有办公地点，培训也十分正规，就完全放松了警惕。

若是他们中任何一个人稍稍留心，按照该公司宣传单上的查询电话了解一下，就会知道公司根本没有在当地设立办事处，骗局就会被揭穿，然而遗憾的是，28个人竟无一人有这种警惕性。

所以，毕业生一定要在求职应聘时做好足够的心理防范准备。注意做到三点：一要戒心贪，不要让“高薪”蒙蔽了自己的双眼；二要戒心急，要仔细考虑各种收费是否合理；三要戒心粗，利用多种方式了解就业市场中种种不规范行为，提高警惕，遇事能够理智分析、做出正确判断。

2. 要对用人单位做全面考察

一些不法分子为蒙蔽毕业生，使毕业生放松警惕，往往会将自己或公司包装得非常气派，他们会在大厦、宾馆临时租赁办公室，进行虚假招聘，并把招聘的程序搞得很正规，然后行使各种诈骗手段。那么如何了解用人单位的资信呢？可以借用中医的“望、闻、问、切”来谈这个问题。

“望”就是眼观四路，观察用人单位所在地的环境和单位人员的基本素质，查看有无营业执照等。例如，进入某公司后，要在其办公室观察有无营业执照、营业执照上所列的主要经营业务是哪些、营业执照办理的时间，如果没有看到，则要留心，可以从侧面打听或直接索要复印件；“闻”是通过资讯手段了解该单位经营发展概况及运营状况。“问”就是通过自己的亲友、同学、师长等关系网，核实招聘单位所言是否真实。“切”即是直接交手试探虚实，在应聘中直接向主考官了解公司的各种情况，看看与自己了解的是否一致。综合上述信息，对用人单位的资信作出基本判断。

3. 不要轻易缴纳各类费用

各位毕业生要掌握一个概念，你去用人单位应聘是为了展示能力，而不是为了交钱。国家法律明文规定，用人单位在招工中不得收取保证金、抵押金，所以当听到用人单位要收取这些费用时，你可以转身离开，因为从这一点便能看出该单位市场运作不规范，即使以后到此上班，也会有许多麻烦。

况且，像招聘费、管理费、报名费等都是企业为引进人才、增强企业竞争力必须花费的成本，怎能让应聘者承担？针对“招聘陷阱”中的押金骗术，毕业生在应聘时一定要牢记，招聘单位要招人，而不是招钱。所以，要保持头脑清醒，捂紧自己的钱袋子，不要被人牵着鼻子走。

4. 获取招聘信息的渠道一定要正规

搜集招聘信息时要看是不是在正规的媒体或是网站发布的，不要依靠短信、QQ、E-mail等来历不明的信息。对网上的信息要有理性的认识和分析。

目前，国内有许多网站由于技术因素的限制无法做到对每条个人信息的真伪一一辨别，可随意填写个人信息，同时注册多个网站，随时能够打一枪换一个地方。还有一些“黑网”打着招聘的旗帜来蒙骗一些人，通过网上“付款”获得收益后就“人间蒸发”了。

5. 不要轻易提供家庭电话

许多学生找工作心切，担心联系不畅，单位录用通知无法传达，就将能找到自己的联系方式全部写上，殊不知这会让不法分子钻空子。信息时代，通信技术非常发达，每个毕业生都要有保护个人私有空间的意识。

一般来讲，应聘时只要留下自己的手机、电子邮箱就足以方便联系了。当对方要求提供奇怪的证明材料时一定要多加小心，在任何情况下都不能向只有一知半解的“招聘单位”透露自己的任何隐私信息，千万不要轻易提供家庭电话。

（二）签署就业协议的注意事项

1. 认真了解国家就业政策和规定

毕业生在签约前要认真、全面地掌握国家关于高等学校毕业生就业政策和规定。这是指导和规范毕业生求职活动的行为准则，是保障毕业生顺利就业的政策依据。

2014 年 4 月 24 日，人力资源和社会保障部会同有关部门，编印了《高校毕业生就业政策百问》，并整理发布了《高校毕业生就业有关文件汇编》。

《高校毕业生就业政策百问》对近年来国家促进高校毕业生就业政策要点和广大高校毕业生及用人单位关心的问题进行了简洁、通俗的解读和解答。

《高校毕业生就业有关文件汇编》包括中央文件和地方文件两大部分。中央文件分为法律法规和部门规章、党中央国务院文件、部门文件三大类；同时，对部门文件和地方文件按照综合性、面向基层、促进以创业带动就业、就业见习和职业培训、就业服务、科研项目吸纳、入伍服兵役、服务外包吸纳就业、公平就业等方面作了分类整理，便于毕业生和用人单位查询。毕业生应当认真学习和领会，用以规范自己的择业行为。

2. 认真研究协议书中的条款内容

毕业生在与用人单位签约前，要认真仔细地阅读就业协议书中的全部条款，力求了解条款的内容和含义，如有不清楚的，应向用人单位询问，切忌草率签约。教育部统一格式就业协议书考虑极其周详，前后八项条款将毕业生和用人单位的权利、义务罗列得清清楚楚。

协议书的第三项条款是关于见习期、薪金等重要内容，条款的起始处有一段文字的补充："如果甲乙双方已有约定，可以不填写以下栏目，并另附约定条款"。毕业生一定要留意此处，尽可能不留"空白"。

目前就业于某外企的小李说，去年就是听了公司的花言巧语没填协议书的第三项，结果临到工作时，才发现岗位和薪金都"相差千里"，再想换其他单位已来不及，只好自认倒霉。毕业生在签订就业协议书时，对以下事项要特别留心。

(1) 岗位待遇。要明确就业的具体工作部门或岗位，明确工作条件和生活条件。约定最好以文字形式体现，不要仅仅在口头上达成一致。

(2) 继续深造、调离。在协议书上要明确工作以后是否能继续深造，以及调离的条件及考取公务员的处理办法等。

(3) 用人单位的人事权。要了解用人单位有无人事权以及用人单位的隶属关系。无人事权的单位，除了用人单位需在协议书上签字盖章外，还必须加盖用人单位上级主管部门的公章，以示同意录用；否则学校无法将该生列入就业派遣方案。

3. 注意违约条款的合理性及本人的承受能力

毕业生在与用人单位签订就业协议书时，许多内容要靠毕业生与用人单位经过约定，并且经常会有另附约定条款加以补充的情况。所以，毕业生在与用人单位进行约定时还要注意以下问题。

(1) 约定条款是否合理。例如，有的单位在协议中写道，毕业生要为本单位服务多少年，如果毕业生违反约定将赔偿多少钱；但却没有写明如果单位违反约定，将赔偿给毕业生多少钱。这是显失公平的条款。

(2) 约定条款能否承受。对于违约问题，有的用人单位约定的违约金少则几千，多则上万。毕业生应当考虑能否承受，必须慎重签约。

(3) 是否有签字盖章。毕业生与用人单位的约定条款，一般是附后补充，必须要有双方的签字盖章；否则当日后发生争议时，会因为没有双方签字盖章，导致约定条款没有法律效力。

(4) 要把握签订就业协议的时机。在就业洽谈会上，通过双向选择，毕业生选定了用人单位，对方也明确表达录用意愿后，就要抓紧与用人单位签订就业协议书。要避免在自荐洽谈时积极主动，而在签约时左顾右盼、瞻前顾后、犹豫不决而使用人单位心存疑虑。毕业生应本着对自己、对用人单位和对学校负责的态度，积极把握时机签订就业协议书。

（三）保护权利的途径

1. 行政部门的保护

当毕业生遇到就业权利受到侵犯时，可找就业主管部门请求帮助。就业主管部门通过相应的行政行为来确定毕业生的权益，并对侵犯毕业生权益的行为予以抵制或处理。

当毕业生的合法权益（如遇到各项不合理的收费时）受到侵害时，应该及时向当地行政部门（如劳动监察部门）投诉，以维护自己的合法权利，或者直接向有权主管用人单位的行政机关，如工商管理局投诉或举报。此外，还可以向新闻机构反映情况。

2. 学校的保护

学校对毕业生权益的保护最为直接。学校可通过制订各项措施来规范毕业生就业指导和就业推荐，对于用人单位在录用毕业生过程中的不公平、不公正行为，学校有权予以抵制，以维护毕业生的就业权益。

高等学校在毕业生签订就业协议过程中应进行监督和指导，对于用人单位与毕业生签订不符合国家有关政策规定的就业协议，学校有权拒绝，未经学校审核同意的就业协议不能作为编制就业方案的依据。

3. 毕业生自我保护

(1) 毕业生要有法律常识。毕业生应了解目前国家关于毕业生就业的有关方针、政策和法规，熟悉毕业生在就业过程中的权利和义务，这是毕业生权益自我保护的前提。

(2) 毕业生应有自律意识。毕业生要自觉遵循有关就业规则，接受其制约，保证自己的就业行为不违反就业规则，不侵犯其他毕业生和用人单位的合法权益。

(3) 毕业生要有维权意识。毕业生应学会运用法律手段维护自身的合法权益。据调查发现，面对骗局，向工商、公安和劳动管理部门投诉的只有15.26%，40%的人会采取更传统的方式广而告之亲朋好友，愤慨之余到论坛里揭露的占8.95%，找平面媒体揭发的占3.16%，而多达32.63%的求职者自认倒霉，不了了之。

正是求职者一次次的容忍姑息让骗子更加肆意妄为。所以，为使自己的权利不受侵害，让不法分子不再加害其他求职者，毕业生一定要拿起法律武器，维护自己的权利。

(4) 自我保护的途径。针对侵犯自身就业权益的行为，毕业生应该首先与有关用人单位协商解决。例如，为避免被用人单位以聘用考试为名侵占自己的劳动成果，毕业生可以与用人单位事先讲明版权归属问题（最好是书面约定），一旦发现用人单位有此行为，就要拿出依据与对方据理力争，争取圆满解决；若协商不成的，可向签订协议所在地的毕业生就业工作主管部门申请调解；也可依法向有关部门申请仲裁或直接向人民法院提起诉讼。

依照我国法律、法规的规定，被害人对侵犯其人身、财产权利的事实，根据情况不同，可以向公安机关、人民检察院报案或者向人民法院起诉。例如，因招聘导致财产被骗损失较大的，或者遭遇传销陷阱被非法拘禁的，可以向公安机关报案以挽回损失。

第二节 就业后的权益保障

“我被录用了”，当你向父母、朋友传递你找到第一份工作的欣喜时，年轻的你是否想过，即将踏入的工作旅途并不是平坦大道。

有近一半劳动合同是公司单方面负责解释的，这就是通常所说的劳动合同陷阱。由于社会阅历浅，又不了解相关的法律知识，高职生往往成为劳动合同陷阱的常客。

与出现后果再补救相比，防患于未然是更明智的选择。高职生在找工作之前一定要了解一些必要的法律知识，特别是劳动法的相关内容，为顺利就业、更好地保障自己的权益做好准备。

一、劳动合同概述

（一）劳动合同的概念

劳动合同，也称劳动契约、劳动协议，是指劳动者同企业、事业、机关等用人单位为确立劳动关系，明确双方责任、权利和义务的协议。劳动合同是处理劳动者与用人单位双方争议的重要依据，也是稳定劳动关系、强化用人单位劳动管理的重要保证。

（二）签订劳动合同的必要性

1. 明确双方的权利和义务

劳动合同的签订，在法律上确立劳动者与用人单位之间的劳动关系。劳动者依据劳动合同在用人单位内担任一定的职务或工种的工作，遵守劳动法律法规和用人单位的规章制度，完成劳动合同约定的生产（工作）任务；用人单位则依据劳动合同的约定，为劳动者提供符合国家规定的劳动条件和劳动保护，督促劳动者履行劳动义务，按照劳动者的劳动数量和质量支付劳动报酬。

2. 解决劳动纠纷的重要证据

签订劳动合同是很必要的，在发生劳动争议时也是解决纠纷的重要证据。

3. 充分发挥用人单位和个人选择的自主性

签订劳动合同有利于用人单位自主用人，也有利于劳动者自主择业。通过劳动合同期限的约束，用人单位可以按照生产、工作的实际需要合理配置劳动力；劳动者可以根据自己的专长和志趣选择职业和岗位。

（三）劳动合同与就业协议的区别

就业协议是普通高等学校毕业生和用人单位在正式确立劳动人事关系前，经双向选择，在规定期限内确立就业关系、明确双方权利和义务而达成的书面协议，是用人单位确认毕业生相关信息真实、可靠以及接收毕业生的重要凭据，也是高校进行毕业生就业管理、编制就业方案以及毕业生办理就业落户手续等有关事项的重要依据。

该协议在毕业生到单位报到、用人单位正式接收后自行终止。签订就业协议的主要意义在于将毕业生与用人单位双方互相选择的关系确定下来，一般并没有详细规定双方具体的权利与义务。

毕业生与用人单位签订的就业协议不能等同于劳动合同。毕业生与用人单位在签订就业协议之后，还必须签订劳动合同，以保护自己的合法权益。目前的实际情况是，通常毕业生到单位工作后，双方才签订劳动合同。

就业协议与劳动合同都是用人单位录用毕业生时所订立的书面协议，两者是分处两个相互联系的不同阶段，区别如下。

1. 性质不同

毕业生就业协议是毕业生在校时，由学校参与见证、与用人单位协商签订的，是编制毕业生就业计划方案和毕业生派遣的依据。劳动合同是毕业生与用人单位明确劳动关系中权利和义务关系的协议，学校不是劳动合同的主体，也不是劳动合同的见证方，劳动合同是上岗毕业生从事何种岗位、享受何种待遇等权利和义务的依据。

2. 内容不同

毕业生就业协议的内容主要是毕业生如实介绍自身情况，并表示愿意到用人单位就业、用人单位表示愿意接收毕业生，学校同意推荐毕业生并列入就业计划进行派遣。劳动合同的内容涉及劳动报酬、劳动保护、工作内容、劳动纪律等方方面面，更为具体，劳动权利和义务更为明确。

3. 阶段不同

一般来说，就业协议签订在前，劳动合同订立在后，如果毕业生与用人单位就工资待遇、住房等有事先约定，也可在就业协议备注条款中予以注明，日后订立劳动合同对此内容应予认可。

（四）高职毕业生对劳动合同的认识误区

劳动合同非常重要，但是毕业生却不重视劳动合同的签订。主要是因为对劳动合同存在错误的认识。

1. 怕付违约金而不敢签合同

张强学的是计算机与网络技术应用专业，2016 年毕业后去一家网络公司担任网络编辑员。由于网络公司的成立、发展、运行瞬息万变，张强想如果签约就等于束缚了自己，一旦要跳槽，就得交违约金，因此不想和单位签订劳动合同。

实际上法律规定，劳动合同对劳动者的违约行为设违约金的，仅限于两种特殊情况："违反服务期约定的"和"违反保守商业秘密约定的"。即劳动合同中要设立违约金条款，首先要有服务期约定，或者要有保密约定。没有这其中任何一条作为前提，都不能设立违约金条款，即使有也属无效条款，对劳动者没有约束力。针对张强这种情况，可以签订短期劳动合同，如签订一年。这样既有利于保护自己的权利，又便于自主选择。

2. 想做自由人而不愿签合同

出于人生规划的考虑，很多高职生不习惯与用人单位签订较长期的劳动合同。但是某些企业，特别是国有大中型企业和一些特殊行业，考虑到培养成本，往往不能对较长的合同期限轻易松口。所以，就有一些学生采取了不签合同也不离职的做法，但是这种做法存在很多弊端，刚从学校毕业的高职生如果一直不与用人单位签订劳动合同，即使工作了，也是职场中的"黑户"，社会保险费无从缴纳，相关的权益也无法得到保障。这种情况下，要综合利弊、权衡得失，学会取舍。

一般来说，正规单位在大学毕业生报到后，都会及时与他们签订劳动合同。但是有些单位法律意识不强或是因为其他不良动机，拖延劳动合同的签订，毕业生应该学会依法维护自身的合法权益，到单位报到后应当及时提出签订劳动合同的请求，如果单位执意不签，可以向单位所在地的区、县劳动局的劳动监察科投诉；如果单位因此而辞退毕业生，毕业生可以向区、县劳动争议仲裁委员会提请仲裁，要求公司赔偿损失。

二、如何签订劳动合同

（一）劳动合同的形式

劳动合同的形式是指订立劳动合同的方式。劳动合同的形式一般有书面形式和口头形式两种。书面合同是由双方当事人达成协议后，将协议的内容用文字形式固定下来，并经双方签字，作为凭证的合同。口头合同是双方当事人口头承诺即告成立，不必用文字写成书面形式的合同。我国劳动法规定，劳动合同应当以书面形式订立。

法律之所以这样规定，其目的在于用书面形式明确劳动合同当事人双方的权利与义务、劳动条件、工资福利待遇等事项，便于履行和监督检查，在发生劳动争议时，便于当事人举证，也便于有关部门处理。

（二）签订劳动合同的原则

签订劳动合同的原则是指在劳动合同订立过程中双方当事人应当遵循的法律准则。

1. 平等自愿的原则

平等是指订立劳动合同的双方当事人具有相同的法律地位。在订立劳动合同时，双方当事人是以劳动关系平等主体资格出现的，有着平等的利益要求和权利，不存在命令与服从的关系。

自愿是指劳动合同的订立完全是出于双方当事人的真实意愿，是在充分表达各自意见的基础上，经过平等协商而达成的协议。当事人一方不得强制或者欺骗对方，也不能采取其他诱导方式使对方违背自己的真实意愿而接受对方的条件。劳动合同的期限、内容的确定，必须完全与双方当事人的真实意思相符合。

2. 协商一致的原则

协商一致是指劳动合同的内容，必须由当事人双方在法律、法规允许的范围内共同协商讨论，取得完全一致后确定。协商一致的原则是维护双方当事人合法权益的基础。

3. 合法原则

合法原则即劳动合同的签订不得违反法律、行政法规的规定。这条原则是劳动合同有效并受国家法律保护的前提条件，它的基本内涵有以下三点。

（1）订立劳动合同的主体必须合法。所谓主体合法，是指双方当事人必须具备订立劳动合同的主体资格。用人单位应当依法成立，必须有被批准的经营范围和履行能力，能够依法支付工资、缴纳社会保险金、提供劳动保护条件，并能够承担相应的民事责任。

（2）劳动合同的内容必须合法。所谓内容合法，是指双方当事人在劳动合同中订立的具体劳动权利与义务条款必须符合法律、法规和政策的规定，不得从事非法工作。劳动合同涉及国家的用工、工资分配、社会保险、职业培训、工作时间和休息时间以及劳动安全卫生等多方面内容，用人单位在约定这些内容时，必须在法律和行政法规的范围内确定。

（3）订立劳动合同的程序与形式必须合法。一般要经过要约和承诺两个步骤，具体方式是先起草劳动合同书草案，然后由双方当事人平等协商，协商一致后签约。劳动合同应以书面形式订立。

（三）劳动合同的基本内容

劳动合同的内容是指双方当事人在劳动合同中必须明确各自的权利、义务及其他问题。依照我国宪法及劳动法的有关规定，劳动者具有平等就业和选择职业的权利、取得劳动报酬的权利、休息休假的权利、获得劳动安全卫生保护的权利、接受职业技能培训的权利、享受社会保险和福利的权利、提请劳动争议处理的权利以及法律规定的其他劳动权利。

权利与义务是一致的，劳动者在享有权利的同时，还要履行相关义务。劳动法对劳动合同规定了九项法定内容。

1. 用人单位

用人单位的名称、地址和法定代表人或者主要负责人

2. 劳动者

劳动者的姓名、住址和居民身份证或者其他有效身份证件号码

3. 劳动合同期限

劳动合同期限分为有固定期限、无固定期限和以完成一定的工作为期限三种情况。毕业生在签订劳动合同时，应该根据自身的业务能力、特长、兴趣和今后发展等方面，权衡确定劳动合同期限。一般来说，刚毕业的学生选择固定期限比较合适，同无固定期限相比，比较有保障，期限结束后，可以另行选择单位或岗位，又有一定的自由度。

4. 工作内容和工作地点

工作内容包括劳动者从事劳动的工种、岗位以及在生产或工作上应当达到的数量和质量或应当完成的任务。工作内容可以规定劳动者从事某一项或者几项具体的工作，也可以是某一类或者几类工作。毕业生在此主要是注意：工作职责或要求是否明确、具体，是否有可能遇到难以完成工作任务的陷阱。

5. 工作时间和休息休假

国家实行劳动者每日工作时间不超过八小时、平均每周工作时间不超过44小时的工时制度。用人单位应当保证劳动者每周至少休息一日，同时用人单位应在国家法定假日期间依法安排劳动者休假。

6. 劳动报酬

一方面,劳动报酬是劳动者劳动的成果返还和劳动者履行劳动义务后必须享受的劳动权利;另一方面,则是用人单位依据法律、法规以及劳动合同的约定支付给劳动者的工资、津贴等。劳动关系双方在约定劳动报酬时,一定要明确数额或计酬方式。

(1) 最低工资。一般而言,各地区对有关工种都规定了最低工资。最低工资不包括四项内容,即企业延长法定工作时间的工资报酬(加班工资);中班、夜班、高温、低温、井下、有毒有害等特殊工作环境津贴;个人缴纳的养老、医疗、失业保险费和住房公积金;伙食补贴(餐补)、上下班交通费补贴、住房补贴。

(2) 超时工作与加班费。据悉,某些民营企业尤其计件制单位,经常加大生产指标迫使劳动者每日工作十小时甚至更长时间。对此,《中华人民共和国劳动法》有专门的规定。

如果"用人单位因生产经营需要,经与工会和劳动者协商后可以延长工作时间,一般每日不超过一小时;因特殊原因需要延长工作时间的,在保障劳动者身体健康的条件下延长工作时间每日不超过三小时,但是每月不超过36小时"。也就是说,对企业违反法律、法规,强迫劳动者延长工作时间的,劳动者有权拒绝。

另外,如果劳动者同意延长工作时间,用人单位必须依法向其支付不低于工资150%的劳动报酬(休息日支付不低于工资200%的劳动报酬,法定休假日则须支付不低于工资300%的劳动报酬)。对拒不支付劳动者延长工作时间工资报酬的用人单位,劳动行政部门可责令其支付劳动者工资报酬、经济补偿,并支付赔偿金。

7. 社会保险

社会保险在我国主要包括养老保险、医疗保险、失业保险、工伤保险、生育保险和住房公积金。其中养老保险、医疗保险和失业保险由企业和个人共同缴纳保费,工伤保险和生育保险完全是由企业承担,个人不需要缴纳。

社会保险的缴费比例各地有所差别,以北京为例,根据北京人力资源和社会保障网以及《北京日报》的报道,目前北京养老保险基金单位缴费比例为20%,个人缴费比例为8%;医疗保险单位缴费比例为10%,个人为2%+3元;失业保险缴费比例为单位1%,个人0.2%;工伤保险单位缴费费率为0.48%,个人不缴费;生育保险单位缴费比例为0.8%,个人不缴费。住房公积金缴费比例单位和个人同为12%,取下限并将各项基金缴费比例加总可得单位"五险一金"缴存比例为44.28%,个人缴存比例为22.2%,这两个比例之和是66.48%。北京现行缴存比例通常为8%～10%。

如果你在北京工作,税前工资1万元,个人缴纳的"五险一金"的比例为22.2%,外加3元,即2223元。再扣除缴纳个税322.70元,剩余7454.30元。也就是说在扣除"五险一金"及其个人所得税之后,你每月能够拿到手的工资是7454元。同时,单位为你缴纳的"五险一金"为4428元,因此,你的单位实际每月为你支付了14428元。

8. 劳动保护、劳动条件和职业危害防护

在新通过的《中华人民共和国劳动合同法》中,职业危害防护列为劳动合同的必备条款。强调职业危害防护条款,要求用人单位必须将工作过程中可能产生的职业病危害、防护措施等在劳动合同中写明,不得隐瞒或欺骗。这更倾向于保护劳动者的合法利益。

对于企业而言，有职业危害的工作在劳动合同必备条款中要告知劳动者，而告知的方法和对危害严重性的估测可以根据实际情况做适当的调节。

9. 法律、法规规定应当纳入劳动合同的其他事项

根据《中华人民共和国劳动合同法》的相关规定，用人单位与劳动者签订劳动合同时，除订立上述八项必备条款外，可以协商约定其他内容。《中华人民共和国劳动合同法》第二十三条规定，劳动合同当事人可以在劳动合同中约定保守用人单位商业秘密和知识产权的有关事项，劳动者如果“违反劳动合同中约定的保密事项，对用人单位造成经济损失的，应当依法承担赔偿责任”。

保密条款或保密协议起到了“丑话说在前”的作用，一旦劳动者发生侵犯商业秘密的违约行为，只需举证合同即可，用人单位维护自身权益就变得十分便捷。

当前我国人才流动比较频繁，为防止不正当竞争，用人单位一般与高级职员在劳动合同中约定，劳动者在终止或解除劳动合同后的一定期限内，负有保密义务。或者约定不能到生产同类产品或经营同类业务且有直接竞争关系的其他单位任职，这就是劳动合同中的竞业禁止条款。

竞业限制的人员仅适用于用人单位的高级管理人员、高级技术人员和其他负有保密义务的人员。竞业限制的范围、地域、期限由用人单位与劳动者约定，竞业限制的约定不得违反法律、法规的规定。在解除或者终止劳动合同后，前款规定的人员到与本单位生产或者经营同类产品、从事同类业务的有竞争关系的其他用人单位，或者自己开业生产或者经营同类产品、从事同类业务的竞业限制期限，不得超过两年。

（四）劳动合同的履行

劳动合同的履行是指劳动合同在依法订立生效之后，双方当事人按照劳动合同规定的条款，完成劳动合同规定的义务，实现劳动合同规定的权利的活动。

案例

口头协议无效

某单位接收我校某毕业生，当时已通过体检、政审考核等程序，该单位表示同意录用该生，但提出因没有带公章，请学校先盖章签署意见。校就业提导中心为慎重起见，反复提醒毕业生最好请单位先盖章，学校再盖章。但单位和学生本人都很急，单位说：“反正我们已同意接收，只要方便同学，简化手续，谁先盖章无所谓。”

学生说：“我体检、政审都通过了，请给我一次机会，我愿写保证，保证因手续不全后果自负。”且该生所在院领导也打电话为之说情。鉴于此，学校先盖了章。谁知刚过两天，该单位将该生协议书退回。

签协议一定要慎重，必须把双方的约定以文字形式写下来盖章签字方生效，“君子协议”“口头协议”都是空头支票，没有任何法律效力，一旦发生纠纷，毕业生的利益无法得到保障。因此，毕业生必须学会保护自己。一般来说，毕业生最好是亲自前往单位签约盖章，如果一

定要将协议书寄去签，应该要求单位先出具书面接收函，以确保万无一失。

（资料来源：https://wenku. baidu. com/view/986a8f4a85254b35eefdc8d376eeaeaad0f31651. html?from=search&isVipfree=1. 2019-10-28.）

三、签订劳动合同的注意事项

高职生在签订劳动合同时，要特别注意以下五点。

1. 尽快与用人单位签订正式的劳动合同

为了保障个人的利益，求职者在正式进入用人单位工作时，一定要与用人单位签订正式的劳动合同，以便明确双方的权利和义务关系。

2. 没有签订劳动合同仍然受劳动法的保护

有些企业认为只要不与劳动者签订劳动合同，就可以不受劳动法律的约束，在辞退劳动者时较为便利，并且不必支付经济补偿。实际上这种观点是错误的。即使用人单位不与劳动者签订劳动合同，劳动者依然受劳动法律的保护。

《中华人民共和国劳动合同法》第八十二条规定，“用人单位自用工之日起超过一个月不满一年未与劳动者订立书面劳动合同的，应当向劳动者每月支付2倍的工资”。

3. 注意细节保护自己

为使用人单位无隙可乘，当劳动合同涉及数字时，一定要用汉字书写。另外，要注意合同生效的必要条件和附加条件（如是否要鉴证、登记）；合同至少一式两份，双方各执一份，妥善保管；毕业生在签订时要认真阅读内容，一份正式的合同应该条款齐全。如名称、地点、时间、劳动规则、具体工作内容和标准、劳动报酬、合同期限、违约责任、解决争议方式、签名盖章等。要对文本仔细推敲，发现条款表述不清、概念模糊的，及时要求用人单位进行说明或修订。

如果对合同条款有任何疑问，一定要确定后再签字，不要怕提出合同条款不妥而失去工作；否则可能给日后留下隐患。如无异议，再当面同单位负责人签字盖章，以防某些单位负责人利用签字时间不同而在劳动合同上做手脚。

4. 慎签英文合同

《中华人民共和国劳动合同法》规定，劳动合同应以书面形式订立。《中华人民共和国劳动合同法》和《外商投资企业劳动管理规定》中对外资企业与中方雇员签订的书面合同应该采用何种文字虽然都没有明文规定，但由于我国宪法赋予公民有使用本民族语言文字的自由，因此，要求签订中文文本合同完全是正当合理的。所以，高职生如果到外企工作，可以要求签订中文合同。

5. 注意格式合同

为了提高签订劳动合同的效率和节省签约劳动量，实践中较为常用的是用人单位事先拟好劳动合同，由劳动者做出是否签约的决定而不允许改变合同内容，也就是签订格式合同。虽然格式合同中单方面限制劳动者主要权利和免除用人单位主要义务的条款因违反公平和诚实信用原则而归于无效，但劳动者签约时仍然应当注意完全理解格式合同的条款内容，并对其中的不合理部分提出异议。

案例

附加协议一定要权衡利弊

某毕业生参加了考研，但成绩尚未出来，自己也没有十足的把握，于是竭力到某单位应聘，后该单位正式要求签约，且催得很急；否则另考虑人选。该生担心错过良机，匆忙签约，且未仔细推敲附加内容：即“服务期内不得以任何理由提出升学、出国、调动等要求；否则，缴纳违约金若干。”不久，研究生录取分数出来了，随即该生又收到了某校的录取通知，该生后悔莫及，单位却不答应更改协议；该生无奈，只好放弃深造机会，履行协议。

在签约过程中，有不少单位会备注附加一些协议条款，如“必须取得学士学位”“必须体检合格”“服务期多少年”“违约金多少”……对这些内容，毕业生应看仔细，并权衡利弊，尤其是服务期和违约金等要考虑自身的实际情况和承受能力。

（资料来源：https://wenku.baidu.com/view/986a8f4a85254b35eefdc8d376eeaeaad0f31651.html?from=search&isVipfree=1.2019-10-28.）

四、劳务派遣简介

2008年1月1日开始实施的《中华人民共和国劳动合同法》规定了劳务派遣的内容。从近几年高职学生的就业情况来看，签订劳务派遣合同的学生呈增长趋势，在此简要介绍这种较为独特的劳动关系。

（一）劳务派遣的定义

劳务派遣又称劳动派遣、劳动力租赁，是指由派遣机构与被派遣人（如高校毕业生）订立劳动合同，由被派遣员工向用工单位给付劳务，劳动合同关系存在于派遣机构与派遣员工之间，但劳动力给付的事实则发生于派遣劳工与要派企业之间。简单地说，甲公司是劳动派遣公司，乙公司是用人单位，小王是被派遣人，他与甲公司签订劳动合同，但是去乙公司上班。

劳动派遣的最显著特点就是劳动力的雇用和使用相分离。劳动派遣机构已经不同于职业介绍机构，它成为与劳动者签订劳动合同的一方当事人。劳动派遣三方关系如图8-1所示。

（二）劳务派遣的种类

一般而言，可以将常见的劳务派遣分为以下几种。

1. 完全派遣

由派遣公司承担一整套员工派遣服务工作，包括人才招募、选拔、培训、绩效评价、报酬和福利、安全和健康等。

2. 转移派遣

由劳务派遣需要的企业自行招募、选拔、培训人员，再由派遣公司与员工签订劳动合同，并由派遣公司负责员工的报酬、福利、绩效评估、处理劳动纠纷等事务。

3. 减员派遣

减员派遣是指企业对自行招募或者已雇佣的员工，将其雇主身份转移至派遣公司。企

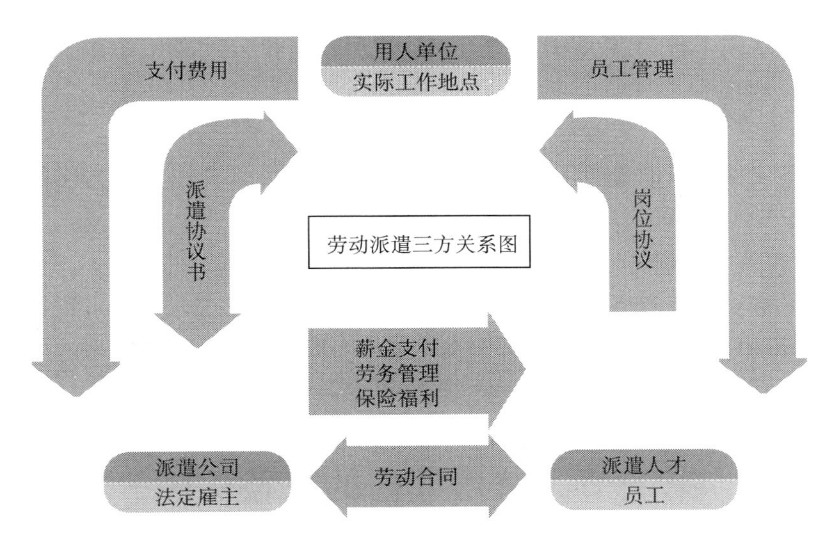

图 8-1 劳动派遣三方关系

业支付派遣公司员工派遣费用，由派遣公司代付所有可能发生的费用，包括工资、资金、福利、各类社保基金以及承担所有雇主应承担的社会和法律责任。其目的是减少企业固定员工，增强企业面对风险时的组织应变能力和人力资源弹性。

4. 试用派遣

试用派遣是一种新的派遣方式，用人单位在试用期间将新员工转至派遣公司，然后以派遣的形式试用，其目的是使用人单位在准确选才方面更具保障，免去了由于选拔和测试时产生的误差风险，有效降低了人事成本。

5. 短期派遣

用人单位与劳务派遣机构共同约定一个时间段来聘用和落实被派遣的人才。

6. 项目派遣

企事业单位为了一个生产或科研项目而专门聘用相关的专业技术人才。

7. 钟点派遣

以每小时为基本计价单位派遣特种人员。

8. 双休日派遣

以周六、周日为基本计价单位派遣人员。

9. 第三方派遣

国有企事业单位通过劳务派遣机构把闲置的人员部分或整体地派遣给第三方。

（三）劳动派遣的作用

劳务派遣对促进派遣员工就业、提高派遣员工的职业技能和执业能力、保障派遣员工的合法权益、解决派遣员工的后顾之忧等方面发挥着非常重要的作用，主要体现在以下几个方面。

1. 有利于保障员工合法权益、提高员工职业素质

劳务派遣建立起新型的劳动关系，有助于保障派遣员工的合法权益；充分利用劳动部

门的就业平台和资源优势，为派遣员工提供更多的就业机会和更为广阔的职业选择；重视派遣员工的教育培训工作，有效提升派遣员工的职业素质和职业技能，提高派遣员工的职业选择能力。

2. 有利于提高员工工资水平

劳务派遣不仅保证了派遣员工的工资收入水平，而且可以利用内部的岗位空间和岗位调整，提高派遣员工的工资收入。

3. 有利于节省用人单位费用

实行劳务派遣可以节省用人单位劳动力使用和管理成本；用人单位可根据生产经营需要，随时要求派遣机构增减派员，有利于用人单位用人的灵活性；也可使用人单位从繁杂的劳动保障事务中解脱出来，有利于用人单位集中精力抓好生产经营。

第三节　试用期内的权益保障

《中华人民共和国劳动法》第十七条规定：用人单位可以和劳动者约定试用期。该条款具体包括以下两层含义。

其一，用人单位和劳动者对在劳动合同中是否设立试用期条款具有自主性和自愿性。即试用期条款的设立与否，完全取决于双方是否事先约定。

其二，只有形成双方的合意才能认定存在试用期条款，即试用期条款的设定必须在平等自愿的基础上由劳资双方协商确定。

一、试用期概述

1. 试用期的概念

试用期是指用人单位对新招收的职工在思想品德、劳动态度、实际工作能力、身体情况等各方面作进一步考察的时间期限。适用于初次就业或再次就业时改变劳动岗位或工种的劳动者。用人单位与劳动者订立劳动合同时依法协商约定的试用期满后，不得以任何理由再延长试用期。

2. 试用期的期限

试用期并不是法定的，而是由用人单位和劳动者共同约定。但是约定的期间不得违反法律规定。《中华人民共和国劳动合同法》第十九条规定："劳动合同期限三个月以上不满一年的，试用期不得超过一个月；劳动合同期限一年以上不满三年的，试用期不得超过两个月；三年以上固定期限和无固定期限的劳动合同，试用期不得超过六个月。"

各省、自治区、直辖市又分别对试用期做了更详细的规定，毕业生可以自己有针对性地查询。

3. 试用期与劳动合同期限的关系

试用期与劳动合同期限既有联系又有区别。首先，试用期应包含在劳动合同期限之内，是劳动合同期限的一部分。其次，仅约定试用期的，试用期限不成立，该期限即为劳动合同期限。

有的企业错误地认为试用期对企业很有利，与员工仅仅就试用期订立所谓的试用期合同、临时合同等，这些其实都是不合法的，按照上述提到的法律规定，该期限被推定为正式合同期。

二、试用期内劳动合同双方的权利和义务

1. 试用期内劳动权利和义务的一般规定

小陈2008年7月毕业于某高职学院，专业为计算机。毕业前，他成功应聘了一家知名的网络公司。签约时，该公司要求小陈签一份由公司提供的格式合同。该合同中有“试用期满，不符合要求，公司有权解聘”的字样，因为公司的薪水和福利都使他感到满意，而工作又不容易找，他也就没敢细问。工作后，小陈一直兢兢业业，但三个月的试用期满后，公司以小陈工作不符合要求将其辞退。

长期以来，无论求职者还是招聘单位一直存在这样的认识误区：劳动者和用人单位在试用期内，不需要任何理由，均有权随时与对方解除劳动合同。

根据《中华人民共和国劳动法》和《中华人民共和国劳动合同法》的规定，在试用期内，劳动者可随时通知用人单位解除劳动合同，而不需任何理由。这是法律赋予劳动者的权利，是《中华人民共和国劳动法》基本原则的体现。这种形式上的不平等保证了司法上和实践中实质上的平等。

但是用人单位无权随时在试用期内单方面解除劳动合同。用人单位只有证明劳动者不符合其录用条件以后，才可以单方面解除劳动合同。如果员工对企业在试用期内解除劳动合同有不同意见，企业必须向该员工说明理由，并且举出“员工不符合录用条件”的证据。如果不能举证，用人单位就不得单方面解除劳动合同。

上述案例中，小陈可以要求公司对自己不符合工作要求的具体表现进行举证。如果公司举不出证据，就不能解聘小陈。

2. 试用期内劳动权利和义务的特别规定

按照《中华人民共和国劳动合同法》的规定，劳动合同对劳动报酬和劳动条件等标准约定不明确，引发争议的，用人单位与劳动者可以重新协商；协商不成的，适用集体合同规定；没有集体合同或者集体合同未规定劳动报酬的，实行同工同酬；没有集体合同或者集体合同未规定劳动条件等标准的，适用国家有关规定。

根据《劳动部办公厅关于试用期解除劳动合同处理依据问题的复函》第三条规定：“用人单位出资（指有支付货币凭证的情况）对职工进行各类技术培训，职工提出与单位解除劳动关系的，如果在试用期内，则用人单位不得要求劳动者支付该项培训费用。”所以从这个意义上来说，试用期的约定对劳动者有倾斜性保护。

三、与试用期容易混淆的几个概念

刚刚走出校门的高职毕业生，陆续踏上工作岗位，拥有了人生的第一份劳动合同。要迈好在职在岗的第一步，保护自己的正当权益，搞清楚劳动合同中的试用期与见习期、学徒期和服务期三个概念的区别十分重要。

1. 见习期

见习期是我国针对应届高校毕业生进行业务适应及考核的一种制度，适用于用人单位

招收应届毕业生的情况。见习期满如果合格，则对职工办理转正手续，为其评定专业职称；见习期满，如果达不到见习要求的，可延长见习期半年到一年或者降低工资标准，表现特别不好的，用人单位可予以辞退。

根据原劳动部的有关规定，大中专、技校毕业生新分配到用人单位工作的，执行为期一年的见习期制度，见习期内可以约定不超过半年的试用期。但对于试用期的特殊权利不能适用于见习期。

2. 学徒期

学徒期实际上类似于见习期，只是针对的人群不一样，主要是指工厂在招收工人时进行岗前培训这个阶段。根据原劳动部1996年制订的有关规定，学徒期是对进入某些工作岗位的新招工人熟悉业务、提高工作技能的一种培训方式，在实行劳动合同制度后，这一培训方式仍应继续采用，并按照技术等级标准规定的期限执行。试用期和学徒期包含在劳动合同期限内，试用期和学徒期可以同时约定。

3. 服务期

服务期是用人单位在招收或使用劳动者的过程中提供特殊待遇后，与劳动者协商确定的一个附属期限。所谓特殊待遇应具有两个特征：首先，这种待遇不是法律规定的待遇；其次，不是用人单位为本单位所有劳动者提供的普遍待遇，而是只提供给特定的劳动者。

《上海市劳动合同条例》罗列了三种情形：一是用人单位出资招用新员工，如用人单位为原本户口在外地的新员工出钱办理户口进沪；二是用人单位为员工出资培训；三是用人单位给员工配有特殊待遇，如提供一套房子、一辆车子等。

在服务期内，劳动者应遵循诚实信用原则，不得任意跳槽；否则，将根据该条例承担赔偿违约金的责任。

第四节　劳动合同的解除与终止

劳动合同的解除与终止，看似简单的事情其实并非想象中那样容易。合同的解除与终止牵涉法律关系的变化，牵涉企业的商业秘密及知识产权保护，牵涉经济的赔偿与补偿等许多问题。下面介绍劳动合同解除与终止的相关问题。

一、劳动合同的解除

（一）劳动合同的合意解除

经劳动合同当事人协商一致，劳动合同可以解除。

（二）劳动者解除合同

劳动者解除劳动合同，一般应当提前三十日以书面形式通知用人单位。根据有关法律规定，除非有服务期约定或者竞业限制约定的，在下列情况下，劳动者可以随时通知用人单位解除劳动合同。

（1）未按照劳动合同约定提供劳动保护或者劳动条件的。

（2）未及时足额支付劳动报酬的。

(3) 未依法为劳动者缴纳社会保险费的。

(4) 用人单位的规章制度违反法律、法规的规定,损害劳动者权益的。

(5) 因以欺诈、胁迫的手段或者乘人之危,使对方在违背真实意思的情况下订立或者变更劳动合同的、用人单位免除自己的法定责任排除劳动者权利的、违反法律或行政法规强制性规定等情形致使劳动合同无效的。

(6) 法律、行政法规规定劳动者可以解除劳动合同的其他情形。

此外,用人单位以暴力、威胁或者非法限制人身自由的手段强迫劳动者劳动的,或者用人单位违章指挥、强令冒险作业危及劳动者人身安全的,劳动者可以立即解除劳动合同,不需事先告知用人单位。

(三) 用人单位解除劳动合同

1. 一般情况

有下列情形之一的,用人单位提前三十日以书面形式通知劳动者本人或者额外支付劳动者一个月工资后,可以解除劳动合同。

(1) 劳动者患病或者非因工负伤,在规定的医疗期满后不能从事原工作,也不能从事由用人单位另行安排的工作的。

(2) 劳动者不能胜任工作,经过培训或者调整工作岗位,仍不能胜任工作的。

(3) 劳动合同订立时所依据的客观情况发生重大变化,致使劳动合同无法履行,经用人单位与劳动者协商,未能就变更劳动合同内容达成协议的。

2. 特殊情况

劳动者有下列情形之一的,用人单位可以随时解除劳动合同。

(1) 在试用期间被证明不符合录用条件的。

(2) 严重违反劳动纪律或者用人单位规章制度的。

(3) 严重失职,营私舞弊,对用人单位利益造成重大损害的。

(4) 劳动者同时与其他用人单位建立劳动关系,对完成本单位的工作任务造成严重影响,或者经用人单位提出拒不改正的。

(5) 以欺诈、胁迫的手段或者乘人之危,使对方在违背真实意思的情况下订立或者变更劳动合同的。

(6) 被依法追究刑事责任的。

3. 例外情况

劳动者有下列情形之一的,用人单位不得解除劳动合同。

(1) 从事接触职业病危害作业的劳动者未进行离岗前职业健康检查,或者疑似职业病病人在诊断或者医学观察期间的。

(2) 在本单位患职业病或者因工负伤并被确认丧失或者部分丧失劳动能力的。

(3) 患病或者非因工负伤,在规定的医疗期内的。

(4) 女职工在孕期、产期、哺乳期的。

(5) 在本单位连续工作满十五年,且距法定退休年龄不足五年的。

(6) 法律、行政法规规定的其他情形。

二、劳动合同的终止

劳动合同的终止情形有以下六种情况。

(1) 劳动合同期满的。

(2) 劳动者开始依法享受基本养老保险待遇的。

(3) 劳动者死亡，或者被人民法院宣告死亡或者宣告失踪的。

(4) 用人单位被依法宣告破产的。

(5) 用人单位被吊销营业执照、责令关闭、撤销或者用人单位决定提前解散的。

(6) 法律、行政法规规定的其他情形。

三、终止合同与解除合同的区别

1. 性质不同

终止合同与解除合同有着根本的区别。终止合同是指合同双方按照合同规定的条款履行了全部义务，即平时所说的合同已到期。解除合同则是指在劳动合同履行完毕之前，因某种原因，提前终止劳动合同的法律效力。

2. 条件不同

终止合同的条件均为法定条件，而解除合同除了法定条件外，劳动合同的当事人还可以约定解除。

3. 法律后果不同

劳动合同终止时，劳动单位只有在被依法宣告破产的、被吊销营业执照、责令关闭、撤销或者用人单位决定提前解散的情况下，或者劳动合同期满（不降低原来劳动条件但劳动者不同意续签的除外）需要支付经济补偿金，但是由用人单位提出解除劳动合同时，必须依法向劳动者支付经济补偿金。

此种情况下，用人单位应根据劳动者在本单位工作年限，每满一年支付一个月工资的标准向劳动者支付。六个月以上不满一年的，按一年计算；不满六个月的，向劳动者支付半个月工资的经济补偿。

劳动者月工资高于用人单位所在直辖市、设区的市级人民政府公布的本地区上年度职工月平均工资三倍的，向其支付经济补偿的标准按职工月平均工资三倍的数额支付，向其支付经济补偿的年限最高不超过十二年。

劳动合同解除后，用人单位未按规定给予劳动者经济补偿的，除发给经济补偿外，还须按经济补偿金数额的双倍支付额外经济补偿金。

劳动者个人因与用人单位解除劳动关系而取得的经济补偿金，原则上是免征个人所得税的。但为了防止有些企业或个人钻法律空子，搞一些变相偷税漏税的勾当，国家又规定，超过当地上年职工年平均工资三倍数额以上的部分，仍然需要上税。

此外，由劳动者提出解除劳动合同如给用人单位造成经济损失时，劳动者还应承担赔偿责任。

第五节 劳动争议中的权益保障

当前，劳动争议案件日益增多，如何正确解决这类纠纷，以维护劳资双方的合法权益，是当代大学毕业生必须了解的内容，只有这样才能正确对待和处理劳动争议中的权益保障。

一、劳动争议的范围

《中华人民共和国劳动法》规定的劳动争议，指中国境内的企业与职工之间的下列劳动争议：一是因企业开除、除名、辞退职工和职工辞职、自动离职发生的争议；二是因执行国家有关工资、保险、福利、培训、劳动保护的规定发生的争议；三是因履行劳动合同发生的争议；四是法律、法规规定应当依照"企业劳动争议处理条例"处理的其他劳动争议。

二、劳动争议的处理方法

劳动争议发生后，当事人可向本单位劳动争议调解委员会申请调解；调解不成，当事人一方要求仲裁的，可向当地劳动争议仲裁委员会申请仲裁。当事人一方也可在 60 日内直接向劳动争议仲裁委员会申请仲裁。对仲裁裁决不服的，可以向人民法院提起诉讼。

如果超过了法定期限 60 日，当事人仍可向仲裁委员会申请仲裁，待仲裁委员会做出"驳回"的裁决后，再凭这一"驳回"裁决向人民法院提起诉讼。

三、劳动争议的举证责任

1. 解除劳动合同的举证责任

因用人单位做出的开除、除名、辞退、解除劳动合同等决定而发生的劳动争议，用人单位负举证责任，举证不能或不充分的，人民法院或劳动争议仲裁机构可予撤销用人单位的决定，用人单位应赔偿劳动者损失。

2. 其他争议的举证责任

根据我国民法规定，谁主张、谁举证。如果劳动者与劳动单位发生劳动争议，应就自己的主张自行提交相应的证据。

拓展阅读

大学生就业权益的主要内容和常见的就业陷阱

当今社会，关于大学生就业权益的问题有诸多讨论，主要涉及大学生就业权益包括哪些及大学生是如何维护自己的合法权益的。当今大学生社会经验不足，对于在求职过程中遭遇的一些或明显或隐蔽的侵权行为，有时会选择忍让和无所谓的态度，很少有人能够正确地使用法律武器保护自己，对于一些诈骗行为也很少能够在第一时间辨别并对自身加以保护。我们应该培养大学生的维权意识和自我保护能力，帮助大学生更好地走向社会。

随着高等教育大众化程度的提高，每年都有越来越多的高校毕业生进入就业市场，大学毕业生的就业压力不断加大，如何妥善处理就业过程中的一系列侵权问题及如何面对种种就业陷阱，成为必须解决的问题，只有通过加强就业教育，加强大学生自我保护能力和意识的培养，鼓励大学生在面对侵害时敢于第一时间拿起法律武器保护自身权益，才是解决大学生求职权益侵害问题乃至社会求职侵害问题的一种行之有效的途径。

1. 假借岗前培训强收保证金培训费

职场顾问指出，正规企业是不会向求职者收取任何费用，如培训费、保证金等，也不会以便于管理的名义扣压求职者的身份证、户口簿、毕业证等。法律规定用人单位不得向应聘者收取任何费用（包括押金或保证金），那些任职初期需要先缴各种押金的行为是不合法的。

2. 廉价使用劳动力

有些公司转正时间长达一年，美其名曰见习期，薪金只有合同约定的一半，更有甚者，一些单位在试用期即将结束时，便以各种理由辞退求职者，对于这种现象，很多求职者感觉不合理，可又说不出其违法之处。关于试用期，劳动保障部早已做了规定，即《关于实行劳动合同制度若干问题的通知》提到，劳动合同期限少于六个月的，试用期不得超过15天；劳动合同长于六个月短于一年的，试用期不超过30天；劳动合同长于一年短于两年的，试用期不超过60天。

3. 粉饰招聘岗位

招聘单位在招聘广告上把职位写成“市场总监”“保险事业部经理”，结果到了岗位，应聘者却发现其实是做“业务员”“保险代理员”等。有的单位会以“到基层先锻炼锻炼”为幌子，欺骗求职者，使他们继续工作下去。

4. 传销陷阱

所谓传销，本是指生产企业不通过店铺销售，而由传销员将本企业产品直接销售给消费者的经营方式。该经营方式受到国家的严令禁止。现在的传销者首选对象常常是急于挣钱的打工者，特别是刚刚毕业的学生，他们通过各种渠道得到预骗对象的电话后，便打着同乡、同学、亲戚等幌子，以帮忙找工作为由，以高薪为诱饵，因人而异，投其所好，哄骗求职者进行非法传销活动。

5. 以招聘之名盗取个人信息

简历上只向招聘单位提供必要的有效信息，联系方式只留手机和邮箱；“家庭固定电话”可留学校或院系的办公电话；不必要填的信息尽量不填。另外，招聘网站或招聘单位要求求职者在简历中详细填写个人家庭住址、亲属关系等信息，这些属于个人隐私，没必要向招聘单位说明，更不必留在招聘网站上。

6. 协议陷阱

就业协议是明确毕业生、用人单位在毕业生就业择业过程中权利和义务的书面协议。就业协议一经签订，对双方都具有约束力。按照有关规定，就业协议不能代替劳动合同或聘用合同，这样就可能在毕业生和用人单位之间产生纠纷。

（资料来源：http://www.hnrcsc.com/html/201810/15976.html.2018-10-11.）

实践课堂

王刚是某高校的毕业生。经过几个月的奔波、努力，他与一家公司签了就业协议，协议中规定了 5000 元的违约金。7 月份他办完毕业手续来公司报到上班，公司与他签订劳动合同，合同期限为 5 年，违约金为 20 万元。

王刚不想签五年的劳动合同，觉得违约金也太高。但是不签是不是就要交付 5000 元的违约金呢？请你运用所学的知识帮助王刚。

课后练习

1. 毕业生就业权利有哪些？
2. 毕业生如何正确行使就业权利？
3. 终止合同与解除合同的区别是什么？

第九章 适应职业、发展职业

【学习要点】

(1) 了解实习期的作用。
(2) 理解从基层做起的重要意义。
(3) 懂得转变角色、适应职场的原则和方法。

【技能要求】

(1) 认真把握实习期。
(2) 能够踏踏实实地在基层工作。
(3) 认真实践,顺利转变角色。

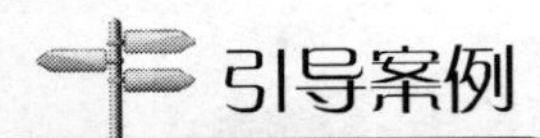

引导案例

基层岗位不能小看

上海市一家民营企业的员工基本上都是王先生亲自招聘的。他给刚出校门的学生月薪一般为3000元。但他表示这一工资数目并不代表对应届大学生现有能力的评价,更不代表对其今后能力的评价,而仅仅代表企业提供的这个岗位的"价码"。

王先生曾面试过的不少大学生对于"愿在基层工作几年"的提问,很多人回答"干几个月",有些人甚至答以"几个星期"。

王先生说这些大学生没有专业经历却想一来就坐上主管以上岗位。"其实我的初衷是将他们当作主管、部门经理等中层干部来培养的,可他们不愿从基层起步"。

这一方面说明大学生对自己缺乏正确的定位,尚未意识到自身的差距;另一方面也说明他们缺乏自信,生怕被一直安排在基层岗位上。事实上,许多民企老板或中高层管理人员就是从最基层的岗位干出来的。

(资料来源:https://www.pai-hang-bang.com/pdf-42369250.html.2020-03-02.)

第一节　认真把握实习期

实习对学生而言，有助于他们了解社会，增长工作经验，实践既是增强技能的好机会，又是一个考察实习单位、确定就业方向、寻找就业目标的好时机。对单位而言，可以在实习学生中选拔人才，减少用工培训成本。不少同学就是因为在实习中表现突出而被单位直接留用。

同学们要高度重视实习，利用实习期做好角色转换准备，抓紧进行职业适应性调适，为自己顺利找到工作、做优秀员工打下基础。

一、树立良好的第一印象

高职生初到一个实习单位，其外在形象、谈吐、接人待物的方式都会给单位领导和同事留下第一印象。第一印象的好坏对今后事业的发展有着重要意义。那么如何树立良好的第一印象呢？

（一）仪表举止大方

仪表是个人形象的基本外在特征，端庄大方的仪表会给人留下良好的第一印象。

1. 装饰得体

初到实习单位，要注意衣着打扮。衣服不一定要讲究高档、时髦，追求名牌，只要符合自己的经济状况和实习生身份即可。男生切忌穿得太随意(如穿着短裤、背心甚至拖鞋)，女生不要穿得过于暴露。

女生在化妆方面，既不能浓艳，也不能素面朝天，学生味十足。有些服务业在妆容上有要求，如银行柜员、商场收银员等都要适当化淡妆，实习生也要遵守这些规定，该化妆时就得化妆。

2. 面带微笑

到一个新的环境，如何更快地融入？我们不能被动等待别人来关心，而是要主动去交往，最好的方法就是面带微笑地向同事问好。此外，微笑还是亲和力的标志，要想在一个团队人际和谐、心情愉快，就要微笑面对一切。如果你不善微笑，那么从现在起，每天对着镜子笑50次吧！

3. 举止文明

要保持积极向上的精神面貌，不要哈欠连天，一副睡不醒的样子。要注意，在同事、领导面前说话落落大方，女生不要有吐舌头、扭身子等小气、扭捏的动作，男生不要嬉皮笑脸、大大咧咧，显得过于散漫。做事要注意细节，如当部门领导向他人介绍自己时，一定要起身微微鞠躬，并表达请多指教和多关照之意。

（二）工作踏实勤奋

高职毕业生到实习单位后，领导分配的工作不一定与专业有关，即使与专业有关，也可能做不到熟练操作。那么在工作中要注意什么呢？

1. 要主动找活儿干

实习生到单位，首先要做的是眼里有活儿。主动承担扫地打水、清洁桌面、擦拭窗台等细小的工作。在实习初期，领导没有给你安排工作或者安排一些算不上工作的小活儿，就是在考察你工作是否主动，你一定要一丝不苟地干好小活儿，并主动询问领导需要你做些什么。

2. 要甘做小事

到了实习岗位，每个学生都想多学点，希望所做的事和自己的专业直接挂钩。但是实习生一定要避免好高骛远的想法，把一件小事做得尽善尽美，就是最大的收获。例如，学财会的实习生，很多人就必须从最外围的财会业务做起，像在店内收银或者跑银行、去税务工商送报表等。

实习生要脚踏实地地做好类似于这样的小事，尽快适应工作环境，认清工作性质，熟悉工作程序。最好能够运用所学知识，提高办理小事的业务能力（如优化流程、提高速度），以求做出工作成绩。这是赢得同事赞美和领导信任的基本条件。

3. 尽快熟悉工作环境

实习的第一天要大致了解一下办公的环境、本部门、本单位的同事。领导给安排具体工作的，就要弄清自己的职责、工作内容，尽快进入工作角色。

在实习中，不要仅仅局限于与一个部门的同事打交道，要利用单位团体活动的机会，多认识不同部门的同事，这样做既可以拓展人际关系，又可以了解其他部门的职能与角色，在遇到问题时容易获得有力的外援。再就是利用午餐的机会，了解同事间、同事和上级相处的模式；公司中人际关系是如何构成的；公司有哪些约定俗成的规则；公司的组织架构是什么等内容。

4. 要及时汇报

领导、师傅交代的事，一定要及时反馈完成情况，这既是工作要求，也是沟通技巧。遇到不会做的事，及时求助同事。当天不能办完的事，原因有很多，比如场地没有联系好，或者该找的人没有找到等，你要及时向交办人汇报、沟通，让他了解你存在的困难和问题，帮你协调和解决。

（三）敢于承担责任

许多同学在实习时，还是习惯拿自己当学生看，总是原谅自己，甚至会抱怨单位的规定没有人情味。小孙在一家大型国有商场实习，商场 10：00 营业，早班的员工应当 9：30 到岗。2015 年 12 月下旬，北京下了一场大雪，小孙刚好在大雪的第二天上早班。大雪导致交通堵塞，平时花费一个多小时就能到单位，那天她用了两个小时，结果 9：50 到单位，迟到了，不仅受到批评，还被扣 50 元。

小孙觉得非常委屈，她找到单位领导，强调下雪是不可抗力，自己是在商场开门前到达的，没有影响工作，而且作为实习生，不能按照正式员工处罚。领导告诉她，实习生遵守实习单位的规矩是毋庸置疑的，在上班的第一周培训中，商场已将工作纪律、处罚规定明确地告诉了大家，你违反了规定，就要承担责任，这没什么好商量的。而且考虑到实习生的实习工资低，处罚也低，正式员工迟到了要扣 100 元。

实习单位对于员工和实习生违反规定的处罚措施，只要不违反劳动法，是可以按照规定实施处罚的。实习单位接纳实习生，严格要求实习生，让学生树立责任意识、自律意识，增强实习生的纪律观念，是单位承担社会责任的一种方式。所以，当大家走上实习岗位后，一定要遵守单位的各项规章制度，服从单位的管理，把在实习单位的经历看成学习进步和获得职业能力的过程。

总而言之，良好的第一印象是在个人内在品质与工作能力共同作用下树立的。尽管具有暂时性和浅表性的特征，但是它有利于培养高职生的职业意识，有利于强化工作纪律和职业道德。当然，我们不能仅仅满足于良好的第一印象，而应当通过长期的不懈努力，以自己良好的气质、正直的为人和出色的工作去建立更高层次的长期的良好印象。

二、建立和谐的人际关系

人在社会中不可避免地会发生个体之间的相互作用和联系，这种在社会活动中所形成的建立在个人情感基础上的相互联系就是人际关系。事实上，人际关系渗透到了所有的社会关系之中，人际关系无处不在，它对于人各方面的发展都具有非常重要的意义。那么如何在实习单位建立和谐的人际关系呢？

1. 尊重他人、虚心请教

尊重他人是建立良好人际关系的前提。尽管人们的分工有不同，贡献有大小，但在人格上是平等的。初到实习单位，应当把每一个人当作自己的老师，不管他的职务尊卑，收入多少、年龄大小和文化高低。此外，要按照单位约定俗成的习惯去称呼领导和同事，不要让人产生你是局外人的感觉。

2. 平等待人、不卑不亢

高职毕业生要平等对待每个同事，不要厚此薄彼，切忌以貌取人或以个人好恶为标准，把同事分成几个等级，亲近一部分人而疏远另一部分人。不要卷入是非矛盾和拉帮结派之中，而应该尽力与所有同事发展平等互助的友好关系。不要认为某人对自己有用就打得火热，而对他人不理不睬。

3. 正直善良、乐于助人

待人处世要做到公平正直，不偏不倚。当同事在工作、生活上遇到困难时，应给予同情，用感情上的安慰和行动上的帮助来促使同事克服困难，消除烦恼，以促进同事间的友好关系。只有热心帮助别人的人才会得到别人的帮助，也只有乐于助人的人才会得到人们的认可与赞扬。

4. 诚实守信、理智行事

真诚与信任是建立良好人际关系的基础。在与同事的交往中要恪守信用、言行一致，说到做到，不言过其实。当工作中发生一些纠葛、摩擦甚至冲突时，不要马上找领导告状，或者哭哭啼啼，要冷静对待，妥善处理。

5. 服从上级、注意沟通

作为下级员工，高职毕业生要自觉服从工作安排，力争圆满完成领导交办的任务。对于确实难以完成的任务，要注意维护领导权威，不要当面顶撞，可以在私下与领导单独交流。这样就会得到领导的肯定，处理好与领导的关系。

工作中，对领导既要尊重、坦诚、实事求是，又要注意分寸、交往得当，不能为了一点私利而对领导曲意奉承，讨好献媚，将关系庸俗化。只要坚持以把工作做好为出发点，在工作方面与领导形成共识，也就有了与领导建立良好关系的基本条件。

许多高职生进入实习单位后，不敢主动找上级沟通。但是不沟通上级就不了解你的工作，不知道你干得如何。所以，你要认真思考工作以来的收获、困惑，以及你对自己工作职责的理解，主动找上级沟通，让他知道你很重视这份工作，并在用心地做好。

另外，在开会时要适当发言，让你的上级尽快注意你。切忌总是坐在角落处，一言不发。如果你有好的建议或设想要敢于拿出来，当然也要乐于接受前辈们的批评或补充。

三、用心考察实习单位

实习期对高职生的重要性在于，它是进入职业生活的序曲，是判断自我能力的基础，是增长工作经验的好时机，是确定工作目标的思考期。高职生除了认真工作、踏实做事、展现才华之外，还要好好利用几个月的实习期考察实习单位。对实习单位的考察可以从以下三个方面进行。

1. 观察单位的人气是否旺盛

(1) 看单位领导是否有远大的理想及踏实的工作态度，对待工作是否热情、勤勉，对待下属是否公正、公平，对单位的发展是否有脚踏实地的计划，在单位有没有凝聚力，在职位安排上是否任人唯亲等。

(2) 看员工是积极工作还是消极散漫，团队是否团结一心、乐于帮助新人，同事之间是否关系和睦。

(3) 看工作内容能否发挥自己的才干，企业的内部管理制度规定得是否明确并被严格遵守，晋升通道或学习培训的机会是否通畅，工作环境是否稳定，待遇是否满意等。

2. 了解员工对单位的评价

可以从不同方面了解不同的同事对领导、对工作、对工资待遇等方面的评价。同事们工作久了，对单位的了解更深刻，他们的评价会体现单位的价值观，是非常有用的参考资讯。同时，还要听听其他渠道反馈的信息，包括单位的客户、竞争对手、关联单位等。一个有魅力、有价值的单位是值得它的竞争对手尊敬的。

3. 考虑个人的价值取向是否与单位文化相融

在你忙于实习工作时，你也在一点一滴地了解企业的历史、价值观与发展目标。在实习期结束之前，你一定要仔细分析自己的价值观、成才观是什么，是否与单位的企业文化相融。还要客观分析自己的兴趣爱好是否适合目前从事的工作。另外要考虑该单位是否符合自己的职业规划，是否能提供公平的晋升空间，自己是否真的适合在该单位工作。

通过以上几个步骤的考察和自己的深思熟虑，你就可以确定是否值得留在该单位工作了。如果决定留下，就要及时向学校表达你的想法，同时向单位的人力资源部门了解今年的进人计划，进行毛遂自荐，向单位表示愿意把无限的热情投入到单位事业发展中去；如果觉得自己不适合该单位，就认真总结实习期间的经验教训，使自己劳有所获。为下一步求职应聘打下基础。

高职生的实习是人生道路上的一次重要选择，可能决定自己的首次就业。但第一次就业并不一定就是终身的职业选择。随着社会需求的变化，已经就业的高职生还可以根据自身的实际条件，适时调整职业方向，把握好重新选择的机会，在社会中找到更能发挥自己聪明才智的岗位。

案例

从清洁工到麦当劳总裁

1976年，一个年仅15岁的少年几经努力，在澳大利亚悉尼的一家麦当劳餐厅开始了他的第一份工作——打扫厕所。扫厕所是个没有多少技术含量的工作，但是这个15岁的少年做的和别人很不一样，比如：用干灰先除湿吸水，再进行清扫而不是直接打扫；把花草放进厕所，把一些谚语警句贴在厕所的墙壁上等，只要是能改善厕所环境，让客人在厕所也能感受温馨服务的事，他都会去尝试。这个少年就是查理·贝尔——麦当劳总裁兼首席执行官。

在当时，扫厕所被视为毫无前途没有出息的工作，贝尔却把这当作他事业起步最坚实的一块基石。也正是基于他的坚持不懈，在每一件小事中尽力展现自己的能力，他的人生就从扫厕所的时候开始发生变化！成为正式员工，通过正规职业培训之后，贝尔被安排在店内各个岗位进行锻炼。勤奋聪颖的他经过几年的历练，全面掌握了麦当劳的生产、服务、管理等一系列工作，这也成为他事业第二块重要的基石。量的积累带来了质的飞跃！

19岁，贝尔被提升为澳大利亚最年轻的麦当劳店面经理。

27岁，成为麦当劳澳大利亚公司副总裁。

32岁，被任命为麦当劳澳大利亚公司的执行董事。

38岁，贝尔开始主管麦当劳公司的亚洲、非洲和中东业务。

43岁，成为第一位非美国人的麦当劳公司掌门人，而且是麦当劳最年轻的首席执行官。

（资料来源：http://www.jingliren.org/qylx/40286.html. 2019-09-13.）

这是一个接近传奇、被许多报纸杂志转载的故事。基层锻炼成才，基层成就辉煌！高职朋友们，如果你能从中领悟到真谛，哪怕只做到十分之一你就会书写光明的未来。

第二节　从基层做起、夯实工作第一块基石

高职生面向基层就业，有利于青年人才的健康成长和改善基层人才队伍的结构，有利于促进城乡和区域经济的协调发展，有利于构建社会主义和谐社会和巩固党的执政地位，是解决毕业生就业结构性矛盾的根本途径，也是个人事业发展的必经阶段和实现阶段性就业的基本要求。

一、基层工作是成就事业的重要基础

什么是基层呢？我们要从广义上理解“基层”。从地域上讲，基层既包括广大农村，也包括城市街道社区；如果按照组织性质划分，既涵盖县级以下党政机关、企事业单位和社会团体组织，也包括非公有制组织和中小企业。

此外，按照是否直接就业为标准，基层包括到城市基层或农村工作的直接就业，也包括

到农村去做村官、到城市社区做志愿者、到广大农村进行“三支一扶”等非直接性就业。基层是吸纳毕业生就业的最大空间。

1. 基层是建功立业之地

有的同学认为，在基层从事平凡的工作做不出伟大的事业，这种认识是不正确的。让我们来看看中国当代青年知识分子的优秀代表，原共青团湖南省省委书记吴奇修的事迹。

吴奇修，1966年出生于湖南。1987年他从北京大学经济系毕业，放弃了读研究生的计划，也放弃了留在大机关、大城市工作的机会，主动要求回到家乡涟源市工作。1995年为改变农村的落后面貌，他离开城市，担任偏僻闭塞的南部山区石门村党支部书记，一干就是七年。七年间，他和广大农民一起艰苦创业，闯市场，办工厂，探索农村工业化、城镇化、现代化之路，使贫困落后的小山村变成全国文明村、全省小康示范村和社会主义新农村的试点村。

因为出色的工作业绩，他先后被评为1997年湖南十大新闻人物、1999年中国十大杰出青年。2001年吴奇修被中共中央授予“全国优秀共产党员”称号，2002年后当选为党的第十六次全国代表大会代表和主席团成员。

由此可以看出，农村的广阔天地也是高职生的用武之地，在农村也可取得骄人成绩。高职生要想成就一番事业，实现自己的职业理想，也应该树立“行行建功、处处立业”的观念，踊跃到基层锻炼，踏踏实实地从小事做起。

2. 到基层工作是大势所趋

目前我国就业形势依然严峻，劳动力供大于求的格局长期存在。客观环境要求高职学生一定要把眼界放宽，期望值放低，将心态放平。从低位进入，在基层工作岗位做出贡献。

3. 基层需要高职毕业生

高职院校的人才培养目标是培养出适应生产、建设、管理、服务第一线的职业岗位所需要的德、智、体等全面发展的技术应用型专门人才，高职生就业后所从事的大都是平凡岗位上的基层工作。

公共管理与社会组织、电力、煤气及水的生产和供应业、交通运输、仓储和邮政业，交通运输、仓储和邮政业人才需求量较大，广大高职生要立足于到第一线求职就业，不仅实现了高职教育的育人目标，发挥了高职院校学生动手能力强的优势，而且解决了高职生就业问题。从埋头苦干开始，既能树立起吃苦耐劳的新形象，又可以增加实际锻炼的机会，对今后的长期发展也将是有利的。

二、基层工作是发展事业的必经阶段

岗位是成才的舞台，是一个人奉献社会、施展才华、取得成就的场所。有少数毕业生对到基层工作的认识还存在多种误区，对应聘的单位处处不满意，不能一心扑在工作上。事实上，基层工作是发展事业的必经阶段。

1. 对基层岗位的认识误区

许多学生不愿做基层工作，是对基层工作存在认识误区。他们认为做基层工作没有出息，认为基层工作没有含金量、没有技术成分，不读大学照样能做，现在读完大学还得做基层工作，那么大学不就白上了？

这些学生只知其一,不知其二。基层工作绝非轻轻松松,基层也不低人一等,不同的工作岗位因为技术含量、资金投入的不同,创造的价值有所区别,但是每个人的劳动在本质上是没有高低贵贱之分的。把劳动岗位创造的价值等同于劳动价值,是错误的观点。

另外,随着高新技术在劳动中的广泛运用,越来越多的企业需要提高员工的文化素养和知识水平,以适应岗位技术的不断升级。三年前不需要读大学就可以胜任的岗位,三年后可能需要聘用大学生,因为技术要求在不断提高,如果你不掌握新的岗位技术,就会被淘汰。由此便知,三年前的入职条件与三年后的入职门槛是不一样的,高职毕业到基层工作是时代发展的需要,绝不是人才浪费。

2. 基层工作锻炼综合素质

就单位而言,基层工作是单位的基础性工作,最能锻炼一个人的综合素质,只有经过基层的锻炼,才能为今后的进一步发展打下坚实的基础。中国香港特别行政区第一任行政长官董建华就是听从父亲的建议,从最底层做起,然后一步一步走向了成功。

董建华是船王董浩云之子。董浩云 17 岁独闯天下,48 岁在香港创业,经过艰苦奋斗终于造就了一个以香港为基地、拥有 1200 万总吨位船队的远洋海运王国——东方海外。董建华从英国利物浦大学毕业后,舆论认为董浩云肯定会安排儿子去美国继续深造,或回香港在董家的海运王国执掌要职。出乎人们意料的是,董浩云却要董建华到美国去打工——到通用有限公司当一名最基层的普通职员。

董浩云为什么要这样安排呢?从董浩云对董建华讲过的下面这段话,可以看出董浩云教子成才的良苦用心。

董浩云说:“阿华,我并不怀疑你是一个有理想的人,但我担心你不够刻苦。你不要想到自己有依靠,你必须自己主动去找苦吃,磨炼自己的意志,接受生活的挑战,所以你必须全面锻炼自己,从最底层做起。只有先当好一名普通的职员,今后才可能明白应该怎样对待你下面的职员;以后你才能充分考虑学习别人的经验,为将来开创新的事业打下良好的基础。”

董建华听从父亲的建议,在美国勤勤恳恳、扎扎实实地干了近十年,为此后的辉煌奠定了坚实的基础。1978 年,其父退休,董建华正式执掌父业。1996 年 12 月 16 日,董建华当选为香港特别行政区第一任行政长官。

由此可知,一个人不管家庭背景如何,要想取得成就都要从基层干起。董建华的成功不仅得益于他父亲的高瞻远瞩,更来自他十年基层打拼的经历。高职毕业生只有从基层做起,才能真正了解自己欠缺什么,然后更有针对性地学习。这个学习过程正是我们职业生涯发展的积淀。

3. 基层工作增加人生阅历

柯达大中华地区主席叶莺曾经说过,一个人要获得长远发展,必须从一个较低的起点,一步步脚踏实地地做,这样才会有坚实的准备。

许多成功人士都是从基层员工做起的。例如,华人首富李嘉诚做过销售员,挨门逐户推销过塑料花;台湾塑胶大王王永庆当过米铺杂工,每天给客户送米上门;香港亿万富翁霍英东做过轮船上的铲煤工;世界“新闻大王”普利策年轻时当过骡夫、水手、建筑工、图书馆员工、记者等。

这说明，从基层员工做起，是一种重要的人生经历，是职业发展不可跨越的阶段。要成功，必须从最底层做起，只要经过艰难的磨砺，才能成就栋梁之材。

三、基层工作是阶段性就业的基本要求

阶段性就业强调不是通过一次择业就能获得理想的工作岗位职业，而是分阶段由初级向高级工作岗位迈进。单纯的课堂理论教学培养不出实用型技术人才，任何技术的获得必须来自实践的积累，初级到中级技术能力的掌握以及技术职称的取得，需要通过3～5年时间的实践锻炼，高级实用型技术人才的要求标准，更不是刚毕业就能满足的，高职阶段的学习只能为同学们将来实现这一目标打下良好的基础。

高职生要抱着高能低就的心态就业，高等技术应用型专门人才不是高职生走出校门时的能力定位，而是多年后理论与实践经验积淀的升华。没有基层工作的锻炼，高职生不可能成为高等技术应用型专门人才。

当然，我们立足于基层工作，也要做好相应的心理准备。因为在基层，学习和工作的条件较差，待遇低，面临的社会舆论压力大。所以，高职生到基层工作一定要注意陶冶情操，锤炼品格，以丰富的知识、过硬的本领、务实的作风、顽强的意志，在艰苦的磨炼中让青春绽放出绚丽的光彩；同时要有一颗平常心，要勤勉敬业、求真务实，从小事做起，从眼前做起，在一点一滴中积累，更多地立足于岗位成才，通过创造性的工作做出卓越成绩，开创一片新天地。

案例

脚踏两只船、咎由自取

我校某些毕业生用学校发的协议书与浙江某单位A签了约，又擅自用已考取研究生的同学的协议书与广州某单位B签约，B单位协议书已到学校盖章鉴证，该生后反悔又想去A单位，不得已，只好到B单位谎称学校要其将协议书取回补办手续，并保证什么时间之前一定办好，单位也相信他，将协议书全部还给了他，而他本人一拿到协议书即到学校又谎称是该单位欺骗了他，解决不了户口将其退回，要求学校在A单位协议书上盖章，学校为谨慎起见，出面与B单位联系，得知该生有不诚实的行为，对其作出严肃批评，并责令其向该单位道歉，请求谅解。

谁知该生以学法律专业自居，声称单位没有任何证据（即协议书不在手），B单位一气之下，一个电话告到学校：状告该生行为不端，欺骗单位，又欺骗学校，道德品行败坏，希望学校给予严厉处分；否则将来影响学校的声誉。最后，该生以“身败名裂”告终。

签约是一件非常严肃的事情，各方一经签字盖章即具法律效力，任何一方都有履行协议的责任和义务，不得随意变更协议。上述案例中学生违背了诚信原则，知法违法，多头签约，且到处撒谎，逃脱责任。这是一种极不道德的行为，既损害自己利益，又败坏学校名声。

（资料来源：https://wenku.baidu.com/view/986a8f4a85254b35eefdc8d376eeaead0f31651.html?from=search&isVipfree=1.2019-10-28.）

第三节　调整角色、适应职场

初涉职场，意气风发的你，有着一种舍我其谁的心态。然而，现实却总不能尽如己愿。在象牙塔里对社会的认识与社会现实是有差距的，在校园里的为人处世规则与工作中的做人做事规则有一定的差异，学生角色与职业角色也有很大的区别。当一个人进入新的环境时，其心理、行为、自我形象将随着环境的变化而变化，这种转变通常称为角色转变。

高职毕业生走出校门也面临着学生角色向职业角色的转变。绝大多数毕业生在角色转变中，都有个适应过程，如果能够顺利地度过“职业适应期”，其职业生涯就有可能走向成功。那么如何尽快地适应职业生活，顺利度过“职业适应期”呢？下面就从初涉职场的心理问题、职业角色不适应的表现和适应职场的成功法则几个方面进行讨论。

一、高职毕业生在角色转变中常见的不良心理

1. 依恋心理

高职生刚刚走上工作岗位，还不能马上脱离学生身份，观察问题、分析问题及思考问题还是以学生的眼光对待，对学生身份有一种心理依恋，特别是遇到挫折、困难以及面对较为复杂的人际关系时，总是回想美好的学生时代，总是希望向同学倾诉自己的郁闷、失望和不满，使得适应新环境、建立新的人际关系出现困难。

2. 自卑心理

有的高职生面对新的工作环境、陌生的人际关系，感到拘谨、不自在，不知道工作从何入手。特别是同一批聘用人员中还有本科生、研究生不同学历的，高职生更感到心理压力大，工作中缺乏自信与热情，影响了个人才能的正常发挥。

3. 依赖心理

目前，我国绝大多数的高职院校招生本地化。许多高职生从小到大没离开过父母，在学校里又是根据教学计划按部就班地完成学习任务，对家长、老师的依赖性比较强。尽管在青年时期有一定的独立意识，但是总体上他们独立能力不强，对自己的工作性质、发展方向、工作内容、工作职责思考不够，在工作中习惯于按部就班，导致进入状态慢，工作主动性、积极性不够。

4. 浮躁心理

有些高职生没有认真分析过自己的兴趣、爱好、特长及优势，从众心理强，这山望着那山高，今天想做营销工作，明天又觉得金融理财有发展前途，频繁跳槽，不肯专心干好本职工作，几年下来，总是在起点徘徊，没有足够的工作经验或人脉积累。长期如此，将严重影响个人的成长和事业的发展。

二、高职毕业生职场不适应的几种表现

根据网上“新人职场适应性”微型调查，职场新人对岗位表示满意的仅占11.6%，他们对工作满意度低，主要是因为对职场的不适应。毕业生不适应职场的表现主要有以下

几种。

1. 自我感觉与实际能力存在错位

大多数毕业生怀着干出一番事业的心态走上工作岗位。许多毕业生专业成绩很好，自我感觉工作能力、业务能力应该没问题，但实际工作效果却差强人意。

小张学的是国际贸易专业，毕业后在一家贸易公司做办公室工作。上班没多久，办公室主任通知她下星期一上午 9：00 参加与新加坡某公司的商务洽谈，并做会议记录。小张做了精心准备，专门看了商务谈判的有关内容。周一上午 8：55，小张来到公司会议室，发现总经理已经在会议室等候新加坡客人，就赶紧找个角落坐下。

会议开始不久，就转入了从新加坡进口橄榄油的业务谈判。小张紧张地记录着，觉得自己所学专业都用上了，记录也很完整，应该得到总经理的表扬。谁知总经理认为她连基本的会议服务、礼仪都不懂，将她调离了办公室岗位。

2. 不懂企业基本规则

有的毕业生工作热情很高，但是办事效果不令人满意。一位老板让刚入公司的高职生去买一箱复印纸，结果他跑到电脑城买回 25 元一包的复印纸。因为路途远，打车花费 30 元交通费。当他拿着发票找老板签字时，老板很不高兴。老板认为买复印纸只需打个电话让商家送货上门，而且价格便宜，小伙子不经请示擅自打车，增加了公司的运营成本。

某企业领导和一位从事就业工作的老师说过这样一件事。一次她带单位新来的高职生去业务单位谈项目，到了中午，单位领导请对方经理吃饭。在饭桌上，该学生只顾自己吃饭，连一句客套的话都不说，最后还让领导自己去结账。

这位企业领导说：其实这个学生不错，人很老实，但是我不想用他。毕业生如果想更好地融入单位，一定要在入职前了解、摸索一些基本的行业规则，这些规则其实就是接人待物的方式方法，有些甚至是基本的工作礼仪，高职生一定要按企业规则做。

3. 人际关系不适应

网上一项关于大学毕业生“工作压力、不满来自何处”的统计显示，难以融入新环境或压力来自人际关系的比例最高，占 34.3%。有的高职生工作一段时间后，发现同事关系很难相处，除了上班问好、下班再见之外，与同事交流甚少；有的高职生看不惯某些同事的行为举止，便将自己封闭起来；有的高职生锋芒毕露，招来其他同事不满。

小王在一家市场调研公司刚工作了半年，就想跳槽。他既不是工作业务应付不来，也不是对工资薪金不满，而是觉得跟同事难以融合。

4. 企业文化不适应

每个公司都有自己的企业文化，不论公司是否宣传这些文化，它都是客观存在的。通俗地讲，企业文化就是企业的做事习惯。不注意这些习惯，就会与其他人格格不入。

小李毕业后在一家文化传播公司做文秘。公司工作时间为 9：00—17：00。但是到了下班时间，许多员工都不马上回家，还在继续工作，小李觉得加班得付加班费，否则不加班。他总是按时来、准时走，一分钟都不在公司多待，许多老员工对他印象不好，认为他不勤快。他自己也觉得不合群，上班时没什么好心情。

有些国有企业人情味很浓，同事结婚、生孩子，大家都会凑钱买礼物，聚餐庆祝，增添喜庆气氛。小王刚到一家国营批发公司半个月，就赶上了同事李姐生孩子，办公室的陈大姐张罗着大家“随份子”，同事们每人出了100元，轮到小王了，他不愿意出，原因是自己和李姐都不认识（李姐因身体原因，一个月前请假休息了）。结果办公室的人就不爱搭理他了。

三、高职毕业生不适应职场的原因分析

几乎所有的大学毕业生都希望在自己的第一个岗位上有所作为，立志以满腔的热情换取优异的工作业绩。但在实际工作中总有或多或少的不适应。这里面既有企业的原因，也有毕业生自身的原因。

（一）用人要求与自身能力存在偏差

刚走上工作岗位的高职生，都面对着一个把书本知识转化成工作能力的过程。社会往往认为：高职生既然是“高级技能型人才”，工作后应该“上手快、适应性强”，因此对高职生的期望值往往过高，求全责备。

但在现实中，尽管高职教育强调动手能力，注重实操技能的培养，但是还无法形成综合技能，其观察能力、综合分析能力相对较弱，这就与用人单位需要的讲竞争、重实效的行为方式产生了矛盾，从而导致高职毕业生对工作不适应。

（二）理想和现实存在差距

1. 自我期望过高

实践中饱尝挫败感的毕业生大多是优秀学生，他们对工作怀有较高期望，希望马上从事业务工作，但是当单位让他们先做琐碎的日常事务时，便感到英雄无用武之地，自己做的事情与理想差距太大，工作干劲一落千丈；有的单位虽然安排新人从事业务工作，但是书本上的业务知识与实际工作要求有一定差距，毕业生对自己业务能力的判断标准与用人单位的价值判断标准不一致，没有成就感，工作热情慢慢耗尽。

有些学生对一些工作单位的实际情况诸如生活环境艰苦、人际关系复杂、经济收入微薄、工作程序单调、管理方式落后和生产试验设备陈旧等因素估计不足，面对现实与理想的落差，自我调适能力不够，一些毕业生由满腔热情变为大失所望，失去了工作的积极性。

2. 综合素质有待提高

我国经济步入全球化的战略格局，对高素质综合型人才的需求就更为迫切。因此，高职毕业生不仅要有扎实的专业知识、较强的实际操作能力，还要具备一定的组织管理能力，更重要的是必须具备勇于开拓、锐意进取的创新精神。

然而，一些毕业生对职业必备的综合素质认识不清，对社会竞争的残酷性了解不深，在校期间不注重综合能力的锻炼与培养，一旦踏入社会才意识到自己的综合素质远远不能胜任所从事的工作，现有的知识结构不够合理，书本知识和实际问题相差太远，而且很难有机地结合起来。

3. 思想行为过于简单

学校生活的单纯，校园人际关系的简单，青春年少的任性与偏执，社会阅历的缺乏，使得高职生对社会、对人生价值的认识往往表现出理想化倾向，在分析问题、处理问题上表现为

简单化。因此，在现实生活中，尤其是面对复杂的人际关系和企业规则时，他们不会灵活对待，往往造成人际关系紧张。

四、如何适应职业角色

要完成从学生角色到职业角色的转换，就要充分认识和认真对待这些矛盾冲突。只要大胆面对现实，积极克服困难，立足岗位，树立职业意识，调整心态，踏踏实实从身边小事做起，努力学习，不断提高和完善自我，就一定能够顺利地完成角色的转换。

（一）树立职业意识

刚刚毕业的高职生在走上工作岗位之前往往对角色转换认识模糊，对即将从事的职业缺乏全面了解。因此，毕业生在踏上工作岗位后，要能够根据现实环境快速调整自己，要尽快树立职业意识。

1. 独立意识

走上工作岗位后，高职生就成为社会认可的具有真正“独立资格”的社会人，在生活上要自理，尤其在工作上要独当一面，承担一定的社会责任。要学会独立思考、独立分析、独立处理问题，摆脱对家长的依赖心理，特别是遇到人际关系矛盾时，要脱离学生角色，不要想当然地认为别人应该照顾自己或谦让自己。在工作中既要虚心，又要敢于大胆发表自己的见解，不要人云亦云。

2. 主人翁意识

高职生走上工作岗位，意味着要对单位和部门承担起应有的社会责任和义务。这就需要高职生具有主人翁责任感和奉献精神，不斤斤计较个人得失，不看重蝇头小利，以单位、部门的兴衰荣辱为己任，积极主动地承担岗位责任。许多单位领导反映，看一个新人是否有潜力，要看他有没有主动性，那些工作不讲条件、主动找事做、干活不需要催促的毕业生就是值得单位进一步培养的新生力量。

3. 团队意识

从某种意义上说，在校学习是一种单纯的个体劳动。走上工作岗位之后，面对的是科技高速发展，社会分工越来越细，部门与部门之间联系密切，个人与个人之间需要团结协作。许多科研项目的完成、工程计划的实施、工作的组织管理等，都要求有团结协作的团队精神。现代企业都非常重视企业文化建设和团队精神的培养，从而形成巨大的创业合力。

因此，刚刚走上工作岗位的高职生，一定要树立团队协作意识，要从整体利益出发，顾全大局，在促进集体的发展中实现自己的人生价值。许多学生集体意识淡漠，有的过多考虑个人利益，有的过分突出个人成绩，这些都会影响自身的长远发展。

（二）从容面对挫折

新进入用人单位的高职毕业生有远大抱负，希望干出一番事业，这是好事。但是在设计个人职业发展规划时，一定要对自己有个客观认识，不要太看重个人成就，不要将工作目标定得过高，要将期望值降低些，正确看待失败与挫折。

新手初上工作岗位，出现差错实属正常。连用人单位都承认，他们从未遇到过刚接手工作就体现出高素质，无须指点就将工作出色完成的毕业生。失败乃成功之母，只要认真分析失败原因，改正错误，成功一定会到来。最后还要明白，新人刚到工作岗位，不受重视非常正常，因为单位常常需要一段时间的考察，决定是否重用新人。

总之，高职毕业生应保持初生牛犊不怕虎的工作激情和干劲，同时对暂时较低的待遇、困难、挫折本着“风物长宜放眼量”的态度，先着眼立足然后再谋发展。

（三）不断完善自我

古人说：“少而好学，如日出之阳；壮而好学，如日中之光；老而好学，如秉烛之明。”学习是一件贯穿终生的事情，不善于终生学习的人肯定跟不上时代的步伐。职场新人由于经验不足，或是对单位情况不熟，必然或多或少地存在一些缺陷。要想快速进步，一定要学会学习。

事实表明，一个人在学校里学到的知识毕竟是有限的，大部分知识和能力还必须在工作实践中获得。尽管高职毕业生在校期间已经学到了一定的知识，具备了一定的能力，但知识结构还不尽完善，解决实际问题的能力及动手能力还不能适应社会发展的要求。

一些工作多年、具有丰富专业知识和实践经验的技术人员、领导、师傅、同事都是很好的老师。同学们只有放下架子、虚心学习、勤于思考，才能从他们身上学到许多观察问题、分析问题和解决问题的方法，才能尽快熟悉并掌握有关的业务知识，完善知识结构，更好地适应工作。

1. 学习他人工作经验

知识经济时代，知识更新步伐加快，竞争非常激烈，要在竞争中取得优势，就必须比别人学习得更快！高职毕业生必须不断地更新知识，开阔视野，才能适应新的形势。学习的方法很多，主要是多向前辈请教工作方式方法，注意在小事中积累工作经验，在实践中将书本知识消化、掌握，增长业务知识。

特别要强调的是，高职毕业生要成为有心人，处处学、时时学。例如，要注意观察公认的业务能力最强的上级或者同事，琢磨他们的工作思路和工作特点。平时不妨主动给他们做义务的助手，潜移默化之中就能获得过硬的业务知识和能力。

2. 学习规章制度及办事规则

新人进入单位后，一定要认真学习本单位、本部门的规章制度，要充分了解自己所承担工作的职责及要求。此外，还要学习企业独特的人际相处常识及潜移默化的办事规则。

上文提到的小张，就是因为不懂办公室的办事规则，而被调离工作岗位的。后来小张向一位办公室大姐请教，才知道办公室是一个单位的核心部门，办公室人员一定要学会“眼观六路，耳听八方”，做到“四勤”——眼勤、口勤、手勤、腿勤。

小张的会议记录并无太大问题，但是小张应该提前向部门经理请示工作要领，询问会议记录前的准备事项，这样她就知道要提前到会议室做好会议的各项准备工作，如茶歇是否准备好、是否需要摆放鲜花、会议双方人员的座次安排等，以及会议休息期间是否要对客人进行引导、照料等。这些办事规则需要毕业生仔细观察、不断请教，才能运用自如。

（四）学会沟通相处

人与人的相处是否和谐很大程度上取决于沟通方法和技巧。以下一些沟通、相处的方法有助于你尽快地融入集体，创造和谐的工作氛围。

1. 记住沉默是金

在与同事相处的过程中，不要以个人的喜好作为交友标准，因为同事的喜好可能与你相似，也可能与你截然不同。和你的看法不一致时，应保持沉默，不要妄加评论，不能以此为界，划分同类与异己，更不应当把观点不同的同事当成阻挡自己发展的绊脚石。同事之间应该是相互合作的关系，而不是相互竞争的“对手”。互惠互利才是集体接纳你的基本前提。

2. 保持适当距离

不打听别人的隐私，如生活状况、感情纠葛等，除非对方主动向你说起。即使是好朋友也应该保留彼此的个人空间，更何况是同事。过分关心别人的隐私是一种无聊、没有修养的表现。单位里总有一些人喜欢评论是非，难免出现各类小团体。刚到单位的新人，不可能了解事情的来龙去脉，不具备正确分析判断的能力，因此不要介入。因为你缺乏资历，最容易成为是非旋涡的牺牲品，可能导致离职的结果。

3. 踊跃参加活动

有些单位年轻人多，外地人多，同事们下班后喜欢一起出去吃饭娱乐。刚参加工作的高职生可能因为要参加学历教育、考证复习班而不愿参加。其实，学习的时间是可以挤出来的，到了工作岗位不能过于专注于学习，而要注意积累人脉关系。

闲暇之余，与同事们一起出去娱乐，如唱歌、跳舞、郊游、度假等，这不仅能彼此增进了解，也能让你获得更多的快乐和放松，更有助于培养和谐的人际关系。集体活动一般都采取AA制，这样大家心里上没有负担，经济上也都承受得起。

4. 说话注意分寸

高职毕业生由于刚参加工作，与同事都不熟悉，在说话的时候必须注意分寸，不能口无遮拦；否则可能会带给你意想不到的麻烦。当你与同事或领导产生意见分歧，应学会有效沟通，寻找合适的时间、合适的地点进行交流；沟通方式不同，效果可能截然不同。

小赵参加工作不到一年。一次，她听同事说某经理在会上批评她工作不认真，觉得很委屈。就想找经理谈谈自己到底存在哪些问题。她没有与经理预约就直接走进其办公室，第一句话就是：“我听说您在会上批评我工作不认真，我想问您我存在哪些问题?”经理非常生气：“我没说过这话，谁说的，你把她找来。”结果不欢而散。

如果小赵注意沟通方式，从汇报工作的角度，了解经理对自己的工作评价，再请经理指出自己今后努力的方向，就能达到较好的沟通效果。

总之，彼此尊重，互相配合，尽快融入集体，这是你进一步展示个人才华的前提，也是进入任何单位都要首先面对的功课。

拓展阅读

个人职业发展规划五步法

大学生A和B比较相似，在学校的表现都属于优良的水平，毕业以后，他们分别进入了不同的单位工作。三年之后，两个人的命运却产生了差异，A已经成为公司的骨干，担任部门的主管，每月收入在四万元之上；B还是公司的一般职员，收入只有一万左右，正寻找机会准备跳槽。在这三年期间，两个人都跳过槽，都换过三家公司，可是最后的结果却大相径庭。

A毕业后进入一家电器店做销售代理，工作中勤学好问，很快掌握了销售技巧，成为卖场里业绩不俗的销售员；一年之后，跳槽到规模更大的电器连锁店做组长；第三年，跳槽到国内知名的电器销售连锁店做部门主管。

B毕业后进了一家电讯器材的公司做销售员；一年后跳槽到一家网络公司做网管；第三年，换工作进了一家生产企业做办公室的文员。

认真分析两个人的经历可以发现，A一直在自己熟悉的电器销售行业工作，期间跳槽也是为了有更好的职位，B却没有找准自己的发展方向，在不同的行业跳来跳去，三年后还是只能从事初级岗位的工作。

如何做好个人的发展规划，可以采用下述的个人规划五步法。

第一步，分析自己的性格。每个人的性格都是不同的。有的人性格外向，善于言谈，人际交往能力强，喜欢在公众面前发表自己的言论；有的人则性格内向，忠厚老实，喜欢独立思考问题；有的人对事情执着，遇到挫折不气馁；有的人则脆弱，容易被失败击垮；有的人喜欢挑战性的工作，压力越大斗志越旺盛；有的人则喜欢安定平稳的生活，不能承受过大的压力……

任何事情都具有双面性，有好就有坏。热情、善谈的反面就造成稳重不足；忠厚脾气好容易变成没有主见……先要分析自己的性格，看看自己到底具备上述性格中的哪些方面，分析自己性格中的长处、短处，如果是热情、善谈、喜欢挑战，相对来说比较适合做营销、公关等工作；如果自己内向、认真，可能适合做财会工作。准确分析自己的性格，一方面便于找到适合自己的岗位，另一方面可以提醒自己在工作中注意克服性格的不足。

第二步，分析自己掌握的知识、技能。每个人都有自己擅长的方面。有的人喜文，有的人喜理；有的人动手能力强，有的人操作能力弱；有的人思想跳跃跨度大，有的人逻辑思维能力强……分析自己学习过和掌握的知识技能，罗列出哪些是自己精通的、哪些是自己熟悉的、哪些是自己的弱项。

然后再分析自己所从事的工作，胜任岗位要求需要具备哪方面的知识和技能，结合自己的实际情况，确认自己和岗位相吻合的条件，以及不足之处，如果岗位要求具备较高的计算机水平，而自己这方面欠缺，就可以通过参加学习班或找人传授相关知识来提高这方面的知识和技能。

第三步，分析自己掌握的或能够调配的资源。这里的资源不但包括金钱，还包括自己在社会上的人脉。俗话说得好"有多大的能力办多大的事"，也就是说要尽可能去做力所能及的事情。众所周知，如果要开办公司，就要有一定的资金，最少要保证10个月没有利润还能维持公司的运营。

同理，如果从事一项工作，不可能所有的事情都是自己擅长的，如果碰到自己不擅长的事情，就要考虑自己能够调动的资源，自己的同学、朋友、亲戚中，有谁擅长此类事情或从事过相关行业，自己就可以去取经，直接掌握问题的关键点，避免工作中走弯路。

第四步，确认自己的发展目标。笔者不久前碰到了一位MBA的同学，该同学毕业后换了至少四次工作，涉及不同的行业，已经30岁了，还没有找准自己的位置，还不知道自己适合做什么。笔者认为这个同学就属于那种没有明确生活定位的人，没有认真分析过自己，没有做好个人的发展规划。

笔者并不反对跳槽，但是跳槽一定要有目的、有计划，最好先采用上述方法，确认了个人的发展目标，围绕这个目标，有目的、有选择地跳，这样才能让自己更快地接近或实现目标。如果没有确认自己的目标，盲目跳槽，特别是频繁换行业的跳槽是最不可取的，因为当今社会，工作经验和行业优势已经成为获取成功不可或缺的条件之一，所以确认个人的发展目标尤为重要。

第五步，坚持不懈地走下去。世上没有不劳而获的事情，任何人的成功都不是偶然的，都要经过很长时间的积累，具备了一定的实力才能成功。成功是多年付出、执着、努力的结果。所以，认准自己的目标，坚持不懈地走下去，不管遇到什么挫折，都不要轻言放弃，同时还要坚持不懈地认真学习，只有这样才有可能获得成功。

（资料来源：http https://wenku.baidu.com/view/da2087cfd838376baf1ffc4ffe4733687e21fc15.html.2019-11-27.）

实践课堂

请同学们结合自身的兴趣、能力和性格，参考亲人或朋友的建议，编写职业生涯规划书。具体要求如下。

（1）根据自身的特点增添内容。要求段落清楚、构思清晰、文字表述正确、流畅。

（2）可以自己拟定副标题，全文不少于800字。

（3）格式：参照本章案例。

（4）请自己妥善保存，以备今后对自我职业生涯发展进行评估。

课后练习

1. 从基层做起的重要意义是什么？
2. 如何适应职业角色？

第十章 创业，让梦想飞翔

【学习要点】

(1) 了解创业的概念、形式与条件。
(2) 了解创业者应具备的创业能力、心理特征。
(3) 理解高职生创业的政策环境。
(4) 理解创业项目选择原则、思路及主要方向。
(5) 掌握创业计划制订的基本要求。
(6) 掌握创业企业创立的步骤，掌握创业企业管理的要点。

【技能要求】

(1) 能够运用有效的方法，提高自己的创业素质。
(2) 能够结合自身条件和市场机遇选择创业项目。
(3) 能够制订切实可行的创业计划。
(4) 能够按照我国工商管理部门的规定创立企业。
(5) 能够有效地管理所创立的企业。

引导案例

陈正财：你的热情和气力就是你的财富和关系

陈正财是马来西亚陈大金属桶有限公司创办人兼董事长，也是马来西亚白手起家获得成功的华人企业家之一，是很多世界级大公司的金属包装品供应商。

陈正财的父亲育有11个孩子，靠一间小杂货店养活一大家人，陈正财排行第七，少时生活非常艰难。他创业时，没有钱，没有关系。东拼西凑一点钱，他买了台小货车，做起个体生意。但这个不能满足他的梦想，他希望做更大的生意。

没有钱、没有关系，如何做更大的生意？陈正财的办法是，用力气建立关系，用关系去找钱找生意。他在接受全球华商名人堂采访时回忆说，当时，一些学校、社团、商会、工会经常招募义工。他平时一有机会就去义务劳动，还经常开着自己的车去免费帮忙运东西等。时间一长，很多人都认识了陈正财，喜欢上陈正财，继而有人给他介绍生意，有人问他是否需要帮忙，有人则借钱给他，投资给他，甚至主动带他，给他干股，带他做新生意。继而，他的生意越做越大。

“年轻人一定要记住，你不是什么都没有。你有热情，有真心，有力气，有智慧。但你要先奉献。奉献出来你的心、你的能力，让人家认识你、了解你，然后给你机会。”陈正财说，“我年轻的时候做了很多这样的事情，现在还在这样做。我们没有钱，那么就把我们的精神、我们的光阴奉献出来。很简单，只是需要花一点时间。我们诚恳，我们衷心对待，最后，机会就会主动来找我们。”

（资料来源：https://www.qncyw.com/media/page/39370.shtml.2019-06-03.）

创业是一个神奇的词，它能够激发个人无限热情、开发个人无穷潜能；它能让一个一无所有的人变成拥有千万资产的实业家，也会让一个殷实富裕的家庭背负沉重的债务；它既有登攀高峰后的无限风光，又有一招出错满盘皆输的巨大风险；它充满挑战富有刺激，它像一颗石子击破平静的水面，让人跌宕起伏，让生命彰显出强大的活力。它像小鹿一样撞击着年轻人的胸怀，让梦想插上翅膀搏击长空。

年轻的朋友们，如果你是一个热情洋溢的人，如果你时常有一种追逐梦想的冲动，那么就选择创业吧！

第一节　创业概述

一、创业的概念与形式

（一）创业概述

创业是创立基业或创办事业。从广义来说，它是开创国家、集团和群体的大业；从狭义来说，它是个人或若干人联合创办自己的企业并拥有其所有权的生产经营活动，它是创业者对自己拥有的资源或通过努力能够拥有的资源进行优化整合，从而创造出更大经济或社会价值的过程。

本节所讲的创业是指狭义的创业。高职生创办自己的企业，是迈向职业生涯新高峰的标志，是人生道路上的一次飞跃。本节将介绍创业的概念、形式与条件、创业者应具备的创业精神、创业能力、鼓励大学生创业的优惠政策等内容。

有人形象地把创业概括为：一个发现和捕获机会并由此创造出价值的过程。人们习惯上认为创业就是投资，我们认为创业包含了投资行为，但不等同于投资。创业包括更丰富的精神内涵，如执着、顽强、坚定等意志品质。

（二）创业的形式

创业的门类五花八门，养几百只鸡是创业，买车跑运输也是创业，把家里的农产品拿出去摆地摊是创业，搞公司办工厂是创业，在家里开个小店是创业，承包柜台同样是创业。尽管创业的内容多种多样，我们还是可以从组织结构、经营方式、自主性等三个角度对创业形式作简单的划分。

1. 个体类与合作类

按照创业实体的组织形式划分，创业的实体包括两大类，即个体类、合作类。如果是一

人创业，一般可以选择个体工商户、一人有限责任公司、个人独资企业等组织形式。如果是多人共同创业，可以选择的组织形式有有限责任公司、合伙企业、股份合作制企业。

如果拟创办的企业规模很大，创业者也可以融资创业，那么选择的组织形式有有限责任公司、有限合伙企业、中外合资企业、中外合作企业。你可以根据自己的融资能力、管理水平、经营规模、投资行业等具体情况，选择适合自己创业的组织形式。

2. 店铺经营与无铺创业

传统的创业都是有实体店铺的经营模式，由于需要租店面、雇店员、装修店面、添置设备等，首期投资较大，再加上每月需要支付房租及水电气费用，创业成本较高。所以近年来无铺创业开始流行起来。无铺创业使创业者投入相对较低的资金就可开业，降低了创业门槛，缓解了经济压力。

此外，无铺创业的运营成本较低，商品或服务更具价格竞争力，具有更大的利润空间。无铺创业已成为年轻人特别是高职生最推崇的创业形式。无铺创业包括以下几类。

1）网上开店

这是最常见的无铺创业形式，创业者在网上销售商品，虽需要支付一定的网上注册费，但大大低于实体店铺的租金。网上开店对创业者专业背景的要求不高，但需要其有一定的进货渠道和营销能力。目前，网上开店主要有直销和代销两种方式，经营商品以礼品、艺术品、化妆品、电子产品、二手用品为主。

2）私人顾问

创业者凭借一技之长，成为顾客的私人顾问，提供上门服务。这种创业方式在欧美国家非常流行，在国内，随着人们生活水平的日益提高，对私人服务的需求正不断看涨。私人顾问主要有以下几大服务方向。

（1）私人美容顾问，包括皮肤保养、服饰搭配、形象设计、时尚资讯等，为有需求的顾客提供一对一的美容服务。学习美容美发专业应该更有便利条件。

（2）私人健康顾问，包括私人心理顾问、私人减肥顾问、私人食疗顾问等。随着人们健康意识的增强，私人保健服务领域蕴藏着巨大商机。学习保健或体育类的有志人士可以考虑。

（3）私人理财顾问。根据顾客的资产结构、收入状况及投资需求，为其量身定制理财方案或提供投资组合专业建议。调查显示，随着中国经济的发展，越来越多的职业人士有理财服务需求。如果你是学习金融或财务专业的，应该很有实力。

3. 个人工作室

个人工作室一般有三种类型。

（1）创意类。以创意设想或才艺展示为主，如撰稿、音乐创作、摄影、绘画等。例如，“网上装修工”已成为相当吃香的职业，主要是利用音乐、图片、动画帮助网店老板装修独具个性的店铺，既环保又可以顾家，还不用挤公车，颇受年轻人欢迎。

（2）技术类。主要提供技术服务，如软件设计、网页设计、系统维护、翻译等。

（3）咨询类。提供企划、公关等咨询服务。

个人工作室对从业者的专业技能和创意思维有较高的要求，如果你是个特别有创意的人，可以尝试一下。

（三）自主创业与借力创业

自主创业是指白手起家，在某个生产经营业务范围内开辟新的天地，如办个养殖场、开个花店、成立一家个性手工饰品店等。而借力创业则是凭借外力帮助自己实现创业梦想，包括加盟特许经营和内部创业。

特许经营是世界流行的经营模式，它以较低的风险，为缺乏企业知识与经验的人拥有自己的事业提供一个机会，这是一种典型的双赢模式。特许经营总部通常有一个成功的生意，并有标准的经营方式，可以像复印机一样复制，如麦当劳、佐丹奴。

内部创业可以用一个形象的词来形容：借鸡生蛋。即一个有志创业者先选择一家成功公司，取得老板的信任，通过市场研究把握投资机会，建议老板从公司发展角度投资新项目，这个新项目就是创业的机会。一般而言，作为项目的提出者，通常会负责筹备、落实及执行。从企业内部创业，有很多有利条件，如资本雄厚、管理经验丰富、共享业务资源、延用品牌等，更容易成功。

二、创业的条件

很多有抱负的年轻人都希望通过自己创业，获得人生事业的成功，但是创业成功者毕竟是少数，每年新创办的企业中，至少有50%在半年之内倒闭，倒闭的主要原因是没有把握创业的基本法则。

创业如同打仗，在战略上要藐视它：不要受制于条条框框，因地制宜，最大程度去整合和利用资源是创业的不二法宝。但是，凡事预则立，不预则废，要想创业成功，就需要做好充分的准备工作，也就是说，要在战术上充分地重视它，做好充分的准备，不打无准备之仗。

（一）要具备创业精神

什么是真正的创业精神？哈佛大学商学院对它的定义是：“创业精神就是一个人不以当前有限的资源为基础而追求商机的精神。”从这个角度来讲，创业精神代表着一种突破资源限制，通过创新来创造机会、创造资源的行为，而不是简单地体现在创造新企业。因此，创业精神可以简洁地概括为“没有资源创造资源，没有条件创造条件，用有限的资源去创造更大的资源。”

在教育部发布的《普通本科学校创业教育教学基本要求》中，强调要培养大学生的创业精神，即通过创业教育教学，培养学生善于思考、敏于发现、敢为人先的创新意识，挑战自我、承受挫折、坚持不懈的意志品质，遵纪守法、诚实守信、善于合作的职业操守，以及创造价值、服务国家、服务人民的社会责任感。由此可看出，教育部强调的创业精神由创新意识、意志品质、职业操守和社会责任感等要素构成。

（二）要有强烈的创业欲望

在创业前你要回答自己几个问题，以确定自己是否有强烈的创业欲望。

（1）我为什么要创业？是别人游说？是攀比？是跟风？是现状所迫？还是性格中有“不安于现状”的冲动？如果你的回答越是来自自我的因素，创业的愿望越强烈。

（2）是否有足够的决心，如果失败了愿意承担风险吗？

（3）过去的利益是否舍得放弃？

如果对后两个问题的回答都是肯定的，说明你已决定承担最坏的结果。

（三）要有入行的基本能力和行业背景

很多年轻人在创业时，过多强调资金因素对创业开展的影响力，其实不然，创业条件中资金虽然很重要，但最重要的是创业者个人的经营能力，特别是业务能力，如开发客户能力、综合应变能力等。因为在创业初期，事无巨细，都要创业者亲力亲为。创业者很多时候其实就是一个业务经理，有了客户、有了订单，企业运行便顺畅起来。从实际情况来看，很多创业成功者都是做业务出身。

此外，创业者在创业之前要有一定的行业背景，行业背景包括专业知识，也包括工作经历。它能使你了解行业发展、运行的基本态势，顺利收集相关的资讯，掌握行业知识、客户资源渠道以及盈利模式，简单地说，在该行业有独立判断能力，不致被人蒙骗。如何积累行业经验，最常用的方法就是先打工再当老板，通过打工的经历来积累经验与资源。

（四）要有充分的资源

创业要有足够的资源。资源包括人力和财力。很多人在初次创业时，资源都是十分欠缺的。资源不足使企业创业成功的概率降低，但要具备完全充分的资源也是不现实的。在资源具备上，一般需要符合两个条件：一是要具备进入一个行业的起码资源，二是要具备差异性资源。如果任何条件都不具备，创业成功的可能性很小。创业资源条件主要考虑以下六个方面。

（1）业务资源：解决企业运营模式是什么？

（2）客户资源：谁来购买或消费你提供的产品或服务？是否拥有一定的客户资源和人际网络？

（3）技术资源：凭什么赢得客户的信赖？

（4）财务资源：是否有足够的启动资金？

（5）行业准入条件：某些行业受到一些政策保护与限制，需要进入资格条件。

（6）人力资源条件：有无可靠的合作者？是否有合适的专业人才参与技术研发、生产、管理等事务性工作？

以上资源并非需要100%的具备，但至少应具备其中一部分重要条件，其他条件可以通过市场化方式来获取。创业者如有足够的财力资源，其他资源欠缺也可以弥补；如果有足够的客户资源，其他资源的欠缺也容易改变。

三、创业者应有的心理特征

1. 创业者应具备较强的独立性

独立性是创业者最基本的心理素质，创业者要善于独立思考、决策和行动。独立性主要表现在创业者的自立、自主、自信三方面。

自立是指创业者能走出依附于他人的生活圈子，在选择创业目标和人生道路时有自己的见解与主张，有凭自己的智慧和才能努力开创自己事业的决心；自主是指创业者具有独立的人格，善于独立思考问题，善于设计和规划自己的未来，在行动中有远见、有敢为人先的胆略和实事求是的态度；自信是指创业者具有积极主动的人生态度和进取精神，相信自己有能力、有条件开创自己的事业，相信自己能够成为创业的成功者。

2. 创业者应善于交流合作

在创业过程中，创业者要善于通过语言、文字等多种方式与客户、供货商、公众媒体、内部员工进行沟通、交流和合作。良好的沟通、交流和合作可以排除障碍、化解矛盾、降低工作难度、增加信任度、提高办事效率和成功的机会。

3. 创业者应敢于行动，勇于承担风险和责任

在创业中，机会与风险共存，事业的范围和规模越大，伴随的风险和心理负担就越大，创业者必须敢闯敢干、有胆有识，才能让理想变为现实。成功的创业者总是事先分析和比较成功的可能性与失败的风险，选择那些成功的可能性大和失败的风险小的目标采取行动。

4. 创业者应善于克制盲目冲动和私利欲望

在创业中，创业者要善于控制和协调自己的情绪和行动，善于克制盲目冲动和私利欲望，把自己的活动始终控制在正确的轨道上，要做到行为瞄准目标、决策依据可靠、采取的行动方法得当。

5. 创业者应具备坚韧性

创业者在创业中，要坚持不懈、不屈不挠、顽强努力，要能够根据市场的需要和变化，确定正确的目标，并带领员工冲出逆境实现目标。如果在创业中三心二意、知难而退，或虎头蛇尾，见异思迁，终将一事无成。

6. 创业者应善于自我调节，有较强的适应性

面对市场的激烈竞争和快速变化，创业者要善于因势利导，根据客观条件的变化而灵活地主观适应，具备较强的适应性，做到“胜不骄，败不馁”。

四、创业者应具备的创业能力

创业能力是一种高层次的综合职业能力，它包括专业技术能力、经营管理能力和社会活动能力。

1. 专业技术能力

专业技术能力是创业者掌握和运用专业知识进行生产经营的能力。

(1) 要懂得所创立企业生产的理论依据、生产规律、检验方法和评估手段等。

(2) 要掌握用专业知识指导的具体操作和技能技巧。

(3) 要接受和理解与所创立企业经营方向有关的新技术的能力。

(4) 要有把环保、能源、质量、安全、经济、人力资源管理等知识和法规运用于本企业的能力。

(5) 要有快速获取、整理信息的能力，要通过大量的阅读来提高自己的学习能力，要多阅读经济管理和市场营销类书籍，基础的财务知识和法律知识也要具备。

(6) 要学会整合身边的资源达到最大的效能，简单来讲，要学会利用身边的环境、地域、习俗、地域差价以及信息不对称等条件。

2. 经营管理能力

经营管理能力是创业者在创业活动中规划、决策、实施、管理、评估、信息反馈与调控的能力。它包括：市场信息的捕捉和处理能力；人员的选择、使用、组合和优化能力；资金筹集、核算、分配、使用和周转能力；分析决策能力；迁移和创造能力；申办企业能力；确定企

业布局能力；控制和调节能力。经营管理能力是一种较高层次的综合能力，它直接影响着所创立企业的发展方向和经济效益。

3. 社会活动能力

创业者在创立和经营企业中与各类管理者、客户、供货商、公众媒体、内部员工进行沟通、交流和合作中所表现出的社会活动能力包括人际交往能力、谈判与推销能力、企业形象策划能力、合作能力、自我约束能力、适应变化和承受挫折的能力等。创业者要学会建立自己的人脉，要广结良缘，有好的人际关系。

该能力体现了创业者处事、待人、接物的综合水平，关系到企业的生存与发展。

五、创业者应具备的创业观

现在想创业的人越来越多，许多人创业抱有一夜暴富和严重的赌博心态，有的甚至不顾自身的实际情况，借贷创业，把全家都绑在了创业战车上，似乎认定只要自己创业，就可以发大财。这种思路非常危险。

1. 创业不能贪大弃小

在选择项目时，切忌好高骛远，不要做假大空的项目。创业初期，一定不要相信短时间就能赚大钱的项目。这些项目十有八九都是骗人的。可以选择投资小见效快的小项目。最好从小产品的销售开始，因为无论你今后发展如何，有了销售渠道你就能立于不败之地。

2. 创业要有高度的责任心

创业初始，举步维艰，所有的事情都要操心。要节约一切开支，特别是在开办费和设备上不要浪费。尤其要注意利润，一定要有成本观念。因为现在你是老板，要给别人发工资。所以，要审慎决策，避免因决策失误或者盲目冲动让你的家庭和员工受到损失。

3. 创业要做好失败的准备

创业是很容易失败的，但和赌博不一样，赌输了，会一无所有，创业失败了，你能够获得经验，重新了解自己的优劣势，锻炼了自己的各种能力。许多创业者认为成功的标志并不是他拥有多少财富，而是他知道如何赚取财富。所以，创业要做好失败的准备，做好失败了重新再来的准备。

以上三点，是对即将创业的朋友们的建议和忠告。只要你树立正确的创业观，选好行业，不怕失败，一步一个脚印的勇往直前，成功并不遥远。

六、我国支持大学生自主创业的优惠政策

大学生创业是一个热门话题，并不仅仅因为金融危机的影响。因为大学生有激情、懂专业，创业不仅能解决自身的生存问题，还能为社会提供就业岗位，为社会创造价值，是一件既体现个人价值又造福社会的好事。为鼓励大学生自主创业，从国家到地方都出台了多项优惠政策，下面做简要介绍。

（一）企业注册登记方面的优惠政策

1. 简化程序

凡高校毕业生（毕业后两年内，下同）申请从事个体经营或申办私营企业（以下简称个私

企业）的，可通过各级工商部门注册大厅“绿色通道”优先登记注册。其经营范围除国家明令禁止的行业和商品外，一律放开核准经营。对限制性、专项性经营项目，允许其边申请边补办专项审批手续。

对在科技园区、高新技术园区、经济技术开发区等经济特区申请设立个私企业的，特事特办，除了涉及必须前置审批的项目外，试行“承诺登记制”。申请人提交登记申请书、验资报告等主要登记材料，可先予颁发营业执照，让其在三个月内按规定补齐相关材料。凡申请设立有限责任公司，以高校毕业生的人力资本、智力成果、工业产权、非专利技术等无形资产作为投资的，允许抵充40%的注册资本。

2. 减免各类费用

除国家限制的行业外，工商部门自批准其经营之日起一年内免收其个体工商户登记费（包括注册登记、变更登记、补照费）、个体工商户管理费和各种证书费。对参加个私协会的，免收其一年会员费。对高校毕业生申办高新技术企业（含有限责任公司）的，其注册资本最低限额为10万元，如资金确有困难，允许其分期到位；申请的名称可以“高新技术”“新技术”“高科技”予以核准。

高校毕业生从事社区服务等活动的，经居委会报所在地工商行政管理机关备案后，一年内免予办理工商注册登记，免收各项工商管理费用。

需要提醒的是，大学毕业生在办理自主创业有关手续时，除带齐规定的材料，提交有关申请外，还要带上大学毕业生就业推荐表、毕业证书等有关资料。

（二）金融贷款方面的优惠政策

1. 优先贷款支持、适当发放信用贷款

为鼓励大学生创业，国家加大了对高校毕业生自主创业贷款的支持力度，对于能提供有效资产抵（质）押或优质客户担保的，金融机构优先给予信贷支持。对高校毕业生创业贷款，可由高校毕业生为借款主体，担保方可由其家庭或直系亲属家庭成员的稳定收入或有效资产提供相应的联合担保。对于资信良好、还款有保障的贷款申请人，在风险可控的基础上适当发放信用贷款。

2. 简化贷款手续

通过简化贷款手续，合理确定授信贷款额度，一定期限内周转使用。

3. 利率优惠

对创业贷款给予一定的优惠利率扶持，视贷款风险度不同，在法定贷款利率基础上可适当下浮或少上浮。

需要提醒的是，大学毕业生自主创业贷款相对其他贷款风险较高。大学生刚毕业，缺少社会工作经验，又没有合适的抵押物或担保，银行在追求资金收益性、流动性的同时，也要考虑其安全性，许多银行尚未完全落实对大学生创业的贷款优惠政策。目前有部分银行，如北京银行在要求创业者个人提供存单质押或者房产抵押以及担保的情况下，对具有城镇常住户口或有效居留身份，年满18周岁自然人的个人创业，提供贷款。

（三）税收缴纳优惠

凡高校毕业生从事个体经营，自工商部门批准其经营之日起一年内免交税务登记证工本费。新办的城镇劳动就业服务企业（国家限制的行业除外），当年安置待业人员（含已办理

失业登记的高校毕业生，下同）超过企业从业人员总数60%的，经主管税务机关批准，可免纳所得税三年。劳动就业服务企业免税期满后，当年新安置待业人员占企业原从业人员总数30%以上的，经主管税务机关批准，可减半缴纳所得税两年。

（四）企业运营方面优惠政策

1. 员工聘请和培训享受减免费优惠政策

对大学毕业生自主创办的企业，自工商部门批准其经营之日起一年内，可在政府人事、劳动保障行政部门所属的人才中介服务机构和公共职业介绍机构的网站免费查询人才、劳动力供求信息，免费发布招聘广告等；参加政府人事、劳动保障行政部门所属的人才中介服务机构和公共职业介绍机构举办的人才集市或人才、劳务交流活动给予适当减免交费；政府人事部门所属的人才中介服务机构为创办企业的毕业生及其所创办企业的员工提供一次免费或优惠的培训、测评服务。

2. 人事档案管理免两年费用

对自主创业的高校毕业生，政府人事行政部门所属的人才中介服务机构免费为其保管人事档案（包括代办社保、职称、档案工资等有关手续）两年。

3. 社会保险参保有单独渠道

高校毕业生从事自主创业的，可在各级社会保险经办机构设立的个人缴费窗口办理社会保险参保手续。

案例

“90后”小女孩发明磁性剪纸

2008年9月，王子月到校报到，成了杭州师范大学医药卫生管理学院医药营销专业的一名新生。之所以选择这所大学，是因为她听说这是一个提倡和支持大学生自主创业的学校。另外一个原因是，杭州离义乌很近，更方便实现她的创业梦想。

依托磁性剪纸等几项专利，王子月在学校组建起了自己的“飞点儿”磁性剪纸创业团队，尽情地展现自己的才华。2009年6月，她在义乌注册了属于自己的公司——义乌市廿分红磁性剪纸有限公司。随后，又与同样抱有创业梦想的同学创立了磁性剪纸创意文化公司。2009年11月1日，王子月带领她的磁性剪纸团队参加了以“励志、成才、就业、创业”为主题的浙江省大学生职业生涯规划大赛，与全省85所高校推选出的300余件作品同台竞技、激烈角逐，并最终荣获此次大赛的最高奖——“双十佳职业规划之星”。

2009年12月24日，王子月的磁性剪纸文化创意公司摘得杭州经济技术开发区“大学生创业训练营暨创业大赛”头魁，领取了1万元创业资金援助。主办方还在杭州滨江区为王子月提供了免两年租金的写字间。

2010年1月20日，杭州日报大学生创业就业俱乐部、高新区（滨江）大学生创业园主办的“相约在高新创业在年少”杭州市大学生创业创意选拔大奖赛中，“磁性剪纸文化创意”团队再次荣获金奖，并从主办方手中接过了一份贺岁大礼——5000元奖金和一份价值1万元的创业资助协议书。

(资料来源:https://www.qncyw.com/media/page/42366.shtml.2019-07-13.)

第二节　创业项目的选择与创业计划的制订

一、创业项目的选择

(一)创业项目选择的一般原则

1. 消费者需求导向的原则

创业项目的构思和选择必须从消费者的需求或潜在需求出发,对于已成一定规模的需求或潜在需求,要比竞争者更有效地通过项目的产品予以满足,有时还要细分不同年龄或背景的消费者的消费需求,通过项目的一系列的产品予以满足。要善于通过市场调查,发现提供更佳产品或服务的竞争机会或填补市场空白的商业机会。

例如,某高校艺术设计专业2016级女学生王×,通过市场调查发现,美术类高考考生的考前培训需求很大,而她本人对美术很有激情,并且有通过美术考试升学的亲身体会和成功经验,因此,她开设了一家画室,从事美术类高考考生的考前培训项目,获得创业的成功。

2. 发挥自身优势的原则

创业项目的构思和选择要注重发挥自身的优势,要利用创业者在学识、能力、经验、人际关系等方面的优势,涉足自己熟悉的领域创业,就容易成功。

例如,某高校自动化专业2015级本科生刘×等五人,利用他们的专业优势,联合出资15000元,在2016年7月正式成立久创科技公司,主要从事组装计算机导购、计算机及配件代售及计算机故障维修等业务。

参与经营的五名同学根据自身特点和专业特长,分块负责公司的各项业务;店面的营业人员由五名同学轮流担任。由于关系良好,平常的工作量和业绩并不直接与利益挂钩,而采取平均分配利润的方式。公司营业一年多来,业绩尚可,已收回投资,并于2017年6月开始盈利。

3. 量力而行的原则

创业不仅需要有适销对路的产品或服务,还需要为了生产产品或提供服务的资金、技术、场地、销售渠道等条件。因此,创业项目的构思和选择,创业者必须量力而行。在创业初期,切忌选择高投入、高技术、高风险的项目,而要选择那些大小合适,便于操作和实施,能较快盈利的项目。

例如,当杭州市为了宣传城市的品牌,在闹市区开设了女装街后,小李认为自己亲戚在服装厂当老板,服装进货没有问题,于是她借了十几万元开始准备开店。事先她考虑最多的是店面的位置、店内的装修,对如何经营却考虑得很少。

一个月后,她在女装街最好的地段投资10万元租了一个100平方米的门面,装潢得富丽堂皇,从亲戚的服装厂批发了几百件女装,开始营业。但开业不久,同样的女装卖了两三

件就再也卖不动了，服装店出现大量积压，之后干脆一个星期卖不出几件，经营出现了亏损。

4. 富有特色的原则

要在竞争激烈的市场中求生存，必须构思和选择富有特色的项目，生产富有特色的产品或提供富有特色的服务。在竞争激烈的市场中求发展，就要密切关注消费者的需求动向，善于捕捉他人没有发现的商机，及时发现新产品、新技术、新服务、新方法，果断开发新项目。

例如，赵女士在2016年投资十几万元在某大城市偏高档的住宅小区里开办了富有特色的香水专卖店。首先，她对店铺进行了精心布置，把风格优雅的货架放在四周靠墙，陈列各种名牌的香水，在店堂中间放置沙发茶几，摆放各种国外的时尚杂志。

另外，她添置了皮肤测试仪器，对每个消费者使用何种香水可以科学测试。最后，还吸引小区里的女士到香水专卖店来聚会，互相交流穿着、化妆、美容、使用香水等方面的经验，激发她们购买适合自己的香水。赵女士每月盈利达两万多元。

（二）大学生选择创业项目的主要思路

虽然在创业市场有无限商机，但对资金、能力、经验都有限的高职生创业者来说，首先要明确选择创业项目的主要思路。

1. 善于利用后发优势选择创业项目

发达国家、发达地区作为经济领域的先行者已经走在世界前列，大学生创业者可以发挥自己的外语优势和信息搜索能力，深入了解发达国家、发达地区已经或正在开展的好项目，从这些项目找灵感、找启发，选择自己的创业项目。

由于这些项目已经被发达国家或发达地区的消费者接受了，被事实证明是可行的，而我国社会正在迅速发展，同样的消费需求、消费能力也在形成之中，如果高职生创业者善于利用后发优势，能够对发达国家的这些项目进行研究，去粗取精，青出于蓝而胜于蓝，就一定能找到很多好项目。

2. 善于利用他人的成功模式选择创业项目

在我国，有千千万万富有创业激情的创业者探索新项目、寻找市场突破口，总有一些聪明绝顶的幸运儿找到了既前所未有，又具现实可行性的绝妙项目，取得了良好的经济效益。在这种情况下，高职生创业者要敏锐地搜集到这一类成功项目，迅速学习跟进，将其他地区的原发项目，拿过来在自己所在地实施，也容易取得创业的成功。

原因是绝妙项目先行者已经承担了创新的风险，用实践证明这些项目是切实可行的，高职生只要深入分析该类项目所需的市场条件、技术要求、资金需求，结合自己和自己所在地区的实际，创造性地吸收利用绝妙项目，就能大大提高创业成功率。

3. 善于学习成功企业家的经验选择创业项目

高职生创业者整体而言，在人脉资源、行业经验、社会阅历等方面，相对于成功的企业家群体而言，肯定存在很大差距，高职生构想创业项目的视野、思路，往往也有很大局限性，多集中在自己的生活小圈子中。而成功企业家们多年形成的战略高度和经济视野决定了他们看到的好项目要多得多。但人的精力是有限的，不可能四面出击，样样都做。

这就出现了一种机会：成熟的企业家看到的好项目，由于没精力做或者自身条件不充分而被搁置。高职生创业者恰恰需要这种比较有现实可行性的好项目，只要他们能积极拜师学艺，向成功的企业家虚心求教，就容易获得良好的创业项目。

（三）高职生选择创业项目的主要方向

在明确了高职生选择创业项目主要思路的基础上，高职生还要根据自身特点，找准方向，才有可能取得创业的成功。

1. 选择高科技领域为创业方向

由于高职生身处高新科技前沿阵地，在高科技领域有优势，在高科技领域创业就容易成功。但并非所有的高职生都适合在高科技领域创业，一般来说，技术功底深厚、学科成绩优秀的高职生成功的把握更大一些。有意在这一领域创业的高职生，可积极参加各类创业大赛，获得脱颖而出的机会，同时吸引风险投资。推荐商机：软件开发、网页制作、网络服务、手机游戏开发等。

2. 选择智力服务领域为创业方向

智力是高职生创业的资本，在智力服务领域创业，高职生游刃有余。例如，家教领域就非常适合高职生创业，一方面，这是高职生勤工俭学的传统渠道，积累了丰富的经验；另一方面，高职生能够充分利用高校教育资源，更容易赚到“第一桶金”。此类智力服务创业项目成本较低，一张桌子、一部电话就可开业。推荐商机：家教、家教中介、设计工作室、翻译事务所等。

3. 选择连锁加盟领域为创业方向

统计数据显示，在相同的经营领域，个人创业的成功率低于20%，而加盟创业的成功率则高达80%。对创业资源十分有限的高职生来说，借助连锁加盟的品牌、技术、营销、设备优势，可以较少的投资、较低的门槛实现自主创业。但连锁加盟并非“零风险”，在市场鱼龙混杂的现状下，高职生涉世不深，在选择加盟项目时更应注意规避风险。

一般来说，高职生创业者资金实力较弱，适合选择启动资金不多、人手配备要求不高的加盟项目，从小本经营开始为宜。此外，最好选择运营时间在五年以上、拥有10家以上加盟店的成熟品牌。推荐商机：快餐业、家政服务、校园小型超市、数码速印店等。

4. 选择在高校内部或周边开店为创业方向

高职生开店，一方面可充分利用高校的学生顾客资源；另一方面，由于熟悉同龄人的消费习惯，因此入门较为容易。正由于走“学生路线”，因此要靠价廉物美来吸引顾客。此外，由于高职生资金有限，不可能选择黄金地段的店面，因此推广工作尤为重要，需要经常在校园里张贴广告或和社团联办活动，才能广为人知。推荐商机：高校内部或周边地区的餐厅、咖啡屋、美发屋、文具店、书店等。

二、创业计划的制订

（一）创业计划制订的意义

创业计划是对所选创业项目的调查、论证和描述，它通常由市场营销、财务、生产、人力资源等职能计划构成。通过调查和论证创业项目，有利于创业者有效地把握创业过程和预警市场变化；通过描述与拟创办企业相干的内外部环境条件和要素，可以为拟创企业业务的发展提供指示图和衡量业务进展情况的标准，同时还可以成为吸引合伙人入伙和投资人投资的重要文件，一份优秀的创业计划往往会使创业者达到事半功倍的效果。

（二）创业计划应包含的内容

一般来说，创业计划应该包括拟办企业概况、创业的种类、资金规划及基金来源、资金总额的分配比例、阶段目标、财务预估、行销策略、可能风险评估、创业的动机、股东名册、预定员工人数等要素，各要素的内容如下。

1. 拟创公司基本情况

包括公司名称、公司理念和公司的战略目标、拟成立时间、注册地区、注册资本、主要股东、股份比例、主营业务、销售收入、毛利润、纯利润、公司地点、电话、传真和联系人等。

2. 人员及组织结构

在企业的生产活动中，存在着人力资源管理、技术管理、财务管理、作业管理、产品管理等。而人力资源管理是其中很重要的一个环节。

随着社会的发展，人已经成为最宝贵的资源，这是由人的主动性和创造性决定的。企业要管理好这种资源，更要遵循科学的原则和方法。

在创业计划书中，必须要对主要管理人员加以介绍，介绍他们所具有的能力，他们在本企业中的职务和责任，他们过去的从业年限、主要经历和经营业绩等。此外，在这部分创业计划书中，还应对公司结构做简要介绍，包括公司的组织机构图、各部门的功能与责任、各部门的负责人及主要成员、公司的报酬体系、公司的股东名单（包括认股权、比例和特权）、公司的董事会成员以及各位董事的背景资料。

3. 产品/服务描述

产品/服务描述应包括：产品/服务的概念、性能及特性；主要产品/服务介绍；产品/服务的市场竞争力；产品/服务的研究和开发过程；发展新产品/新服务的计划和成本分析；产品/服务的市场前景预测；产品/服务的品牌和专利等。

在产品/服务描述部分，创业者要突出描述产品/服务的技术水平，产品/服务的新颖性、先进性和独特性，产品/服务的竞争优势。另外，描述要准确，也要通俗易懂，让非专业的投资者也能明白。一般情况下，产品介绍都要附上产品原型、照片或其他形式的介绍。

4. 研究与开发状况

目前已有的技术成果及技术水平，研发队伍技术水平，竞争力及对外合作情况，已经投入的研发经费及今后的投入计划，对研发人员的激励机制。

5. 行业及市场分析

在行业及市场分析中，应该分析行业的历史与基本特点、市场规模及增长趋势、行业及竞争厂商的状况、本公司的目标顾客与目标市场及竞争优势，本企业产品的市场地位、未来市场销售预测及发展趋势等内容。着重回答下列问题。

（1）该行业发展程度如何？现在的发展动态如何？

（2）创新和技术进步在该行业扮演着一个怎样的角色？

（3）该行业的总销售额有多少？总收入为多少？发展趋势怎样？

（4）价格趋向如何？

（5）经济发展对该行业的影响程度如何？政府是如何影响该行业的？

（6）是什么因素决定着它的发展？

（7）竞争的本质是什么？你将采取什么样的战略？

（8）进入该行业的障碍是什么？你将如何克服？该行业典型的回报率有多少？

6. 营销策略

营销策略应包括：市场机构和营销渠道的选择与建立策略；营销队伍的管理与激励策略；促销计划和广告策略；价格决策策略。

7. 产品制造

创业计划书中的产品制造计划应包括：产品制造和技术设备现状，新产品投产计划，技术提升和设备更新的要求，质量控制和质量改进计划，产品制造的成本控制计划。

8. 财务规划

财务规划一般要包括：资金需求与使用计划，融资计划，损益预估表，现金流预测，资产负债预估表，盈亏平衡分析，投资回报率，投资收回年限等。

其中重点是现金流量表、资产负债表以及损益表的制作。流动资金是企业的生命线，因此企业在初创或扩张时，对流动资金需要有周详的计划和严格的过程控制；损益表反映的是企业的盈利状况，它是企业在一段时间运作后的经营结果；资产负债表则反映的是某一时刻的企业状况，投资者可以用资产负债表中的数据比率指标来衡量企业的经营状况以及可能的投资回报率。

9. 风险控制

在创业计划中，要对创业项目实施中可能出现的风险及拟采取的控制措施详细说明，重点要回答下列问题。

（1）拟创公司在市场、竞争和技术方面都有哪些基本的风险？

（2）拟创公司准备怎样应付这些风险？

（3）拟创公司还有一些什么样的附加机会？

（4）在拟创公司现有的资本基础上如何进行扩展？

（5）在最好和最坏情形下，拟创公司的五年计划表现如何？

如果对拟创公司的估算做不到精准，那就估计出拟创公司的误差范围到底有多大。如果可能的话，对你的关键性参数做最好和最坏的设定。

第三节　创业企业的创立与管理

一、创业企业的创立

（一）企业组织形式的选择

1. 选择企业类型要考虑的因素

在开始创办企业时，你必须考虑选择何种法定组织架构来实现你的创业大计。简而言之，首先你必须决定是要自主创业还是合伙创业。如果选择合伙创业，企业的起始资本额如何由合伙人分担？合伙企业的收益如何分享？合伙企业的风险和亏损如何分担？要解决这些问题，你必须先了解各种企业组织形式的法律地位及特点，再选择最适合的企业组织形式实现你的创业计划。

尽管各种企业营运架构有细微的差异性，但关注的焦点是一旦企业营运出现状况时，企业内部将由谁负起最后法律上的财务责任？举例来说，以独资或合伙人企业组织形式创业，企业法要求个人自行负担公司的债务归属问题。也就是说，一旦企业因牵连上财物官司而败诉，则个人名下所属财产及不动产等都会受到法院的扣押、拍卖以偿还债务。无论一开始你选择哪一种经营模式，都不代表企业的经营体制已经定型不变，还是可以依据企业的发展与未来潜力做适时的变更。

2. 我国现存的适合小型企业选择的企业组织形式及特点

1）普通有限责任公司

它是依照《中华人民共和国公司法》，由两个以上 50 个以下股东所组成，股东以其出资额为限对公司债务承担责任，公司以其全部资产对公司债务承担责任的企业法人。普通有限责任公司的股东人数有限，一般相互认识，具有一定程度的信任感，其股份转让受到一定限制，向股东以外的人转让股份须得到其他股东过半数同意。有限责任公司不能向社会公开募集公司资本，不能发行股票。

2）自然人独资有限责任公司

它是指只有一个自然人股东的有限责任公司。一个自然人只能投资设立一个一人有限责任公司。该一人有限责任公司不能投资设立新的一人有限责任公司。一人有限责任公司章程由股东制定，不设股东会，应当在每一会计年度终了时编制财务会计报告，并经会计师事务所审计。一人有限责任公司的股东不能证明公司财产独立于股东自己财产的，应当对公司债务承担连带责任。

3）个人独资企业

个人独资企业，是指依法在中国境内设立，由一个自然人投资，财产为投资人个人所有，投资人以其个人财产对企业债务承担无限责任的经营实体。个人独资企业的全部财产为投资人个人所有，投资人是企业财产的唯一所有者，投资人对企业的经营与管理事务享有绝对的控制与支配权，不受其他任何人的干预，但投资人以其个人财产对企业债务承担无限责任。尽管个人独资企业有自己的名称或商号，并以企业名义从事经营行为和参加诉讼活动，但它不具有独立的法人地位。

4）个体工商户

根据国务院发布的《个体工商户管理条例》第二条规定，有经营能力的公民，依照本条例规定经工商行政管理部门登记，从事工商业经营的，为个体工商户。个体工商户可以个人经营，也可以家庭经营。申请登记为个体工商户，应当向经营场所所在地登记机关申请注册登记。

申请人应当提交登记申请书、身份证明和经营场所证明。个体工商户登记事项包括经营者姓名和住所、组成形式、经营范围、经营场所。个体工商户使用名称的，名称作为登记事项。个体工商户不具备法人资格，不能设立分支机构。

5）普通合伙企业

它由普通合伙人组成，合伙人对合伙企业债务承担无限连带责任，普通合伙企业是不具有法人资格的营利性经济组织，其设立和内部管理都以合伙协议为基础，普通合伙企业的资本由全体合伙人共同出资构成，合伙人在原则上均享有平等参与执行合伙企业事务的权利，各合伙人互为代理人，对于合伙经营的收益和风险，由合伙人共享、共担。

6）农民专业合作社

它是在农村家庭承包经营基础上，同类农产品的生产经营者或者同类农业生产经营服务的提供者、使用者，自愿联合、民主管理的互助性经济组织。其特点如下。

(1) 成员以农民为主体。

(2) 以服务成员为宗旨，谋求全体成员的共同利益。

(3) 入社自愿、退社自由。

(4) 成员地位平等，实行民主管理。

(5) 盈余主要按照成员与农民专业合作社的交易量比例返还。

（二）企业名称的确定

1. 企业名称的组成

企业名称由四部分组成，即行政区划＋字号＋行业特点＋组织形式。例如，某公司名称为北京市康达来商贸有限公司，其中北京市为行政区划，康达来为字号，商贸是行业特点，有限公司是组织形式。分支机构的名称应冠以主办单位的全称，如北京市康达来商贸有限公司方庄分店。

2. 企业名称的一般性规定

(1) 企业名称不得含有下列内容和文字。

① 有损于国家、社会公共利益的。

② 可能对公众造成欺骗或者误解的。

③ 外国国家（地区）名称、国际组织名称。

④ 政党名称、党政军机关名称、群众组织名称、社会团体名称及部队番号。

⑤ 其他法律、行政法规规定禁止的。

(2) 企业名称应当使用符合国家规范的汉字，不得使用汉语拼音字母、阿拉伯数字，法律法规另有规定的除外。

(3) 在名称中间使用“国际”字样的，“国际”不能作字号或经营特点，只能作为经营特点的修饰语，并应符合行业用语的习惯，如国际贸易、国际货运代理等。

3. 申请企业名称预先核准的规定

(1) 申请人应当向具有登记管辖权的名称登记机关申请名称核准登记。名称预先核准登记后，申请人不得跨行政区划或跨登记管辖向其他登记机关申请设立（变更）登记注册。

(2) 法律、行政法规或者国务院决定设立公司必须报经批准，或者经营范围中属于法律、行政法规、国务院决定在登记前须经批准的项目的，申请人应当在取得名称预先核准后凭核准的名称报送批准。在登记注册时应提交符合法定形式的批准文件。

(3) 申请企业名称预先核准登记应提交下列文件。

①《企业名称预先核准申请书》。

②《投资人授权委托意见》。

不能独立承担民事责任的分支机构，还应提交所属企业加盖公章的《营业执照》复印件，且其申请的经营范围不能超出所属企业的经营范围。

(4) 有以下情况之一的，除填写《名称（变更）预先核准申请书》《投资人授权委托意见》外，还应当提交相关文件证件。

① 使用自然人姓名(该自然人应当是投资人)作字号的应当提交该自然人身份证复印件及该自然人同意使用其姓名的授权(许可)文件。需要注意的是,所用投资人姓名如与党和国家领导人或老一辈革命家及名人的姓名相同的,不得作为字号使用。

② 在同一行业内申请使用相同字号的应当由字号所有权人出具授权(许可)文件以及加盖其印章的执照复印件。授权(许可)的名称不得对公众造成欺骗或引起误解。

③ 商标注册人使用或授权他人使用其注册商标中的文字作为名称字号的应当提交商标所有权人出具的授权(许可)文件、商标注册证书(不能提交原件的,可以提交加盖商标注册权人印章的复印件)以及商标所有权人的资格证明(商标所有权人为经济组织的,需在资格证明上加盖经济组织公章;商标所有权人为自然人的,提交该自然人身份证复印件)。

④ 外商投资企业在名称中使用与外国(地区)投资人相同字号(英文字母)的应当提交该外国(地区)投资人的资格证明文件。

⑤ 申请在名称中冠以企业集团名称或者集团简称的,集团母公司应作为该企业的股东(出资人),应当提交加盖集团母公司公章的《企业集团登记证》复印件。

(三) 企业经营场所的确定与企业经营场所材料的申报

1. 企业经营场所的确定

在确定企业经营场所时,要优先考虑企业的经济效益,不同性质、不同类型的企业,对其经营场所的要求不尽相同。生产加工类项目的选址一般要考虑:满足生产、加工的需要;交通便利;租金可以承受;员工的生活便利、安全等要素。

商业店铺、餐馆、各种服务类创业项目的选址要考虑人口密度大而且流动性大、在闹市区或繁华地段、交通便利且易停车等。具体来说,优秀的企业经营场所应具备以下条件中的两项为宜。

1) 商业活动频繁的地区

在商业活动频繁的地区,特别适合那些有鲜明个性特色的企业发展,这些企业可以有针对性地对顾客提供服务。在市郊地段,要创办为驾驶各种车辆的人提供生活、休息、娱乐和维修车辆服务的企业。

2) 人口密度高的地区

在人口密度高的地区,人们有着各种各样的对于商品与服务的大量需求,且消费需求比较稳定,可以保证企业有稳定的收入。适宜在该类地区开办的企业有洗衣店、维修店、杂货店、食品店、服饰店、童装店、五金店、药店、美容美发店、化妆品店等。

3) 面向客流量最多的街道

企业处在客流量最多的街道上,可使多数人就近买到所需的商品,企业可以获得较高的营业收入。大多数商业企业适宜在此类企业开办。

4) 交通便利的地区

在乘客上下车最多的车站,或者在几个主要车站的附近(以500米以内为宜),尤其适合发展餐饮、食品、生活用品和具有鲜明地方特色的土特产商店等。

5) 接近人们聚集的场所

在剧院、电影院、公园等娱乐场所附近,适合饮食、食品、娱乐、生活用品等企业的发展。在大工厂、机关附近,适宜开办办公用品、生活用品、咖啡厅、快餐店等。

6）同类商店聚集的街区

大量事实证明，对于那些经营耐用品的企业来说，若能集中在某一地段或街区，则更能招徕顾客，顾客在此地有更多的机会进行比较和选择。在这类地区特别适合开设家用电器、家具、计算机、时装、饰品等商店。

2. 企业经营场所材料的申报

(1) 在填写企业注册登记申请表时，“经营场所”栏应填写详细地址，如“北京市××区××路(街)××号××房间”。

(2) 产权人应在“产权人证明”栏内签字、盖章。产权人为单位的加盖单位公章，产权人为自然人的由本人签字，同时提交由产权单位盖章或产权人签字的《房屋所有权证》复印件。

(3) 经营场所位于农村地区且暂未取得房屋所有权证的，可提交《乡村规划建设许可证》或《临时乡村规划建设许可证》复印件并加盖单位公章。

(4) 使用以下特殊房产作为经营场所的，应当提交相应的证明文件。

① 使用军队房产作为经营场所的，提交《军队房地产租赁许可证》副本和原件。

② 使用宾馆、饭店(酒店)作为经营场所的，提交加盖公章的宾馆、饭店(酒店)的营业执照复印件作为经营场所使用证明。

③ 房屋提供单位是经工商行政管理机关核准的具有出租房屋经营项目的，即经营范围含有“出租商业用房”“出租办公用房”“出租商业设施”项目的，由该企业提交加盖公章的营业执照复印件及房屋产权证明复印件作为经营场所使用证明。

④ 申请从事报刊零售亭经营的，《企业经营场所证明》页中“产权人证明”栏应由市邮政管理局盖章，并提交市或区县市政市容委出具的备案证明复印件。

⑤ 在已经登记注册的商品交易市场内设立企业或个体工商户，经营场所证明由市场服务管理机构出具，并提交加盖该市场服务管理机构公章的营业执照复印件。市场服务管理机构出具的证明文件应明确该经营场所不属于违法建设。

(5) 将住宅改变为经营性用房作为经营场所的，要按下列要求申报。

① 填写《经营场所登记表》及《关于同意将住宅改变为经营性用房的证明》。

② 到有关部门办理改变房屋使用性质的相关手续，并向工商登记机关提交变更后的证明文件。

(6) 住宅及住宅楼底层规划为商业用途的房屋的使用限制。

① 不得从事餐饮服务、歌舞娱乐、提供互联网上网服务。

② 不得生产加工和制造、经营危险化学品等涉及国家安全、存在严重安全隐患、影响人民身体健康、污染环境的生产经营活动。

③ 不得从事法律、法规、规章中规定的不得从事的其他行业。

(7) 城镇违法建设和乡村违法建设不得成为经营场所。

城镇违法建设是指未取得建设工程规划许可证、临时建设工程规划许可证或者未按照许可内容进行建设的城镇建设工程，以及逾期未拆除的城镇临时建设工程。乡村违法建设是指应当取得而未取得乡村建设规划许可证、临时乡村建设规划许可证或者未按照许可内容进行建设的乡村建设工程。

(四) 办理特殊行业审批手续

在我国创办新企业必须经工商管理部门核准登记发给营业执照，普通行业如计算机维

修、计算机软硬件制造、加工裁剪服装、纺织服装制造、建筑装饰、家庭服务等可直接到工商管理部门申请注册登记。

从事特殊行业只有在获得有关部门颁发的经营许可证后，才可到工商管理部门申请注册登记。如从事住宿业要得到由公安局各分县局核发的旅馆业特种行业许可证和区县卫生局核发的卫生许可证；手工纸制造、竹藤棕草制品制造、木质家具制造、洗染服务等行业要得到区县环保局的批准；快餐服务、正餐服务要得到区县环保局的批准和区县卫生局颁发的《食品卫生许可证》；保健品和营养品的制造要得到区县药品监管部门和区县环保局审批。从事道路货物运输需要由区县运输管理机构核发《道路运输经营许可证》。

（五）办理入资验资手续

有限责任公司、集体所有制企业、集体所有制（股份合作）企业在设立登记与变更注册资本（金）、实收资本（金）时，需要到工商行政管理局指定的银行开立临时账户，将货币资金存入其中，凭银行出具的入资单据到正规会计师事务所办理验资手续，并取得《验资报告》。

（六）领取营业执照程序

申请企业登记的申请材料被受理后，会取得受理人员发给的《受理通知书》或《准予登记通知书》，按上面提示的时间到工商管理机构的投资服务大厅开具票证，到指定的银行缴纳登记费用。缴费成功后，申请者可凭《受理通知书》或《准予登记通知书》以及银行出具的已缴费单据，到工商管理机构的发照窗口领取营业执照以及相关票据。

（七）办理纳税申报

纳税人凭工商营业执照或有关部门批准成立的证明，自领取工商执照或取得成立证明之日起三十日内携带公章、财务章和以下有关资料的原件及复印件到办税服务场所办理开业税务登记：办理税务登记应出示、提供以下资料（所提供资料原件用于税务机关审核、复印件注明“经审验与原件相符”并签字后留存税务机关备查）。

（1）营业执照副本或其他核准执业证件。

（2）有关合同、章程、协议书。

（3）组织机构代码证书副本和原件。

（4）注册地址及生产、经营地址证明（产权证、租赁协议）；如为自由房产，请提供产权证或买卖契约等合法的产权证明，如为租赁的场所，请提供租赁合同或协议，出租人为自然人的还须提供产权证明；如生产、经营地址与注册地址不一致的，请分别提供相应证明。

（5）法定代表人（负责人）居民身份证、护照或其他证明身份的合法证件；复印件分别粘贴在税务登记表的相应位置上。

（6）工商部门出具的验资报告或有权机关出具的评估报告（办理律师事务所的不要求提供此项）。

（7）纳税人办理新设分支机构税务登记时，还须提供总机构的税务登记证副本复印件。

经过以上步骤，新企业就完成了注册申报和纳税申报手续，就获得了合法经营的资格。对于应届毕业生在自主创业中担任企业法人代表的，在其公司申请注册过程中，需要学校出具的证明包括：就业办公室出具的应届毕业生证明；公安处户政科出具的集体户口证明；公安处治安科出具的无刑事犯罪记录证明。

二、创业企业的管理

1. 组建管理团队

要组建一个优势互补、高度认同、目标一致的团队，关键是要聘请两类人才，一类是具有技术和营销等独特职业技能的人才，另一类是具有管理技能的人才。

在聘请雇员时，应先向被聘者讲明工作性质、工作时间、享受的假期和附加福利。在同被聘人员见面时，尽量不要使其紧张，这样可以使你更多地发现其真正的性格特点。对被聘试用者要进行培训，试用后应与其签订劳动合同。

2. 员工管理

对员工的管理力求简单、务实。

(1) 创业核心成员要明确目标，达成共识。

(2) 要强调管理方法，许多问题都应直接沟通，摆到桌面上来讲，把问题明朗化。

(3) 制订并执行既定的管理制度，特别是人事和财务规章制度，要强调人人必须遵守，不能有特权，也不能朝令夕改。

(4) 要建立团队意识，增强企业的凝聚力。

(5) 要重视培训员工，使员工在学到新的和更有效的工作方法的同时，能感到企业对他们的关心和认同。

(6) 要重视员工的安全，这不仅有利于员工的健康和激发员工的积极性，也有利于企业降低费用。

3. 质量管理

质量是反映产品或服务满足规定或潜在要求的特征和特性的总和，质量管理就是保证产品或服务让顾客满意的制度、方式和方法的总和，质量管理的要点如下。

(1) 树立质量意识，要把质量作为企业一切行为的准则。

(2) 所有员工都必须接受相应的质量教育与培训，让员工统一认识企业的目标。

(3) 注重引进新技术，发挥新技术对改进质量的重要作用。

(4) 企业必须向原材料供应商提出明确的质量要求，并严把进货质量检验关。

(5) 要关注企业生产经营各环节和细节的合理性，及时调整不合理流程，保证生产经营顺畅运行。

4. 成本控制

成本控制对企业经营非常重要，如企业起步成本过高，在固定设施、装修及设备上投入过多、过早，这些固定成本的投入将分摊到出售的产品和服务上，导致企业失去竞争优势。小企业在购买固定资产前，要考虑下列问题。

(1) 对于此项固定资产的最低支出额是否能够承担？

(2) 收回投资需要多长时间？预计能产生多少利润？

(3) 因为节省时间而产生多大效率？

(4) 是否能提高产品质量增加收入？

如果对上述问题的回答是肯定的或满意的，则可购买该固定资产。

5. 价格管理

确定产品或服务价格的方法有两种，

（1）成本加价法。将制作产品或服务的全部费用加起来就是成本价格，在成本价格基础上加一个利润百分比得出销售价格。

（2）竞争价格法。在定价时，除考虑成本外，还要了解当地同类商品或服务的价格，以保证企业定价具有竞争力。

如果创业者所定的价格比竞争者高，就要保证该企业能更好地满足顾客的需要。不管企业利润大小，都要先保证固定成本的支出，然后随着销售量增加到盈亏平衡点，才开始盈利。

6. 财务管理

财务管理是企业管理的核心，其基本职能是获得资金和管理资金。财务管理的目标有两个：一是提高经济效益，即要使企业在经济活动中所取得的有效成果大于生产经营的消耗，要求企业占有或耗费尽可能少的资产，生产更多的商品，获得更多的利润；二是实现财富最大化，即要使企业通过合理经营，把企业的总价值最大化，包括企业规模扩张、企业公众形象的提升等方面的最大化。

财务管理的内容涉及三方面：一是投资决策，它是利用各种分析决策的方法，对可能的投资方案进行评估和选择，达到企业价值最大化；二是筹资决策，它要测算各种资本的成本，研究最佳的资本结构，选择有利的资本期限及安排资本偿还计划；三是日常营运资本的管理，在保证企业既定生产规模的前提下，要尽可能使各环节所占资金量最低，并且加速周转，以获取最大的收益。

利润是反映企业财务状况的一个基本会计要素，是衡量企业经营管理水平，评价企业经济效益的一项重要指标。为了保证利润核算的真实性和有效性，一要核对账目，即核对收入；类、费用类、结存类账户是否平衡；二要财产清查，主要是对库存商品、固定资产以及现金等进行清查、盘点；三是利润的核算，要定期计算利润或亏损，做到心中有数。

7. 谈判与宣传

拥有良好的谈判技巧，对企业利益具有难以替代的重要价值。谈判前要做好详细的准备，包括对谈判对象的了解，谈判中要确定自己的位置，做好双赢的策划。

初创企业也要善于宣传自己，创业者和业务员要准备好名片，带上产品样本，分区域、分行业，把一切有可能成为客户的单位尽量拜访到。拜访时做到大方整洁、礼貌坦然、口齿清楚地向被拜访者介绍公司和产品。要把交换来的名片保存好，随着不断地积累，客户群就形成了。

企业宣传的方式有多种，广告是企业主要的宣传方式。出色的公关活动（包括公益活动）能使企业一举获得知名度和美誉度。企业的营销网络是企业最具价值的资产，让产品能够迅速与消费者见面，迅速地让他们试用、购买，比广告、公关更重要。

8. 依法纳税

根据我国税法的规定，所有企业有义务依法报税和纳税。与企业和企业主有关的主要税种有：增值税、营业税、企业所得税；个人所得税、消费税、关税、城市建设维护税、教育费附加等。税务办理的步骤包括税务登记、纳税申报和纳税缴纳。

案例

吴惠权：工友们让我做了老板

全国政协委员、香港福新国际集团董事长吴惠权，出生在广东河源龙川县新田镇双柳村一个贫穷的农民家庭，为了追求更好的生活，逃难一样到了香港。

在香港，吴惠权进入一家牛仔服装厂做杂工，每月工资500元港币。这对当时的他来说已经是很高的薪水了。他非常珍惜这个就业机会，努力工作并得到老板赏识，从洗衫工开始，一个个做遍了其他岗位成为多面手，工资也一路高涨到2700港币一个月。

一段时间之后，吴惠权有了自己做老板的想法。一次，他看到一个小厂招聘经理，薪水比自己当时的薪水低很多，但他还是义无反顾地去应聘。“做人不要只看眼前，要看长远。一两年少挣一点，甚至不挣钱都没关系。你做了经理，平台不一样了，有机会接触更多的人和事，得到更多的锻炼，将来做老板的机会就大了。这是一辈子的事情。”他说。

招聘方很犹豫，担心他做不好，但吴惠权很坚决，说自己做不好，不拿工资。最终，老板被打动，给了他机会。吴惠权知道，要创业，不光要有钱，还要有人，要有一拨人。于是，做经理的时候，他就开始为未来培养人。“我和员工打成一片。他们工资低，我工资稍微高一点，就借钱给他们。有钱一起花。他们伙食不好，有时候加班，老板都不请他们吃饭，我自己出钱改善伙食。”吴惠权说，时间一长，这些人和他的关系比和老板的关系还要好。

吴惠权说，他对大家好，要说不想要回报，那是假的。“我就是想，将来如果我有困难，需要他们，他们肯定也会帮助我。但我不是一定要他们回报，因为大家在一起做事情就是缘分。人不能只是为利益而交往。”

吴惠权的回报比他想的还要来得快。不久，吴惠权的老板要移民到国外定居。一天，他找到吴惠权，神色严重地说：“阿权啊，你和工友们辛苦了，但因为形势所迫，我们要关闭工厂，解散工人……”

吴惠权不忍心让工友们就此失业，找大家商量怎么办。工友们一致推荐，请他把工厂盘下来。吴惠权说，我没有钱啊。工友们说，没关系，权哥，我们可以几个月不要工资，只要有饭吃就行，而且我们可以给你出一些钱。

就这样，吴惠权自己找了一些钱，然后加上工友们的钱，接管了这个工厂，因为大家心齐，这个工厂很快就做起来了，做大了。

（资料来源：https://www.qncyw.com/media/page/39370.shtml. 2019-06-03.）

拓展阅读

十条举措应对疫情促进退役军人就业创业

退役军人事务部印发关于应对新冠肺炎疫情有效促进退役军人就业创业工作的意见，

就应对新冠肺炎疫情有效促进退役军人就业创业工作作出安排部署。

意见明确，坚持目标导向、问题导向、成果导向，针对疫情期间退役军人就业创业中面临的现实问题，提出十条举措。

(1) 及时发布培训就业信息，建立常态联系制度机制。广泛收集、及时发布本地开复工、就业岗位、职业技能培训等信息，丰富网上就业服务项目，建立基层退役军人服务站与退役军人常态化联系机制，打通就业信息"堵点"。

(2) 面向基层防疫协调提供阶段性就业岗位。增加基层医疗、社会服务等岗位招募退役军人比例，充分挖掘城乡基层、产业园区、服务行业带动就业潜力，引导退役军人到疫情防控必需、公共事业运行必需、群众生活必需以及其他涉及国计民生急需紧缺行业的企业就业。

(3) 全面推进网上培训和招聘服务。积极推动网络施训，办好线上招聘会，做到"上课不见面、招聘不断线"，对退役军人应届高校毕业生，组织线上职业指导和就业咨询。

(4) 加快与企业签约合作，拓宽就业渠道。分批次与重点行业、大型企业开展就业合作，提速合作进程，加大落实力度，持续扩大就业岗位供给。

(5) 用好优惠政策，鼓励参加学历教育。广泛宣传国务院关于扩大硕士研究生招生和专升本的决策部署，鼓励部分退役军人特别是退役大学生士兵"先入校回炉、再就业创业"，推动各项招生优待政策落地。

(6) 引导参加职业技能提升行动。将退役军人适应性培训和职业技能培训纳入国家职业技能提升行动计划，对新退役自主就业士兵全面推广适应性培训，对有参加技能培训意愿的争取今年实现普遍培训。

(7) 增强培训管理和就业岗位匹配度。建立承训机构目录，实施科学有效监管。用好退役士兵就业职业目录参考，引导用工单位、退役士兵、教育培训机构良性互动。

(8) 积极做好稳岗帮扶。协调落实退役军人稳岗政策，鼓励退役军人精准对接小微企业就业，协调优先解决退役军人就业，积极帮扶失业退役军人再就业。

(9) 有效提供创业扶持。协调落实创业补贴、金融惠企等政策，鼓励支持创业带动就业。搭建服务平台，实现创业导师和创业退役军人线上对接，有效提供远程服务。引导创业孵化基地为退役军人创业者提供低成本、专业化创业服务。

(10) 推送典型宣传经验做法。广泛收集疫情防控、复工复产中的有益做法和退役军人先进典型、光荣事迹，积极宣传开展报道，营造有利于退役军人就业创业的良好氛围。

(资料来源：http://finance.ifeng.com/c/7umr8wuwXqB. 2020-03-12.)

实践课堂

请参照创业计划书指定内容，结合自身的兴趣、专业和市场调研情况，尝试一下创业的流程。

课后练习

1. 创业者应具有的心理特征有哪些？
2. 大学生选择创业项目的主要思路是什么？
3. 高职生选择创业项目的主要方向是什么？

参考文献

[1] 曹操战.职业能力测试范本[M].广州：暨南大学出版社，2006.
[2] 马欣川.人才测评一基于胜任力的探索[M].北京：北京邮电大学出版社，2008.
[3] 王滟.规避创业风险有绝招[M].北京：中国经济出版社，2009.
[4] 叶红.大学生创业法律实务[M].北京：清华大学出版社，2009.
[5] 王芳.如何签订劳动合同[M].北京：法律出版社.2009.
[6] 邵海峡.职业教育与就业指导[M].2版.北京：清华大学出版社，2009.
[7] 任宪法.白手创业[M].北京：中国经济出版社，2009.
[8] 杨明海.创业实务[M].北京：电子工业出版社，2011.
[9] 谢良敏.劳动合同全程指南：劳动合同签订、履行、解除、纠纷解决操作实务详解[M].北京：法律出版社，2011.
[10] 王丽娟，高志宏.大学生创新创业教育研究[J].中国青年研究，2012(10)：96-99+109.
[11] 张武超，邵海峡.职业教育与就业指导[M].3版.北京：清华大学出版社，2013.
[12] 王沛.大学生职业心理研究——基于职业决策困难与创业心智的视角[M].北京：科学出版社，2013.
[13] 董捷.大学生就业指导与创新创业教育[M].北京：清华大学出版社，2013.
[14] 麦克斯研究院.就业蓝皮书——中国大学生2014年就业报告[M].北京：社会科学文献出版社，2014.
[15] 吕国荣.从优秀员工做起——职场人士成功的起点和必由之路[M].北京：化学工业出版社，2014.
[16] 孙长缨.当代大学生就业研究[M].北京：高等教育出版社，2014.
[17] 雷玉江.大学生就业指导(高等学校教材)[M].北京：石油工业出版社，2016.
[18] 林学军.大学生职业规划与就业指导教程[M].广州：暨南大学出版社，2018.
[19] 马腾文、孙沛.职业发展与就业指导[M].2版.北京：化学工业出版社，2018.
[20] 唐德勇.大学生职业生涯规划与就业指导[M].北京：中国纺织出版社，2019.

推荐网站

1. 北京高校毕业生就业信息网 http://www.bjbys.net.cn/
2. 创业网 http://www.cye.com.cn/
3. 教育部 http://www.moe.gov.cn/
4. 中国就业 http://www.lm.gov.cn/index.htm
5. 青年创业网 http://www.qncye.com/
6. 人力资源和社会保障部 http://www.mohrss.gov.cn/
7. 大学生创业网 http://www.studentboss.com/
8. 小本创业网 http://hot.36578.com/items/
9. 中国大学生创业网 http://www.chinadxscy.com/
10. 全国大学生创业服务网 http://cy.ncss.org.cn/

附录A　大学生就业有关法律法规和文件

一、法律法规

1.《中华人民共和国劳动法》
2.《中华人民共和国劳动合同法》
3.《中华人民共和国公司法》
4.《中华人民共和国社会保险法》
5.《中华人民共和国劳动争议调解仲裁法》
6.《中华人民共和国安全生产法》
7.《中华人民共和国职业病防治法》
8.《中华人民共和国工会法》
9.《中华人民共和国妇女权益保障法》
10.《中华人民共和国就业促进法》
11.《中华人民共和国残疾人保护法》
12.《中华人民共和国未成年人保护法》
13.《中华人民共和国公司登记管理条例》
14.《中华人民共和国社会保险费征缴暂行条例》
15.《中华人民共和国个人所得税法实施条例》
16.《中华人民共和国企业劳动争议处理条例》
17.《中华人民共和国残疾人就业条例》
18.《中华人民共和国工伤保险条例》

二、行政法规

1. 人力资源和社会保障部关于开展2019年全国高校毕业生就业服务行动的通知(人社部函〔2019〕101号)

2. 人力资源和社会保障部办公厅关于做好就业岗位信息归集和服务工作的通知(人社厅发〔2020〕4号)

3. 人力资源和社会保障部办公厅关于进一步做好失业登记工作强化失业人员就业服务的通知(人社厅发〔2020〕3号)

4. 人力资源和社会保障部关于印发百日免费线上技能培训行动方案的通知(人社部函〔2020〕24号)

5. 人力资源和社会保障部办公厅关于在新冠肺炎疫情防控期间免费开放中国职业培训在线等培训平台提供线上培训与教育服务的通知(人社厅函〔2020〕24号)

6. 教育部关于应对新冠肺炎疫情做好2020届全国普通高等学校毕业生就业创业工作的通知(教学〔2020〕2号)

7. 教育部办公厅 商务部办公厅关于举办电子商务行业面向2020届高校毕业生网上招聘活动的通知(教学厅函〔2020〕4号)

8. 教育部办公厅 国务院国资委办公厅关于举办战略性新兴产业面向2020届高校毕业生网络招聘会的通知(教学厅函〔2020〕5号)

9. 教育部办公厅关于开展2020届高校毕业生全国网络联合招聘——24365校园招聘服务活动的通知(教学厅函〔2020〕2号)

10. 教育部办公厅关于办好深度贫困地区职业教育助力脱贫攻坚的指导意见(教职成厅〔2019〕4号)

11. 教育部办公厅关于做好扩招后高职教育教学管理工作的指导意见(教职成厅函〔2019〕20号)

附录B 新增职业信息

2020年5月，为助力新冠肺炎疫情防控，促进劳动者就业创业，根据《中华人民共和国劳动法》有关规定，受人力资源和社会保障部委托，中国就业培训技术指导中心面向社会公开征集关于抗击疫情促进就业的新职业信息。经有关行业部委、行业协会(学会)、企业及研究机构申报建议和专家评审论证等程序，现将拟发布的新职业、新工种及调整的职业(工种)信息公示如下。

一、拟新增职业信息

(一) 区块链工程技术人员

定义：从事区块链架构设计、底层技术、系统应用、系统测试、系统部署、运行维护的工程技术人员。

主要工作任务如下。

1. 分析、研究分布式账本、非对称加密、共识机制、智能合约等技术。
2. 设计区块链平台架构，编写区块链技术报告。
3. 设计、开发区块链系统应用底层技术方案。
4. 设计、开发区块链性能评测指标及工具。
5. 处理区块链系统应用过程中的部署、调试、运行管理等问题。
6. 提供区块链技术咨询及服务。

(二) 社区网格员

定义：运用现代城市网络化管理技术，巡查、核实、上报、处置市政工程(公用)设施、市容环境、社会管理事务等方面的问题，并对相关信息进行采集、分析、处置的人员。

主要工作任务如下。

1. 操作信息采集设备，巡查、发现网格内市政工程(公用)设施、市容环境、社会管理事务等方面的问题，受理相关群众举报。
2. 操作系统平台对发现或群众举报的网格内市政工程(公用)设施、市容环境、社会管理事务等方面的问题进行核实、上报、记录。
3. 研究网格内市政工程(公用)设施、市容环境、社会管理事务等方面问题的立案事宜，提出处置方案。
4. 负责通知问题相关的责任单位，并协助解决问题。
5. 核实上级通报的问题，协助责任单位处置，并反馈处置结果。
6. 收集、整理、分析相关信息、数据，提出网格内城市治理优化建议。

(三) 互联网营销师

定义：在数字化信息平台上，运用网络的交互性与传播公信力，对企业产品进行多平台营销推广的人员。

主要工作任务如下。

1. 研究数字化平台的用户定位和运营方式。
2. 接受企业委托，对企业资质和产品质量等信息进行审核。
3. 选定相关产品，设计策划营销方案，制定佣金结算方式。
4. 搭建数字化营销场景，通过直播或短视频等形式对产品进行多平台营销推广。
5. 提升自身传播影响力，加强用户群体活跃度，促进产品从关注到购买的转化率。
6. 签订销售订单，结算销售货款。
7. 负责协调产品的售后服务。
8. 采集分析销售数据，对企业或产品提出优化性建议。

本职业包含但不限于下列工种：

直播销售员

（四）信息安全测试员

定义：通过对评测目标的网络和系统进行渗透测试，发现安全问题并提出改进建议，使网络和系统免受恶意攻击的人员。

主要工作任务如下。

1. 分析研究网络与信息系统安全攻防技术，并跟踪其发展变化。
2. 利用信息收集工具及技术手段，采集并分析评测目标的相关信息。
3. 制定评测目标的安全测试方案及实施计划。
4. 利用漏洞检测工具定位、识别评测目标存在的安全漏洞，并进行技术核查与评估。
5. 利用渗透工具对评测目标进行深度测试，验证安全漏洞引发的网络与系统安全隐患。
6. 编制安全评测报告，协助专业人员对评测目标进行安全恢复及技术改进。

（五）区块链应用操作员

定义：运用区块链技术及工具，从事政务、金融、医疗、教育、养老等场景系统应用操作的人员。

主要工作任务如下。

1. 分析、研究在区块链应用场景下的用户需求。
2. 设计系统应用的方案、流程、模型等。
3. 运用相关应用开发框架协助完成系统开发。
4. 测试系统的功能、安全、稳定性等。
5. 操作区块链服务平台上的系统应用。
6. 负责系统应用的监控、运维工作。
7. 收集、汇总系统应用操作中的问题。

（六）核酸检测员

定义：使用仪器和试剂，对核酸样品进行管理、提取、检测并出具相应检测报告的人员。

主要工作任务如下。

1. 负责样品的入库、存放和出库。
2. 提取、纯化核糖核酸或脱氧核糖核酸。

3. 对提取后的核酸进行实时荧光定量聚合酶链式反应检测。

4. 构建文库，并根据测序标准进行文库质量的检测与鉴定。

5. 使用高通量测序仪对核酸文库进行碱基序列的测定。

6. 分析高通量测序仪得出的数据并出具报告。

7. 对高速冷冻离心机、恒温震荡器、移液器等仪器进行日常清洁、维护和管理。

8. 配置、存放和管理核酸提取试剂、建库试剂和测序试剂。

（七）在线学习服务师

定义：运用数字化学习平台（工具），为学习者提供个性、精准、及时、有效的学习规划、学习指导、支持服务和评价反馈的人员。

主要工作任务如下。

1. 对学习者进行学情分析，提出针对性的学习规划和学习建议。

2. 为学习者提供全方位、全周期的个性化指导、支持和课程管理服务，解决学习者学习过程中的技术、内容、方法等问题。

3. 负责在线学习的班级管理，为学习者建立和维护在线交互社群，激发学习者的学习动机，提高学习兴趣。

4. 运用分析和评价工具对学习者的学习活动和学习成果进行综合评价并及时反馈。

5. 根据学习者体验，对学习平台、学习工具、学习资源等提出优化建议。

（八）社群健康助理员

定义：运用卫生健康及互联网知识技能，从事社群健康档案管理、宣教培训、就诊、保健咨询、代理、陪护及公共卫生事件事务处理的人员。

主要工作内容如下。

1. 运用互联网共享卫生健康资源，提供健康咨询、培训、代理、监护及网约就诊、保健等服务。

2. 为社群成员建立健康档案，采集、上报健康风险因素及公共卫生健康信息。

3. 为社群成员提供健康探访、体检、就诊、转诊等代理或陪护服务。

4. 为患者提供预约挂号、缴费、取药、办理住院手续等协助服务。

5. 为有养生、体检、心理咨询等健康需求的社群成员推荐机构及技师，提供预约、出行陪护及接送等服务。

6. 开展社群卫生健康防护，提供消毒、清洁、送药、看护等防疫及生活保障服务，协助相关物资的登记、统计、购置、发放等工作。

7. 利用互联网技术参与公共卫生事件的健康预警、监视。

（九）老年健康评估师

定义：为有需求的老年人提供生活活动能力、认知能力、精神状态等健康状况测量和健康照护需求评估的人员。

主要工作任务如下。

1. 采集、记录老年人的基本信息和健康状况。

2. 评估老年人日常生活活动能力。

3. 测量与评估老年人认知能力、精神状态、感知觉与沟通能力、社会参与能力。

4. 依据测量与评估结果,确定老年人能力等级和健康照护需求。
5. 出具老年人能力综合评估和健康照护需求报告。
6. 提供老年人能力恢复和健康照护建议。

(十) 增材制造(3D打印)设备操作员

定义:从事增材制造设备安装、调试、维修和保养,及生产操作和运行管理的人员。
主要工作任务如下。
1. 安装、调试增材制造设备。
2. 操作增材制造设备进行生产,负责增材制造设备的运行管理。
3. 负责增材制造设备的故障排查、设备维修及保养。
4. 为客户提供设备操作和日常保养培训。
5. 协助客户解决设备常见问题,并收集客户反馈意见建议。
6. 分析研究增材制造设备生产过程中的技术问题。

二、拟新增工种信息

(1) 在"心理咨询师"职业下增设"心理干预指导师"工种。
(2) 在"互联网营销师"职业下增设"直播销售员"工种。
(3) 在"道路客运汽车驾驶员"职业下增设"汽车代驾员"工种。
(4) 在"网络与信息安全管理员"职业下增设"互联网信息审核员"工种。
(5) 在"银行信贷员"职业下增设"小微信贷员"工种。
(6) 在"企业人力资源管理师"职业下增设"劳务派遣管理员"工种。
(7) 在"保健调理师"职业下增设"中医健康管理师"工种。
(8) 在"壁画制作工"职业下增设"泥板画创作员"工种。

三、拟调整职业(工种)信息

(1) 将"公共卫生辅助服务人员"小类下"公共卫生辅助服务员"职业取消,将该职业下的"防疫员""消毒员"和"公共场所卫生管理员"等工种上升为职业。具体为"防疫员""消毒员"和"公共场所卫生管理员"。

(2) 将"电子竞技员(4-13-99-00)"的职业编码更改为"4-13-99-01"。